身体语言密码

THE DEFINITIVE BOOK OF BODY LANGUAGE

[澳] 亚伦·皮斯　芭芭拉·皮斯——著
王甜甜　黄　佼——译

光明日报出版社

图书在版编目（CIP）数据

身体语言密码 /（澳）亚伦 · 皮斯，（澳）芭芭拉 · 皮斯著；王甜甜，黄佼译．-- 北京：光明日报出版社，2017.12（2024.3 重印）

书名原文：The definitive book of body language

ISBN 978-7-5194-3811-1

Ⅰ．①身… Ⅱ．①亚… ②芭… ③王… ④黄… Ⅲ．①势语－通俗读物 Ⅳ．①H026.3-49

中国版本图书馆 CIP 数据核字（2017）第326843号

版权登记号：01-2015-6238

THE DEFINITIVE BOOK OF BODY LANGUAGE

by Allan Pease,Barbara Pease

身体语言密码

SHENTI YUYAN MIMA

著　　者：〔澳〕亚伦 · 皮斯　芭芭拉 · 皮斯　　**译　　者：**王甜甜　黄　佼

策　　划：双螺旋文化

责任编辑：杨　茹　　**责任校对：**傅泉泽

装帧设计：韩捷 · 巴斯光年workshop　沈银苹　　**责任印制：**曹　诤

特约编辑：唐　浒　赵　静　　**特约技术编辑：**张雅琴　黄鲁西

出版发行：光明日报出版社

地　　址：北京市西城区永安路 106 号，100050

电　　话：010-63169890（咨询），010-63131930（邮购）

010-63497501，63370061（团购）

传　　真：010-63131930

网　　址：http://book.gmw.cn

邮　　箱：gmrbcbs@gmw.cn

法律顾问：北京市兰台律师事务所龚柳方律师

印　　刷：固安兰星球彩色印刷有限公司

装　　订：固安兰星球彩色印刷有限公司

本书如有破损、缺页、装订错误，请与本社联系调换　电话：010-63131930

开　　本：170mm×240mm

字　　数：290千字　　**印　　张：**20.75

版　　次：2018年4月第1版　　**印　　次：**2024年3月第3次印刷

书　　号：ISBN 978-7-5194-3811-1

定　　价：45.00元

❖ 序 ❖

指甲，外套的衣袖，脚上的靴子，裤子膝盖处的褶皱，食指和拇指上的老茧，面部表情，以及衬衣袖口和他的种种行为，透过这其中的每一个细节，我们都能轻而易举地推断出这个人的职业。假如说一名出色的询问者在得到所有这些信息的情况下，竟然还无法对这些信息的主人做出准确的判断，我认为，这一定是天方夜谭。

——夏洛克·福尔摩斯，1892

当我还是个小男孩的时候，我就已经知道大人们常常会言不由衷。于是，随着年龄的增大，我渐渐地明白了一个道理，只要我能够弄清楚大人们的真实想法并且按照他们期望的那样去做，他们就有可能会满足我的心愿。11岁时，我开始了自己的职业销售生涯。为了挣零花钱，每天放学之后，我都会挨家挨户地去推销橡胶海绵。没过多久，我就已经练就了一套察言观色的好本事，可以在见到对方的一刹那，迅速地判断出他是否有可能购买我推销的产品。当我上门推销时，开门的人通常都会叫我马上离开。但是，经验告诉我，如果对方在说话的同时，其手心是展开的，而且用手掌的一面对着我，那么，在这样的情况下继续坚持我的推销并不会给我带来任何危险。因为尽管对方看起来很凶，却并不会再进一步采取过激的行为。不过，假如开门者说话的声音很温和，但他却在说话时用手指指着我，或者双手紧握，这时，我心里很清楚我该做的就是闭上嘴巴，马上离开。我很喜欢销售这份职业，而且，毫不夸张地说，在同龄人当中，我绝对算得上是这一行的佼佼者。少年时期，我成为了一名炊具推销员，利用晚上的时间向人们推销炊具。借助于之前锻炼出来的那一套察言观色的本事，我很快就掘到了自己的第一桶金，也由此拥有了我的第一份家业。选择从事销售工作让我有了更多接触其他人的机会，从而可以近距离地观察他们，并从他们的言行举止中推断出他们内心的真实想法，判断其是否有购买的意向。而我判断的根据也很简单：观察他们的肢体语言。后来，这一技巧也成了我在舞会上百战不殆的法宝。通过观察对方，我几乎可以准确地预测出那群女孩中谁会接受我的邀请，与我共舞，而谁又会拒绝我。

20岁时，我成为一家人寿保险公司的保险经纪人。在此之后，我便不断地打破该公司的销售记录。在踏入保险行业的第一年，我的销售业绩就突破了百万大关，成为公司里最年轻的销售业绩超过百万的保险经纪人。出类拔萃的成绩使我非常荣幸地加入了国际百万圆桌协会美国分会这个大家庭。作为一名初出茅庐的年轻人，我无疑是个幸运儿。我自己也没想到，年少时通过推销炊具而掌握的某些技巧竟然能够帮助我在保险行业——这个完全崭新的领域取得如此辉煌的成就。事实上，这一技能甚至还可以应用于任何涉及到人际交往的职业和领域，帮助所有需要帮助的人，让他们也品尝到胜利的美酒。

你对自己的了解有多少

有时，我们会把自己极其熟悉某一人或事物形容为“了如指掌”，然而，实验证明，能够从照片中认出自己手背的人却微乎其微，其所占比例还不到5%。此外，我们还针对电视节目开展了一些简单的试验。试验结果表明，绝大多数的人都不善于解读他人通过肢体语言所发出的信号。我们在宾馆狭长的休息大厅的另一端安装了一面大镜子。如此一来，当你走进宾馆的时候，由于镜子的反射，你就会产生一种错觉，觉得宾馆里仿佛有一个长长的走廊，一直延伸到休息大厅之外。然后，我们在天花板上悬挂一些大型植物，其高度距离地面大约5英尺。这样，当有人进入休息大厅时，通过另一端镜子的反射，看起来就好像有另一个人同时也从休息大厅另一端的走廊走了进来。由于被植物遮住了脸，这“另一个人”的容貌就变得有些难以辨认。不过，这却并不妨碍你观察他的肢体语言和行为。每一位客人在走进休息大厅之后，都会花大约5～6秒钟的时间打量一番从走廊那头进来的另一位“客人”，然后再向接待处走去。当被问到他们是否认出了对面的那位“客人”时，85%的男士的回答都是否定的。绝大多数男士都没能认出镜子中的自己，其中有一个人甚至问我们：“你说的是那个又矮又胖的男人吗？”不出所料，实验中，58%的女士告诉我们，镜子中的那个人正是她们自己，而还有30%的女士则认为那位“客人”看起来很“眼熟”。

> 绝大多数的男性和将近半数的女性并不知道自己脖子以下的身体究竟是何种模样。

你对于身体语言的侦查技能有多高

世界各地的人们通常都对政治家们的肢体语言十分感兴趣，因为大家都知道，有时候，政治家们会借助于自己的肢体语言向大众传递一些虚假的信息。例如，假装相信一些其实他们本不相信的事情，或是给人们一些错误的暗示，从而掩盖自己的真实情绪和面目。政治家们在公众面前常常会用各种谎言极力地伪装自己，巧言令色，闪烁其词，借此隐藏自己的真实情感。他们还会制造出各种假象，或是利用某些事实作掩护，让人们无从识别其真实想法；有时候，他们甚至会向人群中的那些假想出来的友人挥手致意以此来为自己的演讲制造声势。但是，直觉却告诉我们，他们的肢体语言将会暴露出他们的真实情感和想法，所以我们都喜欢怀着一种期待的心情，仔细地观察他们的一举一动，并且为看穿了他们的心思而兴奋。

> 我们可以从什么样的肢体语言信号判断出眼前的这位政治家正在撒谎——他的嘴唇在颤抖。

在一次电视节目中，在当地旅游部门的配合下，我们开展了另一项实验。旅游者们来到当地的旅游局，想询问一些关于当地旅游胜地和景点风光的信息。他们被带到了问讯处，一位金发且留着小胡须的旅游官员接待了他们。这位金发的旅游官员身着一件白色的衬衣且系了一条领带。在谈论了几条可能的旅游线路之后，这位官员便低下头，弯腰到柜台下寻找一些相关的介绍手册。这时，另一位黑发，不留胡子且身着一件蓝色衬衫的工作人员从柜台后面探出身来，而他的手上也拿着一些介绍手册。这位黑发的旅游局工作人员接着同事刚刚说到的话题，继续与旅游者们讨论旅游线路。显然，在与他谈话的旅游者当中，大约有一半的人并没有留意到谈话对象的变化，而在这群后知后觉的旅游者当中，男性所占的比例大约是女性的两倍。他们不仅没有意识到对方肢体语言发生了变化，而且根本没有发现前后接待他们的根本就是两个完全不同的人！不过，除非你后天学习过如何解读肢体语言，或是天生便有此能力，不然你也很可能会和他们一样，意识不到这其中的改变。而本书将会告诉你，这其中究竟发生了哪些变化。

我们如何撰写此书

《身体语言密码》（The Definitive Book of Body Language）是我和芭芭拉一起共同完成的。在本书中，我们不仅对内容做出了相当大的延伸和扩展，而且还引入了一些最新的科学研究，譬如说生物学进化论和进化心理学，以及一些诸如磁共振成像（MRI）之类显示大脑内部情况的现代技术。我们在撰写本书时采用了一种开放的模式，所以，无论读者们从这本书的任何一部分开始阅读，都完全不会影响对书中内容的理解。本书的主旨就是描写和分析各种与身体有关的面部表情、肢体动作和手势，因为你需要学习这些内容，从而帮助你从每一次与他人面对面的交流中获取更多的信息。《身体语言密码》将会使你对自己所发出的无声的肢体语言信号有更多更深的了解；同时，本书还将告诉你如何利用这些肢体语言来提高自身人际交流的效率，最终取得你期望中的结果。

本书将肢体语言和各种手势的组成部分分离开来，逐一分析，并用一种简单易懂的语言将其描述出来，使每个人都能明白其中的规律和道理。不过，与此同时，我们也将极少数与众不同的手势单独列出，并进行专门的分析，从而使得本书深入浅出，有难点，却也不乏乐趣。

对此，有些人可能会一脸惊恐地举手反对，并且认为肢体语言研究不过是利用科学知识窥探他人心中的秘密或思想，从而达到剖析或控制他人的目的的另一种手段。然而，我和芭芭拉却并不这样认为。本书的写作目的是要培养你的洞察力，使你能够更加深入地认识和学习你与他人的沟通和交流，从而使你能够更加彻底地了解他人，并由此更加透彻地认识自我。学习和了解这些将会使你的生活和工作事半功倍，而对此漠视和无知则只会滋生恐惧与盲目，使我们变成一个苛刻的人。假如不是通过观察和研究掌握了鸟类的生活习性，鸟类观察者们根本无法拍摄下各种生动的照片，并以此作为自己的战利品。同样的道理，学习解读肢体语言，掌握利用他们的技巧，将会使我们与他人的每一次相遇都变成一段刺激有趣的经历。

为了使本书的语言更加简练，书中出现的“他”或“他的”只是一种泛称，除非有特别的声明，其适用范围都是既包括男性也包括女性。

你的身体语言字典

《身体语言密码》是一本专门针对销售人员、管理者、谈判代表以及行政人员所写的类似于工作手册性质的专业书籍，同时本书中的所有内容却可以应用于生活的各个方面，无论是在家中，还是在工作地点，但用无妨。《身体语言密码》一书凝聚了我们三十多年来在这一领域潜心研究的各项成果。在书中，我们为读者列出了解读他人思想和情感所需的各种关于肢体语言的基础“词汇”。通读本书之后，此前积累于你心中的关于他人种种行为的诸多困惑将会一扫而光，与此同时，你自己的行为也会随之发生永久性的改变。没有读本书之前，你就好比生活在一间黑暗的房间里，因为黑暗，你根本看不清楚室内的摆设和墙壁上的各种挂件，就连房间的门你都只能靠触摸才能感觉到它的存在。可是，读过本书之后，你会有一种重见光明的感觉，就好像这间暗室里突然开了灯。灯光下，屋里的一切都清清楚楚地呈现在了你的眼前，直到这时，你才真正看清楚他们的样子，知道他们的位置，才能确定自己该做什么。

亚伦·皮斯

Contents

目录

序 /001

你对自己的了解有多少 /002
你对于身体语言的侦查技能有多高 /003
我们如何撰写此书 /004
你的身体语言字典 /005

第1章 意在言外

身体语言——比说话更有效的沟通方式 /003
为何你会心口不一 /005
身体语言如何体现情感 /005
为何女性的感知力会更强 /006
脑部扫描能告诉我们什么 /008
占卜师如何占卜 /009
天生、遗传还是后天的文化熏陶 /011
身体基本动作的产生根源 /012
全球通用的表情和动作 /013
正确解读身体语言的三大规则 /014
为何我们容易产生误解 /017
为何孩子的身体语言容易理解 /018
你能伪装表情，做假动作吗 /019
一个真实的故事：说谎的求职者 /019
如何成为身体语言解读专家 /021

第2章 权力尽在“掌”握

如何利用手掌获得控制权 /024
如何探知对方的诚意 /025
国际通用的手掌行骗术 /027
因果法则 /028
手掌的力量 /028
一项观众实验 /031
关于握手方式的研究 /032
谁该先伸出手 /033
如何获取优势地位和支配权 /034
恭顺的握手 /036
势均力敌的握手 /037
如何通过握手营造气氛 /037
如何瓦解强势攻击 /038
冷冰冰、黏糊糊的握手 /041
获取左侧优势 /041
异性之间的握手 /042
双手握手法 /043
握手中的控制权 /044
布莱尔与布什之间的权力竞争 /046
解决方法 /046
8种最不受欢迎的握手方式 /047
阿拉法特与拉宾的握手 /051
总结 /052

第3章 笑容的神奇魔力

微笑是一种顺从的信号 /056
为何微笑有感染力 /058
微笑如何欺骗大脑 /059
练习假笑 /059
走私犯笑得更少 /060
5种常见的微笑 /061

开怀大笑是最好的良药 /064
为何我们应当重视笑容 /065
我们可以边笑边说话，猩猩却不行 /065
幽默有疗伤治病的神效 /066
笑到哭为止 /066
笑话如何使人发笑 /067
充满笑声的房间 /068
微笑是一座沟通的桥梁 /068
幽默可以成为一种促销的手段 /069
不开心地撇嘴 /069
送给女性的微笑建议 /070
恋爱中的笑声 /071
总结 /073

第4章　手臂的信号
以臂为界的身体信号 /076
交叉双臂会对自身造成伤害 /076
“舒服”的姿势 /077
性别差异 /078
双臂交叉抱于胸前 /078
解决方法 /079
握拳式的双臂交叉姿势 /080
抓握式的双臂交叉姿势 /081
老板VS员工 /081
获取他人的认可和赞同 /083
拥抱自己 /084
如何探知社会名流的内心不安 /085
巧用咖啡杯 /087
接触的魔力 /088
伸出你的手 /090
总结 /091

第5章　文化差异
写作此篇时，我们人在意大利 /094
做一个文化小测验 /095
你得了多少分 /098
为何我们都在逐渐地美国化 /098
全世界的文化基本要素几乎是相同的 /099
问候方式的差异 /100
当两种文化相遇 /101
喜欢撅上嘴唇的英国人 /103
擤鼻涕动作的文化差异 /104
3种最常见的跨文化交际手势 /106
接触还是不接触 /109
文化冲突是如何发生的 /110
总结 /111

第6章　百变“手”、“指”
巧“手”能言 /115
双手之间的玄机 /116
双手的作用：增强记忆效果 /116
“摩拳擦掌” /117
摩擦手指 /119
紧握双手 /119
尖塔形手势 /120
利用尖塔形手势获胜 /122
小结 /123
托盘式的姿势 /123
将手背在身后 /124
拇指有关的手势 /126
留在上衣口袋外的拇指 /126
总结 /128

第 7 章　手触摸脸部的信号

谎言调查 /131
三只聪明的猴子 /131
脸是如何泄露真相的 /133
女人确实是天生的“撒谎家” /133
为什么撒谎如此困难 /134
撒谎时最常见的8种手势 /135
思考和迟疑的手势 /140
厌倦 /140
思考的手势 /141
说谎的应聘者 /142
抚摸下巴 /143
迟疑的手势 /144
抓挠后颈和拍击头部的手势 /145
为什么鲍勃总是败北 /147
双重意义 /147

第 8 章　眼部传达的信号

瞳孔扩张 /151
瞳孔测试 /152
女人又是优胜者 /153
人类的眼睛 /154
轻抬眉毛 /154
张大眼睛 /155
眼睛向上看 /156
注视——你的目光投向哪儿 /157
撒谎者大都会看你的眼睛 /158
如何避免攻击和辱骂 /159
斜视 /160
延长眨眼的间隔 /160
东张西望 /161
面部地理学 /161
威严的凝视 /162
关于政治家的故事 /163
男女速配节目的实验 /164
面谈开始后的20秒钟 /164
解决之道 /165
你会转向哪个频道 /165
怎样抓住听众的目光 /167
怎样呈现视觉信息 /167
提起钢笔的魔力 /168
总结 /169

第 9 章　个人空间和领域

个人空间 /173
个人空间的间距 /174
个人空间间距的应用 /175
谁在靠近谁 /176
我们为什么讨厌乘电梯 /176
为什么示威人群会暴怒 /177
保持距离的礼节 /179
做一做午宴测试 /180
文化因素 /180
在跳华尔兹时日本人为何总是领舞 /182
乡村的人与城市的人对个人空间的不同需求 /182
领地与所属权 /184
与汽车有关的私有领地 /184
做一个测试 /185
总结 /186

第 10 章　腿部动作泄露的秘密

流行的步态 /188
双脚如何说真话 /189
腿部动作的目的 /189
戒心、寒冷还是觉得舒服 /193
身体姿态从封闭转向开放的过程 /193
欧洲版双腿交叉 /195
美国版的“4字腿” /195
身体姿势封闭的同时，内心也是封闭的 /196
用手抓着“4字腿” /197
脚踝相扣 /197
短裙综合症 /200
两腿交缠 /200
两腿交叉而小腿保持平行 /201
伸出右脚还是缩回来 /201
总结 /202

第 11 章　13 种常见姿势

点头的动作 /204
为什么要学习点头 /205
怎样赢得他人的赞同 /205
摇头的动作 /206
基本的头部姿势 /207
低头耸肩 /209
摘去“不存在”的绒毛 /210
怎样展现自己的状态 /210
西部牛仔的姿态 /212
较量 /213
双腿分开 /214
把腿放在椅子的扶手上 /215
骑跨在椅子上 /216
“弹弓式”姿势 /217
准备就绪的坐姿 /219
起跑者的姿势 /220
总结 /220

第 12 章　模仿——创建友善关系的工具

营造融洽的氛围 /224
精确到细胞的模仿行为 /225
男人和女人在模仿上的差别 /225
如果你是女人，你该怎么做 /227
男人和女人何时变得相像 /227
我们会跟自己的宠物相像吗 /228
有样学样 /229
声音的模仿 /230
有意识地营造友善氛围 /230
谁模仿谁 /232
总结 /233

第 13 章　香烟、眼镜、彩妆的神秘信号

两种类型的吸烟者 /237
男人和女人的抽烟的差别 /238
如何判断他人的决定 /239
抽雪茄的吸烟者 /240
吸烟者想要结束会谈的信号 /241
如何解读眼镜 /241
拖延时间的策略 /242
从眼镜上方窥视 /243
把眼镜架在头上 /244
公文包发出的信号 /244
总结 /244

第 14 章　身随心动
各种身体角度的含义 /247
如何利用身体的角度表示排斥之意 /249
就座时的身体方向 /250
脚尖的方向 /251
总结 /251

第 15 章　所有权、领土和身高
屈身与地位 /256
他是附近的“大人物” /258
为何你在电视上会显得高 /259
一项地板测试 /260
个子高的弊端 /260
利用屈体来提升身份 /261
电视上的政治家如何赢得选票 /261
如何安抚他人的愤怒情绪 /262
身高与爱之间存在某种微妙关系吗 /264
让你显得更高的小技巧 /264
总结 /265

第 16 章　座位安排
一个关于桌子的测试 /269
为何有些老板总是不招人喜爱 /272
与说的无关，关键在于你的座位 /274
亚瑟王的方法 /275
保持两人同时介入其中 /276
长方形的会议桌 /277
为何老师总是青睐位于其左侧的学生 /278
家庭里的权力游戏 /278
如何让观众落泪 /279
注意力的分布区域 /280
一项关于学习的实验 /281
在餐桌上作决定 /282
总结 /284

第 17 章　面试、强权与办公室政治
为何詹姆士·邦德总是一副沉着冷静的面孔 /287
9条营建良好第一印象的黄金法则 /287
假如有人让你等待 /290
假装，直到你真能做到为止 /292
7条简单策略帮你轻松赢得优势 /293
小结 /294
办公室的强权政治 /294
如何改变办公桌上的区域划分 /296
就座后身体的朝向 /297
如何重新布置办公室 /299
总结 /302

第 18 章　测试你的身体语言洞察力
你能答对吗 /305
你得了多少分 /314
总结 /315
6条让你更有魅力的小秘诀 /316

第 1 章

意在言外

身体语言——比说话更有效的沟通方式 /003
为何你会心口不一 /005
身体语言如何体现情感 /005
为何女性的感知力会更强 /006
脑部扫描能告诉我们什么 /008
占卜师如何占卜 /009
天生、遗传还是后天的文化熏陶 /011
身体基本动作的产生根源 /012
全球通用的表情和动作 /013
正确解读身体语言的三大规则 /014
为何我们容易产生误解 /017
为何孩子的身体语言容易理解 /018
你能伪装表情，做假动作吗 /019
一个真实的故事：说谎的求职者 /019
如何成为身体语言解读专家 /021

我们都知道，当一个人走进一间熙熙攘攘的房间之后，不用几分钟，他就能准确地描述出房间内各个人之间的关系以及他们此时此刻的感受。在人类的口语尚未进化完全之前，通过他人的行为来解读他们的意见和想法，就是当时的人们所采用的最基本的交流方法。

对美国人而言，图中的手势意味着“好，不错”；而对意大利人来说，这表示“数字一”；日本人则认为这个手势代表的是“数字五”；不过，在希腊人眼中，这表示“去你的”；而在中国则表示“很棒”。

人类发明收音机之前，人与人之间的大部分沟通和交流都是通过写在书本、信件以及报纸上来完成的。这就意味着那些相貌不佳的政客，以及一些像亚拉伯罕·林肯那样不善言辞的演说家只要能够持之以恒，坚持己见，并能写得一手好字，就一定可以获得成功。对那些能够自如驾驭口头文字的人们而言，譬如说温斯顿·丘吉尔，收音机时代的到来无疑为他们创造了一个大展拳脚的机会。不过，假如换成了更注重视觉效果的今天，他们可能就要付出更多的努力才能获得成功了。

今天的政治家们都很清楚，政治与公共形象和行为举止之间有着千丝万缕的联系。现在，绝大多数有头有脸的政治家都有自己的肢体语言私人顾问，从而帮助他们借助肢体语言使自己看起来显得真诚、正直、富有同情心，尤其是在真实情况并非如此的情况下，这种做法更是不可或缺。

可令人难以置信的是，在人类上千年的进化历史当中，直到20世纪60年代，专家学者们才开始对肢体语言进行全方位的研究，直至《身体语言密码》一书出版，人们才意识到了肢体语言的存在。尽管如此，绝大多数人仍然认为谈话才是我们最主要的沟通方式。其实，从人类进化的角度来说，谈话直到近期才成为我们沟通方式的一部分，而且这种方式主要是用来传递事实与数据资料。对话，这一沟通方式的产生时间大约是在200万年至50万年前，也就是在这段时间里，我们大脑的体积增大了两倍。在此之前，肢体语言与咽喉部位发出的声音一直都是我们传递情感和情绪信息的主要方式。直到现在，肢体语言的这一功能仍然在发挥作用。只不过是因为我们将注意力都集中在了谈话上，所以，大多数人对于肢体语言仍是不甚了解，更别说能够意识到它在我们生活中的重要性了。

然而，我们的口语表达方式却常常会在不经意间体现出肢体语言在沟通中的重要性。以下便是我们常用的一些习惯表达——

Get it off your chest. 倾吐心声。

Keep a stiff upper lip. 坚定不移。

Stay at arm's length. 保持一定距离。

Keep your chin up. 不气馁。

Shoulder a burden. 承担能力。

Face up to it. 勇敢面对。

Put your best foot forward. 全力以赴。

Kiss my butt. 巴结我，讨好我。

这些习惯表达中，有一些理解起来的确是有些困难，不过一旦理解了他们的含义，你也一定会受益匪浅，因为这其中包含了一些能让你大开眼界的知识。根据以往的经验，我们知道，遇到这种情况，要想弄清楚他们所表达的真实含义，方法大致有两种：要么变换思考问题的角度，要么就从整体把握其意义。不过我相信，当你理解了他们的真实含义之后，其形象的表达方式一定会给你留下深刻的印象，让你终身难忘。

身体语言——比说话更有效的沟通方式

在无声电影时代，由于肢体语言是大银幕上惟一的沟通方式，因此，像查理·卓别林这样的电影演员就成了揣摩并施展肢体语言技巧的先驱。

在当时，能否恰到好处地使用各种手势以及能否巧妙地用身体各部位发出信号与观众交流，就成了评判每位演员演技好坏的标尺。有声电影时代的来临使人们渐渐地将注意力的焦点从无声的肢体语言转移到了演员的对话之上，结果，许多无声电影演员便因此而失去了往日的辉煌，逐渐销声匿迹。只有那些既擅长对话表演形式，又具备精湛的肢体表演技能的演员，才最终在这场电影的大变革中生存下来。

在肢体语言的学术研究成果中，20世纪以前最富影响力的一部作品大概要数查尔斯·达尔文于1872年出版的《人类和动物的情感表达》一书了，不过，这是一部针对学者，以讲述理论为主的作品，并不适合大众阅读。然而，这本书却引发了一场全球范围内的关于面部表情与肢体语言的现代研究，达尔文的许多观点和观察结果最终也都得到了来自世界各地的研究者们的证实。从那时起直至现在，研究者们已经收集并记录下了将近一百万条非语言信息及线索。20世纪50年代研究肢体语言的先锋人物阿尔伯特·麦拉宾发现：一条信息所产生的全部影响力中7%来自于语言（仅指文字），38%来自于声音（其中包括语音、音调以及其他声音），剩下的55%则全部来自于无声的肢体语言。

人类学家雷·博威斯特（Ray Birdwhistell）是最初非语言交际——他称之为"动作学"的倡导者。针对人与人之间发生的非语言交流，博威斯特也作出了相似的推断。他指出：一个普通人每天说话的总时间大约为10～11分钟，平均每说一句话所需的时间则大约只有25秒。同时，他还推断出，我们能够作出并辨认的面部表情大概有25万种。

和麦拉宾一样，博威斯特还发现，在一次面对面的交流中，语言所传递的信息量在总信息量中所占的份额还不到35%，剩下的超过65%的信息都是通过非语言交流方式完成的。我们对发生于20世纪七八十年代的上千次销售和谈判过程开展了详细的研究，其结果表明，商务会谈中谈判桌上60%～80%的决定都是在肢体语言的影响下做出的。同时，人们对一个陌生人的最初评判中，60%～80%的评判观点都是在最初不到4分钟的时间里就已经形成了。除此之外，研究成果还指出，当谈判通过电话来进行的时候，那些善辩的人往往会成为最终的赢家，可是如果谈判是以面对面交流的形式来开展的话，那么，情况就大为不同了。因为总体而言，作决定的时候，在所见到的情形与所听到的话语中，我们会更加倾向于依赖前者。

为何你会心口不一

当我们与某人第一次见面的时候，通常情况下，我们都会很快就对他作出一番评价。尽管我们作出的评价也许与实际情况有所出入，但是通过此番评估，在心里，我们已经对他的友好程度，控制欲强弱等有了一个初步的了解——不过，在此过程中，我们首先观察的却不是对方的眼睛。

目前，大多数研究者都已经肯定了这样一个事实：话语的主要作用是传递信息，而肢体语言则通常被用来进行人与人之间思想的沟通和谈判。在某些情况下肢体语言甚至可以取代话语的位置，发挥传递信息的功效。

博威斯特首先指出，假如不考虑文化因素的作用，同时发生的语言和身体动作所产生的作用应当是可以被预测的。因此，一个训练有素的人应该能够通过倾听他人的话语而分辨出此人的姿势动作。博威斯特甚至可以通过只观察人们的动作而判断出他们所说的语言。

许多人都很难接受“把人类当作生物学层面上的一种动物”这样的说法。我们人类是一种灵长类动物，也就是说，我们每个人其实就是一只毛发退化了的类人猿，与其他猿猴的不同之处就在于我们学会了用两条腿直立行走，且有一个进化了的聪明大脑。尽管如此，我们仍然和其他物种一样，要受到生物学规律的制约，所以我们的各种行为，对外界所作出的种种反应，以及我们的肢体语言和手势都与生物学规律相吻合。有趣的是，作为一种动物，人类在绝大多数时候都没有意识到自己通过各种身体姿势、动作和手势所传达的信息与本人通过语言所传递的信息常常背道而驰。

身体语言如何体现情感

肢体语言是个人情感的外在表现形式。每一个手势或动作都有可能成为我们透视他人情感、情绪的关键线索。例如，一个知道自己长胖了的男人可能会用力地拉扯他下巴处褶皱的皮肤；一个认为自己大腿变粗了的女人则会不断整理下装，尽量使自己的裙子保持一种平滑下垂的状态；一个感到害怕或处于防御状态下的人会双臂环抱，或摆出一个双腿交叉的姿势，又或者会同时做出上述两种动作。

解读他人肢体语言的关键就在于你是否能够一边倾听对方的谈话，一边观察他说此话时的语言环境，从而了解他的内心情感。这种能力不仅可以让你看到虚构的小说中的现实情节，也可以帮助你认清楚幻想中的现实成分。

近代以来，我们人类几乎将所有的目光都投向了有声语言，因此，几乎所有的人都渴望自己能成为一名健谈的人。然而，尽管我们现在已经意识到了，在任何一次面对面的谈话中，大部分的信息都是通过肢体语言来进行交流的，但是，绝大多数人却经常会忽视肢体语言信号以及它们的作用和影响。法国前总统希拉克、美国前总统罗纳德·里根、澳大利亚前总理鲍勃·霍克，这三位领导人经常会用手来表现他们内心对于各种事件中不同数据的想法。通过对比，鲍勃·霍克发现政府官员的收入低于行政员工，所以，他曾经要求提升政府官员的收入待遇。霍克指出，行政员工的工资得到了大幅度的提升，相比之下，政府官员工资的提升力度显然远远低于行政员工。于是，每当他提及政府官员的工资，霍克双手间的距离达到了大约1米远。但是，当他提到行政员工工资的时候，他双手之间的距离却只有大约30厘米。所以，鲍勃·霍克双手间的距离就反映出了他的内心想法：他认为政府官员的收入与他能够接受的收入之间还存在着较大的差异。

雅克·希拉克总统——他是在衡量一件事件的规模。

为何女性的感知力会更强

我们经常会用“感知力强”、“直觉灵敏”之类的话语来评价他人。

其实，在这些评价当中，我们所谈论的正是他们解读他人肢体语言的能力，以及他们将肢体语言与有声语言进行对比，帮助交流的能力。只不过，我们在说此话时并没有意识到这一点而已。换言之，当我们说“直觉”或是“本能”告诉我们某人撒了谎，其实，我们的本意应该是，对方的肢体语言和他的话自相矛盾。演说者们通常把这种“直觉”或“本能”称之为观众意识，或群组意识。例如，假如座位上的观众将整个上半身都靠在椅背上，下巴微含，双臂环抱于胸前，那么这个时候，一位“洞察力敏锐”的演说者就应该立刻察觉到他的演讲并没有打动台下的观众。如此一来，演讲者就应该意识到，此时此刻，他需要改变方法，用另一种不同的方式来引起观众的共鸣和互动。同样的道理，假如演说者的“感知力”不够敏锐，他就根本不会注意到这些细节，只会不管不顾地继续自己的演讲。

所谓“感知力强”，也就是指能够通过观察发现人们的话语和他们的肢体语言之间的矛盾之处。

大体而言，女性的感知力远远胜于男性，而这也就是我们常说的“女人的直觉”。女性有一种与生俱来的洞察和破译无声信号的能力，与此同时，她们往往也独具慧眼，能够发现那些通常会被男性忽略了的细节。这也是为何几乎没有哪位丈夫的谎言能够逃过妻子的法眼；反过来大多数女性却能把男人唬得团团转，而让对方不自知。

通过哈佛大学开展的一项心理研究，我们了解到了女性和男性对于肢体语言敏感度的巨大差异。研究者播放了一段被删去了声音的短片。短片里，一个男人正在和一个女人谈话。研究者要求参与者们通过观察这对夫妻的面部表情和动作，描述出他们之间发生的事情。研究结果显示，87%的女性参与者所描述的内容与实际情况相吻合，但同样的情况在男性参与者中所占的比例却只有42%。从事诸如艺术、演员和护理等“敏感”职业的男性的感知力与女性相当。在那些养育了孩子的女性人群当中，“女人的直觉”这一特点表现得尤为明显。在抚养孩子的最初几年当中，妈妈们几乎完全都是靠无声的讯号来与自己的孩子进行沟通和情感交流。这也就解释了为何在谈判中，感知力强于男性的女性所发挥的作用往往会大于男性，因为她们很早就开始了这方面的培养和锻炼。

脑部扫描能告诉我们什么

大部分女性都有一种脑部组织，也正是因为这部分脑组织才使得女性的交流和沟通的能力远胜于男性。磁共振成像（MRI）脑部扫描图清楚地向我们揭示了为何女性会具有远胜于男性的交流及评估他人的能力。女性一共有14～16块大脑区域能够帮助她们完成评估他人行为的功能，而男性的大脑里能够完成同类功能的区域却只有4～6块。这就解释了为何女人在参加宴会时总是能够很快便洞悉宴会中其他人之间的关系状况——谁与谁之前有过争论，谁又喜欢谁，等等。与此同时，扫描图也解释了为何从女人的立场上来看，男人似乎总是少言寡语，而从男人的角度来看，女人却似乎总是喋喋不休了。

正如我们在《男人不懂得聆听，女人不懂得看地图》（Why Men Don.t Listen & Women Can.t Read Maps）一书中向读者展示的那样，女性的大脑就好比一部多声道的收音机，可以同时接收各个不同频率的电波——通常情况下，女人的大脑可以同时处理2～4件完全不同的事项。譬如说，她们可以在一边看电视一边打电话的同时聆听第三个人的谈话。此外，她们还可以时不时地喝口咖啡滋润喉咙。她们可以在同一段对话中谈到许多完全不相干的话题，其间，为了转换话题，或表示强调，她们在谈话中还会用到五种不同的语音语调，而这一切全都依赖于“直觉”或“洞察力”。然而不幸的是，绝大多数男性最多只能辨认出其中的三种。由此产生的结果就是，当女人试图与男人进行沟通时，男人通常会遗漏掉谈话中的一些重要信息。

研究表明，假如有两个人同时对他人的行为作出评价，其中一个习惯于通过面对面所产生的可视信息为依据来评判，而另一个人则仅仅依靠内在的直觉来判断，那么，前者所作出的评判很有可能会比后者的更加精准。前者判断的依据就是肢体语言。女性完全能够在下意识中完成这一过程。其实，任何一个人都可以通过有意识的学习，掌握这些讯号的内在含义，而本书的写作目的也正在于此。

占卜师如何占卜

如果你曾经找过算命者为你卜算，你一定会对他竟然知道那么多关于你的事情而感到万分惊讶——甚至包括那些除了你，别人不可能知道的事情。所以，你认为他一定有通灵的本事，对不对？通过对占卜这一行业进行深入地研究，我们了解到，该行业的从业者使用的是一种被称为“读心术”的技巧。借助于这种技巧，即使面对的是一个素不相识的人，你也完全能够“读”懂他的内心想法，并对之作出一番精确度高达80%的评判。

对于那些思想单纯，且敏感而脆弱的人而言，这种技巧简直就是一种神奇得不可思议的魔力。实际上，这只不过是一个基于仔细观察肢体语言讯号，以及对于人类本性和概率统计的了解而开展的一种观察并解读的过程。心理学家、塔罗牌占卜师、占星家以及看手相者都是利用这一技巧来收集“客户”的私人信息的。许多懂得“读心术”的人通常都没意识到这其实就是一种解读无声的肢体语言信号的能力，所以，他们渐渐地也都认为自己一定是具备了某种“精神”力量，从而才能窥探到他人微妙的心思。这所有的一切都让人们相信某种神奇的“精神”力量的确存在于世间，加之那些懂得“读心术”的人通常都能以一种积极乐观的态度来面对诸事的发展，这就更加使得人们对神秘的“精神”力量深信不疑了。

排列整齐的塔罗牌阵，一个或两个水晶球，以及为数不多的观众，俨然构成了一个小舞台，而占卜师则静立于舞台的一角，认真观察，解读每一个耐人寻味的肢体语言背后所蕴含的深意，然后经过整理和分析，最终说出震惊四座的占卜结果。此情此景，即使是最坚定的怀疑论者，恐怕也会相信这一定是某种奇妙的力量作用的结果。其实，归根结底，这不过就是一种很普通的观察能力：首先，占卜师会认真打量对方的外表特征，然后通过谈话和提出问题，进一步观察对方由此所作出的种种反应。最后，再将所有的信息综合起来，依据以往的经验，占卜师便能得出自己想要的结论了。大多数“通灵”的占卜师都是女性，这是因为正如我们之前曾经谈到的，女性独特的大脑结构使得她们不仅可以通过婴儿的肢体讯号了解他们的想法，而且可以深入了解他人内在的情感特征。

为了证明这一点，你可以亲自体验下文中描述的场景。试想你走进了一个房间，房间里光线昏暗且烟雾弥漫。紧接着，你看见房间里有一个月亮形状的矮桌，桌子上有一个水晶球。一位全身戴满了珠宝、披着头巾的占卜师就坐在桌旁。她对你说道：

欢迎来到我的世界。我能感觉到从你身上发出了一种很强烈的信号，它告诉我，你遇上了一些麻烦。我知道，一直以来，你都希望能从自己的生活中得到点什么，但是这样的想法有时候却会显得不切实际。所以，你常常会问自己，我到底能不能得到他们呢？除此之外，我还知道，你这个人有时候看起来会显得为人随和，友好且善于交际，但是有时候却又显得内向、保守且警惕。在生活和工作中，你不仅能够独立地思考问题，而且也知道不能在毫无证据的情况下轻易相信自己的所见所闻。为此，你感到很骄傲。你不喜欢一成不变的事物，不过，假如受到限制或习惯的过分约束，你又会觉得浑身不自在。你很想和那些最亲密的朋友和家人分享自己内心深处的秘密，但是又觉得过于外向或过度地公开自己并不是个明智的决定。此时此刻，有一个姓名首写字母为“S”的男人出现在了你的生活之中，并且对你产生了极大的影响；此外，一个出生于十一月的女人将会在下个月向你发出让你激动万分的邀请。虽然你外表看起来训练有素，懂得克制自己，但其实你的内心却充满了忧虑，正因为如此，有时候你看起来有些闷闷不乐，有时候你甚至还会感到很迷惘，不知道自己的决定和选择是否正确。

怎么样？我们对你的分析准确吗？研究表明，任何一个人借助于“读心术”所获得的信息，其中准确部分在全部信息中所占的比例通常高于80%。卓越的观察能力使你不会错过任何通过肢体语言、面部表情以及其他动作和神情所传递的信息，再加上屋内昏暗的灯光，营造神秘氛围的音乐和熏香，我们保证你一定会立刻变身为一名说话掷地有声的占卜师！不过，我们写作此书的目的并不是真的想鼓励你成为一名占卜师。我们只是想让你知道，你完全可以像那些占卜师一样，解读他人的心思，作出精确的判断。

天生、遗传还是后天的文化熏陶

当你将双臂环抱于胸前的时候，你会同时将右腿放到左腿上，还是将左腿放至右腿上呢？大多数人除非亲自尝试，一般都无法立刻回答这一问题。现在，就请你将自己的双臂环抱于胸前，然后，分别尝试两种腿部姿势。你是不是觉得其中的一种姿势会让你觉得很舒服，而另一种却有些别扭呢？有证据显示，决定你更倾向于哪种姿势的是我们体内的基因，所以，终其一生，你的这种感觉都不会发生任何改变。

> 70%的人习惯于将自己的左腿放到右腿上。

为了弄清楚无声的肢体语言究竟是一种与生俱来的本性，还是一种通过基因遗传的特质，或是说是一种通过后天学习所掌握的技能，我们开展了许多研究及其相关的讨论。通过观察盲人（由于双目失明，他们无法通过后天的可视性学习方法来掌握肢体语言）的行为和世界各地生活于不同文化之中的人们的手势动作，我们收集了大量的信息。除此之外，我们还对人类的近亲猿和猴子开展了细致的研究，也都获得很多珍贵的资料。

> 全球各种文化之间的差异固然比比皆是，但是，世界各地所使用的基本肢体语言讯号却是相同的。

此项研究结果显示，有些面部表情和动作具有类别之分。例如，大多数灵长类动物的婴孩一生下来就具备了吮吸的能力，这就表明吮吸是一种与生俱来的或是通过基因遗传的能力。德国科学家艾贝尔·艾伯费尔德发现，那些天生失聪以及天生失明的孩子生来就会微笑，完全无须经过后天的学习和模仿。这一事实说明微笑也是一种天生的本能。通过对生活于五种完全不同的文化氛围中的人的面部表情和动作进行研究，埃克曼

（Ekman）、福瑞森和瑟瑞森表示，他们支持达尔文所提出的某些表情动作乃天生所致的观点。他们发现，虽然存在着文化差异，但是人们用来表示情感的那些基本的面部表情却是相同的。这一发现让他们得出了一个结论：这些基本的面部表情和动作一定也是与生俱来的本能反应。

至于某些面部表情和动作的形成究竟是因为后天的文化熏陶，还是因为习惯成自然，抑或是由于基因遗传所致，由于意见不一，学术界仍然存在各种争论和辩驳。举例来说，大多数男人脱下衣服后，会首先将衣物搭在右手手臂上，而大部分的女人却恰好相反，比较钟情于左手手臂。这就表明，对于同一个动作，男人们习惯于使用左半脑，而女人们则更倾向于使用右半脑。在一条拥挤的街道上，当男人与女人对面相向而过时，男人通常会将自己的身体微微向女人这边倾斜，而女人则会本能地躲开男人，从而避免对方接触到自己。那么，女人的这种反应究竟是天生的本能，还是她在看到其他女人这样做之后，于不知不觉中学会的一种技能呢？

身体基本动作的产生根源

大多数基本的交流讯号都是全世界通用的。当人们高兴时，他们会微笑；当他们感到悲伤或愤怒的时候，他们会皱眉头或怒目而视。在大多数情况下，点头通常都是用来表示赞同或肯定，其表现形式就是低下头。点头很有可能是一种天生的本能动作，因为那些生来就失明的人也懂得使用这一动作。和点头一样，摇头也是一种普遍的动作，其含义与点头相反，表示反对或否定。而与点头不同的是，摇头可能是人在童年时期通过后天的学习所掌握的一种动作。当婴儿吃饱了之后，他们会用摇头的方式拒绝妈妈继续喂奶。当小孩吃饱了以后，他们就会用摇头的方式来抗拒送到嘴边的食物。于是，不知不觉中，孩子们很快就学会了用摇头来表示拒绝或否定他人的做法和思想。

在婴孩时的喂奶过程中，摇头这种动作表示“反对”。

在人类的进化历程当中，一些面部表情和动作的根源可以一直追溯到远古时期。比如说，大多数食肉动物会用微笑这种表情来传递危险的信号，但对灵长类动物而言，这种表情却与危险无关，它传递的是一种表示妥协和屈服的信号。

龇牙和扩张鼻孔这两种面部表情源自于动物间的攻击行为，也是其他灵长类动物经常使用的最简单的表情之一。动物用龇牙露齿来警告对方，假如有必要，他们将会用自己的牙齿来保护自己或攻击对方。对人类而言，虽然我们并不会像动物那样用牙齿来攻击对方，但是，我们在人类的身上也发现了类似的表情和动作。

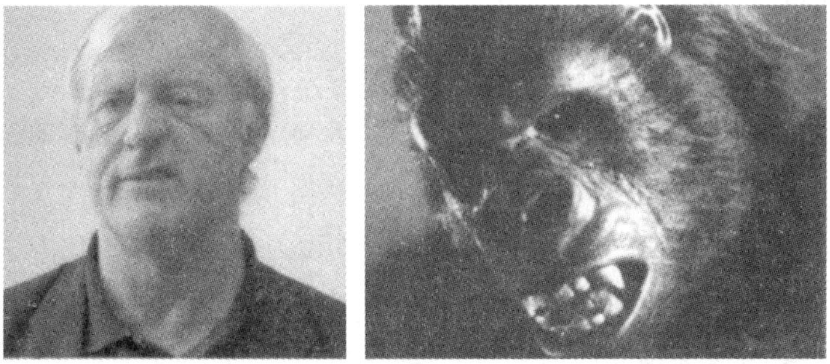

人类和动物的蔑视——你应该不会想和他们中的任何一个约会吧

扩张鼻孔可以使肺部吸入更多的氧气，从而为战斗或逃跑做好准备，而在灵长类动物的世界中，这一动作意在告诫其他在场者，要想化解即将降临的威胁，充足的后备支持是必需的。对人类而言，这一动作通常是由于愤怒而引起的。当一个人感觉到自己的身体或心理受到了威胁，或是认为某事不正确时，也会流露出这种表情。

全球通用的表情和动作

耸肩表示顺从、妥协

耸肩同样也是一个很普遍的肢体动作。人们耸肩，则说明他们不知道，或者不明白你所说的内容。耸肩并不是一个单一的简单动作，而是包含三个主要的部分：摊开手掌以表示手中并没有隐藏任何东西；收缩肩膀以保护咽喉不受攻击；扬起眉毛的动作本身也是一个通用的表情，是一种表示顺从的问候方式。与有声的话语一样，有些看似相同的肢体语言信号也会因为文化差异的缘故而表示不同的含义。一个动作在某一特定的文化中也许很普遍，而且表意明确，然而，假如置于另一种文化当中，它很有可能就只是一个没有任何意义的单纯的动作，甚至它表达的意义会完全不同于之前的含义。我们将会在稍后的第五章中讨论文化差异与肢体语言之间的关联。

正确解读身体语言的三大规则

规则一：连贯地理解

初学者经常会犯一个最致命的错误，那就是将每个表情或动作分离开来，在忽视其他相联系的表情或动作以及大环境的情况下，孤立、片面地解读他人的肢体语言。譬如说，挠头所表示的含义有很多，比方说尴尬、不确定、去头屑、头痒、健忘或者撒谎等，所以，其具体含义应当取决于同时发生的其他表情和动作。和说话一样，肢体语言也有词组、句子和标点之分，每一个表情或动作就好比一个单词，而每一个单词的含义都不是惟一的。例如，在英语中，“dressing”一词就至少有十种解释，其中包括穿衣服的动作、食物的调味料、肉类食物的配菜、伤口的包扎敷料、化肥以及马饰等。

因此，只有当你把一个词语放到句子里，配合其他词语一起理解时，你才能彻底弄清楚这个词语的具体含义。以“句子”的形式出现的动作或表情被称为肢体语言群，就好比我们如果想说一句话，就至少需要用三个词语来组织才能清楚地表达说话的目的。可以这么说，如果一个人能够读懂无声的肢体语言长句，并且准确地将他们用有声的话语表达出来，那么，他的“感知力”一定很强，或者说他的“直觉”一定很灵敏。

挠头可以表示不确定的意思，但是也可以看成是一个去头屑的动作。

所以，如果你想获取准确的信息，就应该连贯地来观察他人的肢体语言。

当我们感到无聊，或是有压力的时候，我们常常会不断地重复做一个或者多个动作。不停地摸头发或玩头发就是我们最常见的一种表达方式，可是，假如不考虑其他动作或表情，同样的动作却很有可能表示这个人心中很焦虑，或是不确定。人们之所以会在这样的情况下做出摸头发或抚摸头部的动作，完全是因为当他们还是个小孩的时候，他们的妈妈就是用这样的方式来安抚他们的。

你没有抓住这个男人讲话的要点

为了证明在解读肢体语言的过程中综合理解方式的必要性，我们给出了一种常见的边缘动作。当人们没有记住刚才所听到的话语时，常常会摆出这样的一个姿势：将手移至脸旁，用拇指支撑着下巴，食指保持一种向上的姿势贴在脸颊上，而剩下的三个手指则正好将嘴巴挡住。另外，双腿紧紧交叉，而双臂也以类似的姿势环抱于胸前（一种防御的状态），与此同时，他的头和下巴均保持一种下垂的姿势（一种否定或不友善的态度）。种种迹象都表明该聆听者已经对所听到的内容作出了自己的评价。聆听者通过这一连串的肢体语言“群组”，就是想告诉对方“我对你的话不感兴趣”、“我不同意你的说法”或“虽然我对你的话很不满意，但是我正在努力克制自己的不满情绪”。

当对方的言辞无法说服自己时，希拉里·克林顿就会摆出这样的姿势。

规则二：寻找一致性

研究表明，通过无声语言传递的信息所产生的影响力是有声话语的五倍。而且当两个人进行面对面交流的时候，尤其当这两个人都是女人的时候，她们几乎会全部依赖于无声的肢体语言进行交流，而无视话语所传递的信息。

如果你是一名演讲者，在某次演讲中，你邀请某位听众上台来发表他对你演说内容的意见，而他回答说，他并不赞同你的观点，那么，他通过肢体语言所传递的信息就应该与他的话语表意相吻合，也就是说，两种语言所表达的意思完全一致。但是，假如他口头上表示赞同你的话，但是，他通过肢体语言所传递的信息却并非如此，那么，他就很可能是在撒谎。

> 当一个人的话语与他的肢体语言相矛盾的时候，女性听众大都会忽视他的话语意思。

当你看见一位站在演讲台上的政治家一边信心十足地向观众们说，他有多么尊重年轻人的意见，并承诺一定会虚心接受他们的建议；一边却又将自己的双臂环抱于胸前（以示防御），并且下巴微沉（批判、充满敌意的象征），那么，你还会相信他的说辞吗？假如他试图用热情且充满关切之情的口吻来打动你，并且还不时地用手敲打演讲台以吸引你的注意，那么，你是否会真的被他的言行所征服呢？西格蒙德·弗洛伊德曾经遇到过一个案例。案例中，病人告诉他，她的婚姻生活十分幸福。在谈话中，这位病人不断地将她的结婚戒指取下，然后又戴上。弗洛伊德注意到了她的这一无意识的小动作，他很清楚这意味着什么。所以，当有消息传来说她的婚姻出现问题时，弗洛伊德丝毫并不感到惊讶，因为一切都在他的意料之中。

观察肢体语言群组，注意肢体语言与有声话语的一致性就好比两把金钥匙，能够帮助我们打开肢体语言的宝库，从而正确地解读出无声语言背后的真正含义。

规则三：结合语境来理解

对所有动作和表情的理解都应该在其发生的大环境下来完成。例如，如果在一个寒冷的冬天，你看见某个人坐在公交车的终点站里，双臂紧紧环抱于胸前，双腿也紧紧地夹在一起。那么，这个时候，你就应该知道，他之所以摆出这种姿势，很有可能是因为他很冷，而并不是因为他想保护自己。但是，如果是你和某人隔桌而坐，而你又试图向他阐明自己的一些观点，或是向他推销某种产品和服务，面对你的说辞，对方摆出了一个和上面那个男人一样的姿势，那么这个时候，你应该明白，对方其实是想借此告诉你，他对你的话持否定的态度，或者说他对你的推销很抗拒。

图片中的人因为感到寒冷而做出了这样的动作，并非想保护自己。

本书中所谈到的所有肢体动作和表情都应该结合当时的情景来理解，同时，请不要忘记，你也应当综合前后动作和表情，连贯地思考问题。

为何我们容易产生误解

一个男人如果和他人握手时总是软绵绵的没有力气，或者握手的方式很温柔，人们就很有可能会因此得出结论，他是一个性格懦弱的人。在下一章中，我们将会探讨有关握手的技巧，届时，我们就能明白其中的原委了。然而，假如某人有关节炎，那么，他也很有可能会采取这种轻柔的握手方式，从而避免强硬握手而带来的疼痛感。艺术家、音乐家、外科医生以及那些从事的职业十分精细且需要用到双手的人，在多数情况下，他们都不喜欢和他人握手。但是，假如不得不与他人握手时，他们就会采取一种“一带而过”的轻柔的握手方式，从而达到使自己的手不受伤害的保护目的。

有些人由于身着的服饰与自己的身材不合或者过于紧绷，很有可能会因为无法做出某种动作而影响肢体语言的使用。举例来说，肥胖的人通常都无法跷起二郎腿。身穿短裙的女人出于保护自己的目的，会在坐下的同时双腿紧紧合拢。但是，这样的姿势却会让别人产生一种拒他人于千里之外的感觉，亲和力不够，所以，在舞会上她们得到的受邀请的机会有可能会比其他女人少。虽然以上这些情况仅适用于少数人群，但是，我们应该明白，对于理解无声的肢体语言而言，全面细致地思考问题是关键的一步。只有彻底地了解了个人能力及其身体的局限性对肢体语言的影响，我们才能正确地领悟无声语言背后的含义。

为何孩子的身体语言容易理解

与年轻人相比，要想正确理解老年人的面部表情和动作似乎是一件更加困难的事情，这是因为老年人面部肌肉的伸缩能力比年轻人差很多。

完成某些动作和表情的速度，以及在他人眼中，完成动作和表情的明显程度与每个人的年龄息息相关。例如，如果一个年仅五岁的孩子撒了谎，他很可能会在说完之后就立刻用一只手或双手捂住自己的嘴巴。

孩子捂住嘴巴的动作往往会提醒父母，孩子正在说谎。而这一动作也很有可能会贯穿一个人的一生，只不过在这一过程中完成动作的速度发生了变化。当一个十来岁的少年说了谎，他也会像之前那个说谎的孩子那样，将手移到嘴边。不过，与之前迅速地遮住嘴巴不同的是，他只是将手指放在嘴边，轻轻地在嘴边摩挲着。

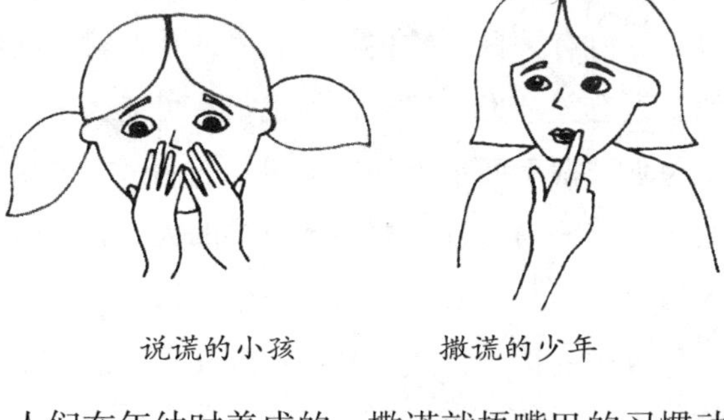

说谎的小孩　　撒谎的少年

成年后，人们在年幼时养成的一撒谎就捂嘴巴的习惯动作的速度甚至变得更快了。当一名成年人说了谎话，他的反应和五岁的孩子以及少年说谎时的反应一模一样，将手向嘴巴的方向移去，就好像他的大脑向手发出了指令：捂住嘴巴，不让那些不真实的话语说出口。但是，最终，他举起的手并没有放在嘴巴上，而是在轻轻地碰触到鼻子之后就又重新放下了。这就是一名成年人在试图掩饰谎言时经常会用到的一种肢体动作，其本质上和五岁孩童捂嘴巴的动作是一致的，只不过方式发生了改变而已。

比尔·克林顿正面对大陪审团，回答他们所提出的关于莫妮卡·莱温斯基的问题。

这就表明，随着人们年龄的增大，他们的肢体动作和面部表情也就随之变得不再那么明显，所以，同样是解读肢体动作和面部表情，假如对象是一名五岁的孩童，而不是一位五十岁的中老年人，那情况就会变得简单多了。

你能伪装表情，做假动作吗

常常会有人问我们："你能够在自己的肢体语言上做手脚吗？"通常情况下，答案都是否定的。因为，假如我们对肢体语言弄虚作假，那么，在同一时间发生的主要肢体动作和表面表情，肢体细节所传递的微信号以及我们的话语，这三者之间必定无法达成一致。例如，摊开的手掌通常被认为是诚实的标志，但是当作假者对你说了谎，虽然他面带微笑，而且向你摊开了手掌，但是一些细微的身体动作和表情却会让他的谎言不攻自破：他的瞳孔可能会变小，他可能会扬起左边或右边的眉毛，而他嘴角的肌肉则可能因为紧张而略微有些抽搐。所有这些信号所传达的信息都与摊开的手掌和真诚的微笑代表的含义相悖。结果，他的谈话对象，尤其是女人，通常都不会相信他的话。

一个真实的故事：说谎的求职者

> 相比较而言，男人更容易被虚假的肢体语言所蒙蔽，而女人解读肢体语言的能力比男人更胜一筹。

在我们开展的一次面试中，一位男性面试者向我们解释了他放弃之前那份工作的原因。他告诉我们，他觉得之前的公司没能给他提供足够的发展机会，但是由于他和所有的同事都相处得十分融洽，所以在是否离开原来那家公司的问题上，他一直有些犹豫，觉得很难抉择，直到最近才作出了这个艰难的决定。听完他的陈述后，一位女面试官说，她的“直觉”告诉自己，这位求职者在说谎，而且尽管他对自己的前任老板赞美不已，但是事实上，他却并不认可这位上司。通过对面试录像进行慢动作回放，我们注意到，每当提到前任老板，这位求职者的左脸上便会闪现出一种转瞬即逝的嘲笑的表情。

在大多数情况下，这些自相矛盾的信号都会在说谎者的脸上显现出来，但是显现的时间却非常之短暂，稍纵即逝，因此，没有接受过专业训练的观察者大都无法发现和辨认这些细微的信号。事后，我们致电他的前任老板，结果发现，这位求职者是因为与其他同事共同贩毒而被公司开除的。显然，他相信自己能够用虚假的肢体语言骗过我们的眼睛，但是他自相矛盾的细微肢体信号却让我们的女面试官发现了他的破绽，从而揭穿了他的谎言。

通过上述故事里提到的方法，我们完全能够区分真假肢体语言，判断出对方究竟是个诚恳诚实的人，还是一个说谎者或冒名顶替者。摊开手掌以示诚恳的方法学起来并不困难，但是一些细微的身体信号，譬如说瞳孔放大、发汗、脸红等，却很难通过有意识的学习而掌握。

作假者的谎言只能维持一段很短的时间。

不过，在某些个案里，当事人会有意地制造虚假的肢体语言从而取得某方面的优势。举例来说，在世界小姐或环球小姐竞选中，每一位参赛者都会故意做出一些事先准备好的肢体动作，从而为自己营造一种真诚而热情的气质，给评委和观众留下深刻的印象，最终获得较高的评分。然而，即使是接受过专业训练的参赛者，她利用虚假的肢体语言蒙蔽评委和观众的时间也不会很长。因为时间一长，其他的那些肢体信号就会暴露出许多与有意识的假动作相矛盾的信息。为了争取投票者的信任，许多政治家们都十分善于利用虚假的肢体语言，堪称这方面的专家。而那些成功地利用虚假的肢体语言赢得大众信任和好评的政治家们，譬如说约翰·F·肯尼迪和阿道夫·希特勒则通常会被人们认为具有某种神奇的“感召力”。

总而言之，要想长时间地利用虚假的肢体语言来隐藏自己的真实想法，是一件十分困难的事情。但是，正如我们在下文中谈到的，我们应该认识到，学会正确地利用肢体语言与他人进行交流，避免使用容易产生误解的肢体语言，扬其长，避其短，使肢体语言真正为我们所用，这对我们每个人而言都是相当重要且必需的。充分发挥肢体语言的优势将会使我们与他人的相处变得更加融洽，也会使我们自己变得更加容易被他人所接受，而这也正是我们撰写此书的目的之一。

如何成为身体语言解读专家

你需要做的就是每天抽出15分钟的时间来研究和学习他人的肢体语言，与此同时，也对自身的肢体语言获得一种更深入的认识。凡是有人出现，有人际交往的地方，就是我们学习肢体语言的好场所。在机场，人们往往会将自己心中的渴望、愤怒、悲痛、快乐以及焦虑和其他各种情感通过肢体语言的形式公开地表现出来，因此，要想观察人们的面部表情和动作，机场实在是一个再好不过的地方了。除此之外，公共集会、商业会谈以及各种舞会也都是学习和研究他人肢体语言的大好机会。当你真正成为一名解读肢体语言的专家之后，你可以在参加聚会的时候，选择一个角落，什么都不做，就那么安安静静地坐在那儿，观察人们的肢体语言，揣摩他们的心思。我想，那应该会是一个美妙的夜晚。

> 与祖先相比，现代人类解读肢体语言的能力实在是太糟糕了，因为我们将注意力全都集中在了有声的话语上。

电视也同样可以成为我们学习肢体语言的好帮手。当我们看电视的时候，可以将声音关至最小，尝试着只通过观看电视画面去理解剧情。然后，再将音量调高，检查自己对剧情的推测和判断是否准确。通过这样的锻炼，很快，你就会发现自己完全可以像聋人一样，即使是在没有声音的情况下，也能够理解电视节目的全部内容。

学习解读他人的肢体语言不仅能够让我们更加准确地明白他人控制和操纵事物的方法，而且只有通过学习，我们才能意识到其实他们对待我们的方法与对待这些事务的方法并无区别。而且最重要的是，学习和了解肢体语言能够让我们更加关心和在乎他人的感受和情绪。

观察家与高谈阔论的区别是什么？

前者通常手持一块笔记板和一支笔，而后者则只有一张嘴。

现在，社会科学领域又出现了一个全新的职业——肢体语言观察家。正如鸟类观察家热衷于观察鸟及其行为一样，肢体语言观察家会很认真地观察并记录下人类的每一个无声的动作和表情，精心捕捉隐藏其间的各种隐性信息，并且乐在其中。在各大公共集会中，比如在海滩上、在电视中、在办公室里以及任何人际交流发生的地方，肢体语言观察家都睁大了双眼，仔细观察着身边的每一个人。他们认真地学习和研究人们的每一个动作和表情，渴望能够对同伴们的各种行为意义有更深入的了解和认识，从而实现其最终的目的——更加真实、充分地了解自己，掌握改善人际关系的好方法。

第2章

权力尽在“掌”握

如何利用手掌获得控制权 /024
如何探知对方的诚意 /025
国际通用的手掌行骗术 /027
因果法则 /028
手掌的力量 /028
一项观众实验 /031
关于握手方式的研究 /032
谁该先伸出手 /033
如何获取优势地位和支配权 /034
恭顺的握手 /036
势均力敌的握手 /037
如何通过握手营造气氛 /037
如何瓦解强势攻击 /038
冷冰冰、黏糊糊的握手 /041
获取左侧优势 /041
异性之间的握手 /042
双手握手法 /043
握手中的控制权 /044
布莱尔与布什之间的权力竞争 /046
解决方法 /046
8种最不受欢迎的握手方式 /047
阿拉法特与拉宾的握手 /051
总结 /052

如何利用手掌获得控制权

今天是亚当到这家公共关系公司上班的第一天，所以，他希望能给大家留下一个好印象。当主管将亚当逐一介绍给每位同事时，他热情地与同事们一一握手，同时微笑着向对方点头致意。身高1.9米的亚当相貌堂堂，衣着得体，看上去俨然是一位成功的公关从业人员。按照年幼时父亲所传授的握手心得，亚当紧紧地握住每位同事的手，用力地摇晃着。事实上，他握手的力度是如此之大，两位女同事因为带着戒指，手指都出现了充血的症状，而且许多人在与他握手之后都觉得手被握得生疼。

在古代，人们用展开的手掌来表示自己并未在手中隐藏任何武器

有的男同事便在与亚当握手时也铆足了劲儿，似乎想和他一决高下。大多数情况下，男人们通常都会倾向于选择以牙还牙的交际方式，不过，女人们却通常会选择沉默忍耐。于是，亚当进入这家公司后不久，有一种说法便在女同事中传开了："最好和那个新来的亚当保持一定距离——他可不是个好惹的人哦！"虽然男性同事从来不这样认为，但是公司里的女同事却难免会因此而尽量减少与亚当的接触，而在这家公司里，过半数的管理者皆为女性。

其实，我之所以在第二章开篇之时跟大家说这个故事，就是想告诉大家：无论你是个什么样的人，笨手笨脚的粗人、说一不二的能人、或是为了维持生计而艰难打拼的普通人，你都必须明白我们的双手在日常交往当中的重要性。有时候，为了寻求帮助或占领先机，我们常常会不得不主动伸出自己的双手以示友好，或者干脆坦率地摊开手掌，亮出自己最后的底牌。可是，不管怎样，都请你记住，千万不要用自己的双手做坏事，也不要相信金盆洗手就能彻底洗刷掉双手曾经犯下的错误。因为假如你背叛了自己的双手，与此同时，你也就失去了对他们的控制权。

在人类进化的过程当中，我们的双手曾经发挥了至关重要的作用，因此，双手与大脑之间的联系远远超出了身体的其他任何部位。然而，当我们与他人进行沟通与交流的时候，却很少有人会去留意自己双手的动作，或是关注握手的方式，并对此加以仔细的思考。可是，你们知道吗？与他人见面之初看似无关紧要的握手动作，却能够预示今后你在与对方的交往中所占据的地位以及你们双方之间权力的归属：究竟你是能够统揽全局，还是只能服从对方，抑或是你将采取强硬手段夺取控制权？

自古以来，一见到摊开的手掌，人们往往就会联想到坦率、诚实、忠贞以及谦恭这些形容优秀品质的褒义词。时至今日，许多庄严的宣誓都要求人们将手掌置于心脏的位置以示坦诚；法庭上，证人需要举起手掌以证实自己证词的真实性。假如你想知道对方是否坦诚以对，最直接、同时也是最有效的方法就是观察他的手掌动作。我们大概都曾见到过这样的情景：一番恶战之后，战败的小狗通常会吐出舌头，向胜利者表示妥协或者投降。其实，我们在自己的身上也可以找到类似的动作，只不过，我们使用的是手掌，而不是舌头。人们通常会用展开的、一目了然的手掌来表示自己的诚意，或者告知对方自己并无恶意。

投降的小狗会吐出舌头以示友好。人则会亮出自己的手掌。

如何探知对方的诚意

为了表示自己的清白或者展示自身的诚意，人们通常会摊开手掌，向对方说一些“我没做过”，“如果是我做错了，我道歉”或者“坦白告诉你吧”之类的话。在人们开始袒露心扉，或者想说真话的时候，他们很可能会在无意间露出全部或部分手掌。与大多数传递微小信息的肢体动作一样，这完全是一个下意识的动作。而当你看到这样的动作，你的“直觉”就会告诉你，他没有撒谎。

“相信我，我是个医生。”

每当孩子们撒了谎，或隐瞒了什么事情，他们通常都会把自己的手藏在身后。同样的道理，假如一个男人彻夜未归，当他面对妻子的诘问时，为了隐瞒昨晚的行踪，不让妻子知道他与其他男人夜游不归的事实，他很有可能会在回答妻子提出的问题时把手藏在口袋里，或者摆出一个双臂交叉抱于胸前的姿势。但是，他的这一动作却反而会让妻子觉得他在撒谎。当一个女人想隐瞒某事的时候，她通常会刻意地回避这个问题，或是谈论其他与之毫无关系的话题，与此同时，她很可能还会做一些其他的事情，从而分散对方的注意力。

无论在哪儿，人们都会有意地借助于展开的手掌来表示自己的坦率和真诚。

男人的谎言通常会被自己的肢体语言所出卖。
女人则喜欢用忙碌来掩饰自己说谎时的慌乱情绪。

在一些培训课程中，老师们会告诉推销员，当顾客向自己陈述拒绝购买的理由时，一定要认真观察顾客双手的一举一动。因为假如对方拒绝购买的理由成立，他们通常会将自己的手掌暴露于对方的视线之内。在坦率地说出拒绝购买的理由这一过程中，人们除了陈述理由，通常还会做出一些手部动作并且会不时地亮出自己的掌心。不过，假如对方只是想找出理由搪塞销售人员，他可能也会说出同样的一番话，但是却会将自己的双手隐藏起来，躲避销售人员的视线。

手插口袋的威廉王子告诉媒体，此时此刻，他不想说话。

将双手置于口袋之中也是男人们比较偏爱的一种姿势，可是，你知道这个姿势背后的含义吗?

当男人摆出这个姿势的时候，他其实是想借此告诉你，他并不想加入到这次的谈话中来。总体而言，我们通过手掌所发出的“信号”远远多于身体的其他部位，所以手掌就好比我们肢体语言的发声带，当我们将双手藏起来或置于一边时，就好像是被人堵住了嘴巴，什么都说不出来了。

国际通用的手掌行骗术

有些人可能会问了：“如果我在说谎的时候并不把手藏起来，那么，人们是不是就会相信我说的话了呢？”答案可以是肯定的，也可以是否定的。假如你说的是个彻头彻尾的大谎话且破绽百出，即使你亮出了自己的手掌，你的听众也不会相信你，因为你在说话的同时还会做出其他的动作和表情。如果你的话不属实，那么这些动作和表情所传达的信息就会与摊开的手掌所代表的含义自相矛盾。如此一来，你的谎言也就不攻自破了。不过，诈骗高手们以及那些受过专业训练的撒谎者却能够通过锻炼，将原本无意识的肢体语言转变为有意识的动作，为自己的有声话语服务，使自己的谎言无论听起来，还是看起来，都是那么的天衣无缝，滴水不漏。从利用肢体语言行骗这一点来说，诈骗高手们掩饰的技巧越娴熟，他们行骗成功的几率就越大。

“当我老了，不再美丽的时候，你还会一如既往地爱我吗？”她问道，同时摊开了手掌。

“到那时，我不仅依然爱你”，他回答说，“而且还会像现在这样，天天给你写情书。”

因果法则

但是，当我们与他人交谈时，将手掌暴露于双方的视线之内这么一个简单的动作，的确有可能会让我们看起来显得更加坦诚，使我们赢得更高的信誉度。不过，有趣的是，当这一动作逐渐变成某人的习惯之后，这个人说谎的几率也就随之大大减少了。许多人都发现当自己的双手暴露于对方的视线之内时，说谎似乎就变成了一件不可能完成的任务，而导致这一结果的原因就是所谓的因果法则。如果你对他人没有任何隐瞒，完全是坦诚相对，那么，你也就会很自然地将自己的双手暴露在外面，不过，当你的双手暴露于身体之外时，你会发现，要想在同一时间说出一个令人信服的谎话，实在是一件相当困难的事情。

举例来说，如果你觉得有人想侵犯自己，出于自卫，你很有可能就会将双臂交叉抱于胸前。不过，尽管任何事情都没发生，但是只要你摆出了同样的姿势，一种自卫的感觉便会油然而生。而且，假如你在与他人交谈的同时，将自己的双手置于对方的视线之内，那么无形中，你也会给对方造成一种心理上的压力，迫使他说真话。换句话说，暴露的手掌不仅有助于阻止对方向你传递虚假的信息，并且能够敦促他对你坦诚相待。

手掌的力量

在我们用来传递肢体语言信号的各个身体部位当中，手掌是最容易被我们所忽视的，但是，其作用却也是最大的。当我们为他人提供指示或发布命令，以及与他人握手的时候，我们内心的一些想法往往会通过手掌表现出来。只要使用方法得当，使用者完全可以利用手掌的力量，不费丝毫气力，悄无声息地达到自己的目的。

借助手掌来传达指示的动作主要有三种：手心向上、手心朝下以及有一根手指在外的握拳状。这三种姿势的不同之处我们可以通过下面这个例子来加以理解：比方说，你让某人先搬起某样东西，然后再将它搬到另一个地方去。让我们想象一下，假如你在传达这两项指令的过程中，你的语音语调，你说的话以及你的面部表情都没有任何变化，只有你手掌的动作在不断地发生改变，那么，事情又会发生怎样的变化呢？

手心向上是一种用来表示妥协、服从和善意的手势；同时，这也是乞丐乞讨时惯用的一种表达哀求之意的动作。从人类社会的发展角度来看，人们通常以此来告知对方：我的手中并没有武器。当你向某人提出移动某物的要求时，对方肯定不会因为你的要求而有感到有压力，更不会因此而有被胁迫的感觉。不过，假如你在说话的同时，还配有手部动作，那情况就大不相同了。如果你希望他人开口说话，你可以向他伸出右手，摆出一个手心向上的手势以示“谈话权的移交”，从而告知对方你希望他能继续你的谈话，而你也已经做好了在接下来的谈话中当听众的准备。

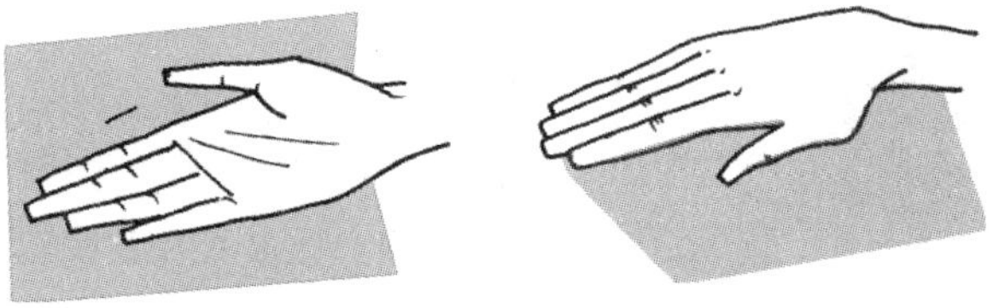

手心向上 = 无恶意　　　　手心朝下 = 权威性

在经历了上千年的演变和发展之后，手心向上这一手势衍生出了不少变体，举起一只手并以手掌示人，以及将手掌按压于心口之上等都是这一手势的衍生产品。

不过，一旦你将手掌反过来，摆出手心朝下的手势，你在对方眼中的权威性就会立刻大增。就拿上面那个要求对方搬东西的例子来说吧，当你在说话时使用了手心朝下的手势，对方不仅会马上感觉到你是在命令他将这件东西搬走，而且很有可能会萌生出一种抗拒心理。不过，这种抗拒心理的产生最终还是由你和对方之间的关系，或是你与他在工作中的职位级别来决定的。

> 翻转手掌，使原本向上的手心朝下。这样一个看似简单的手势的变化却能够彻底改变他人对你的看法和态度。

假如你和对方的身份和地位平等，当你对他提出这个要求并做出了手心朝下的动作，那么，他可能会拒绝你的要求。但是，同样的要求，如果你使用的是手心向上的手势，他就很有可能会按照你的要求去做。不过，如果你是他的上司，那么，手心朝下的手势似乎并不会使他对你的要求产生任何消极的作用，因为你本来就有凌驾于他之上的权力。

阿道夫·希特勒摆出了他的那个举世闻名的手心朝下的敬礼姿势。

纳粹在敬礼的时候，手臂伸直，而手掌则处于水平的位置，手心完全朝下。这种敬礼方式正是第三帝国作为世界独裁者拥有无上权力的象征。如果阿道夫·希特勒在向下属敬礼时，使用的是手心向上的姿势，那么，估计谁都不会把这个小个子放在眼里，他们很可能只会一笑置之。

当一对夫妻手牵手散步的时候，居于支配地位的一方——通常为男性一方会稍稍走在另一方的前面一点，而他的手也就自然而然地压在了跟在他后面的妻子的手的上方，其手心也就很自然地面朝后方。至于他的妻子，由于位置稍稍靠后，其手心也就会很自然地向前迎合丈夫朝后展开的手掌了。尽管这只是一个很小的细节，但是对于一名肢体语言观察者而言，它所提供的信息已经足以让他判断出谁是这家的一家之主了。

第三种手势合掌伸指。当你将手握成一个拳头，只留出一个手指时，这惟一的一个突出于拳头的手指就仿佛凝聚了整个手掌的全部力量，一触即发。当你在说话的同时将这根手指指向他人的时候，对方马上就会感觉到隐藏在手指背后的那种迫使人妥协的力量。这样的手势往往会在对方的潜意识中制造出一种负面的影响，因为该手势之后必然会伴随有举臂、挥拳等动作，而对大多数灵长类动物而言，这通常是攻击对方的前奏曲。

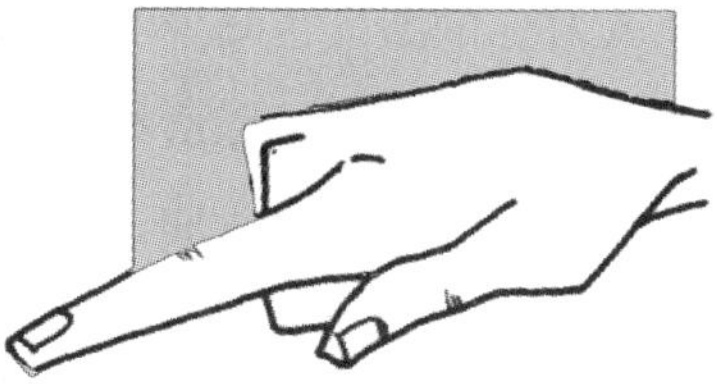

伸出的手指 = “立刻照做，不然试试看”

这种合拳伸指最容易引发听话人的反感，尤其是当这根手指随着说话人的话语节奏而抖动的时候，这种反感之意就会变得更加强烈。然而，一不留神，我们每个人在说话的时候就会摆出这样的手势。在某些国家，例如在马来西亚和菲律宾，用单独的手指指向他人就是对对方的一种侮辱，因为在当地，这样的手势只会被应用于动物身上。马来西亚人习惯使用拇指来为他人指路，或指明对象。

一项观众实验

在大多数观众面前，伸出的手指往往会引发负面效应。

我们做了一个实验。实验中，我们要求参与实验的八名演讲者在一段长约十分钟的演讲过程中分别使用这三种手势。与此同时，我们记录下观众们在每一位演讲者讲演期间的动作和表情，并由此统计出他们对演讲者的支持率。实验结束后，我们发现，演讲时使用手心向上这一手势频率较高的演讲者获得了观众84%的支持率；演讲的内容不变，仅仅让演讲者在演讲时刻意地多用手心朝下的手势，结果，其获得的支持率就立刻下降到了52%。至于使用第三种握拳手势的演讲者所获得的支持率就更低了，仅有28%，而且在他演讲的过程中，甚至有观众提前退场。

使用最后一种手势的演讲者不仅获得的观众支持率最低，而且其演讲内容的后期影响力也是最低的，观众们大都没能记住他演讲的主要内容。

如果你在日常生活和工作中已经习惯了使用这种手势，那么现在，你不妨尝试着改变自己的这一习惯，用另外两种手势来代替它。当你改变这一习惯之后，很快你就会发现，在换用了其他两种手势之后，原来那种紧张的人际交往氛围立刻就得到了缓解，而且他人对你的态度也马上有了较大的改观。不过，假如你实在无法适应使用其他手势，你还可以尝试着对这一手势进行良性的改进：握拳后，将原本伸直且突出的手指弯曲，顶住大拇指指尖，做出一个“OK”状的手势。如此一来，你会发现，这种改良后的手势并不会影响你原有的权威性，但是却让你看起来显得更加温和而亲切。我们将这一方法告诉了许多演讲者、政治家以及商业主管，并且对他们的下属和听众进行了跟踪调查。结果发现，当他们在讲话时使用了这种改良后的握拳手势之后，那些下属和观众们纷纷表示该说话者显得“思想深邃”、“目标明确”且“精神集中”。

将拇指紧贴指尖的手势避免了给观众造成一种压迫感

在谈话中习惯使用第三种手势的人通常会给人一种“咄咄逼人”“爱挑衅生事”且“鲁莽”的印象，而且经由他们传递的信息和话语也最不受观众的重视。当演说者用这一手势直接指向观众时，观众们往往会将注意力转移到对该人的评价上，而不再关心他演讲的内容。

关于握手方式的研究

握手是祖先遗留给我们的一种交流方式。当两个原始部落的人在一种友好的氛围中相遇的时候，他们会首先伸出双臂，摊开手掌，告知对方自己的手中没有武器。到了罗马帝国时代，人们往往会将匕首藏在袖子里，于是，为了保护自己，罗马人就采取了一种新的问候方式：手腕握手法。

后来，随着社会的发展，这种古老的问候方式又有了极富现代气息的新形式，即连锁式的握手方法（即双手交握、上下摆动）。最初，通常只有那些身份和地位都平等的商人在洽谈买卖时才会使用这种新型的问候方式。直到20世纪初左右，这种问候方式才开始在民间广为流传，不过，使用者仍然仅限于男性，而且这种现象一直延续到近代。今天，在大多数西方及欧洲国家里，握手已经演变为一种十分普及的问候方式。在各种商务会谈、舞会以及社交活动中，人们在见面之初或分别之时，大都会采用握手这种方式来问候对方，或是与对方道别，而且越来越多的女性也开始接受这一大众化的问候方式。

手腕握手法确认对方的衣袖之中没有隐藏任何武器，是罗马人发明的一种问候方式。

握手已经逐渐演变为男人们用来维系业务关系的一种沟通方法。

即使是在素以鞠躬这一传统问候方式著称的日本，以及多以“威”（Wai）一种双手合十，类似于求菩萨保佑的动作来问候他人的泰国，握手这一现代的问候方式也是很常见的。在大多数国家，人们握住对方的手之后，通常会轻轻地上下摇动五到七次，然后再放下手。不过，在某些国家，情况可能会有些特殊。例如，德国人握手时就只会轻轻地抖动两到三次，之后，他们会保持静态的握手姿势两到三秒，然后才会放下手。而生性浪漫的法国人就不像德国人这么内敛了，无论是见面问候，还是道别祝福，法国人都会热情地与你握手致意，而且握手的方式和时间也比德国人更加热烈和持久。所以，仔细想一下，法国人每天花在握手上的时间可真是不少啊！

谁该先伸出手

尽管握手已经成了人们初次见面时惯用的一种问候方式，但是，握手其实不仅是一种很普通的问候方式，而且还是一种颇有讲究的社交技巧。在某些情况下，在伸出自己的手之前，我们也许应该想一想，我现在伸手，向他人发出握手的邀请合适吗？既然人们把握手当成了一种能够传递信任和欢迎之情的信号，那么，有几个问题很重要——我们必须在伸手发出握手邀请之前先问问自己：我是一个受欢迎的人吗？对方见到我究竟是会高兴地与我握手呢，还是只是因为迫于无奈而勉为其难呢？

销售人员在接受培训时，培训老师会告诉他们，在未经通传或被邀请的情况下与客户见面时，如果想以主动握手的方式来表示友好或真诚，那么，其结果很可能会适得其反。因为此时此刻，顾客可能并不欢迎他们的到来，而如果他们主动要求握手，那顾客就会有一种被强迫的感觉。在这种情况下，培训老师通常会建议销售人员最好能耐心地等待，直到对方主动伸出手来。假如对方并没有任何握手的意思，那么，销售人员最好用点头致意的问候方式来代替握手。在这种情况下，培训老师通常会建议销售人员最好能耐心地等待，直到对方主动伸出手来。

在某些国家里，主动与女性握手仍然是一个有待商榷的问题。（例如，在许多穆斯林国家，这样做只会被认为是粗俗鲁莽的行为；相反，当地人通常能够接受点头示意的问候方式。）不过，我们发现，主动伸手发出握手邀请的女性，在大多数国家和地区，通常会被认为是谦虚、思想开明的成功女性，而且能够给人留下较好的第一印象。

如何获取优势地位和支配权

还记得我们之前曾经谈到的手心向上和手心朝下这两种手势所产生的不同效果吗？现在，就让我们来进一步分析这两种手势与握手这一动作之间的关系。

在罗马帝国时代，两位领导者见面时的场景，在现代人看来，无异于一场摔跤。经过一番比划和较量，力量较强的一方最终会将手臂压在另一方的手臂之上，获得双方交往中的控制权。久而久之，这样的情景就演变成了我们今天的一句习语：（Upper Hand Position）优势地位。

假设你与某人是第一次见面。见面之后，你们俩便握手致意。通过握手这一动作，你感受到了对方于不经意间传递过来的一些微小的信号，从而也就对他有了一个初步的印象，同样，对方在同一时刻也对你作出了初步的评价。评价的依据大致分为以下3种：

1. 强势：“他有强烈的控制欲望，并且想将我也纳入他的控制范围。我最好得提防着他。”

2. 弱势：“我完全可以控制住这个人。他一定会按照我的要求去做的。”

3. 平等：“和这个人在一起，我觉得很舒服。”

以上这些信息全都是我们通过握手这一简单的动作，于无声之中传递给对方的，但是，这却能够对我们任何一次会面的结果产生直接影响。20世纪70年代，我在一些商业技巧培训中曾经向学员们演示过这些握手技巧及其效应，并且把这些当作一种商业策略传授给了学员们。其实，只要稍加练习和应用，这些技巧也能够成为我们生活中的好帮手，使我们与他人的关系发生意想不到的戏剧性变化。

我们可以在与他人握手时将手掌翻转，使自己的手心朝下，从而给对方制造出一种强势的感觉（如右图所示）。在这一动作中，你并不需要将手掌翻至完全水平朝下的位置，你只要将对方的手稍稍压低，使自己的手掌始终位于其手掌之上就行了。如此一来，对方就会感觉到你希望成为这次会谈中的操控全局的人。

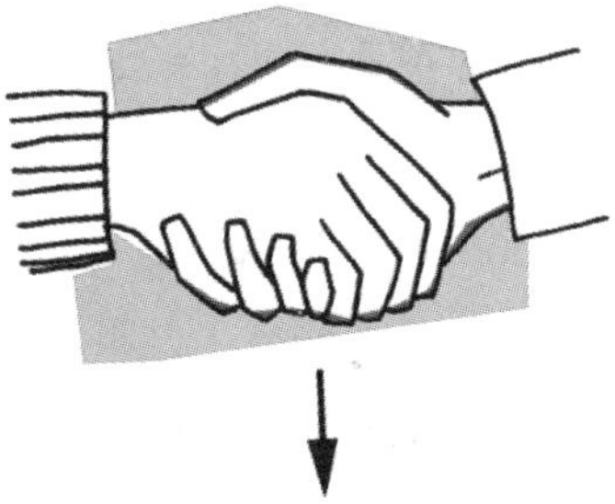

掌握控制权

为此，我们针对350位高级行政主管（89%为男性）开展了调查研究。结果显示，在各种面对面的会谈中，这些主管不仅是握手邀请的发送者，而且88%的男性主管和31%的女性主管在握手时都会采用这种能够制造强势效果的握手方法。

与男性相比，女性对于权力和控制权的欲望显然较弱，而这也许就解释了为何只有三分之一的女性会采用这种制造强势效果的握手方式。同时，我们也发现，在某些社交场合，有些女性会在与男性握手时特意采用一种轻柔的方式以表恭顺。这是她们彰显自身女性特质的一种方法，或者说，她们想借此暗示对方她们有可能会愿意成为被统治的一方。但是，假如事件发生的背景换成了商务会谈或谈判，同样的握手方法却会给女性商务人士带来极其不利的负面影响，因为其温柔的握手很可能会使男性的注意力全都集中在其女性特质上，而忽略了她作为商业合作伙伴的身份。

尽管无论从时尚潮流而言，还是从政治角度上来说，"人人平等"已经成为了这个时代的主流思想。但是，在工作场合使用这种温柔的握手方式，却仍然会遭受其他工作伙伴（包括女性）的轻视。不过，职业女性也无须为此而忧心忡忡，因为这并不代表职场中的女性必须处处都表现得巾帼不让须眉。只不过，如果她们希望能够赢得与男性平等的地位和信誉，就应当尽量避免诸如温柔的握手方式，穿短裙和高跟鞋之类凸现女性特质的行为。

> 在严肃的工作环境中，彰显女性特质只会让职场中的女性失去合作者的信任和重视。

2001年，阿拉巴马大学的威廉·卓别林（William Chaplin）开展了一项关于握手的研究，结果发现强而有力的握手方式多为性格外向的人所采用，而害羞敏感的人则通常不会使用这种握手方式。同时，卓别林还发现乐于接受新鲜事物和新思想的女性也同样钟情于这种握手的方式。不过，这一规律却不适用于男性。因此，假如职场中的女性希望能够赢得较好的声誉和信誉，最好在与他人握手时，尤其当对方为男性的时候，采取强而有力的握手方式。

恭顺的握手

与制造强势效果的握手方式恰恰相反，如果你在与他人握手时将手掌翻转过来，手心向上，那就意味着你主动让出了优势地位，将控制权交到了对方的手中，就好比一只小狗对着一只比它强壮的大狗吐舌头示弱。

假如你希望让对方掌握控制权，或是想让对方觉得你愿意屈从于他，

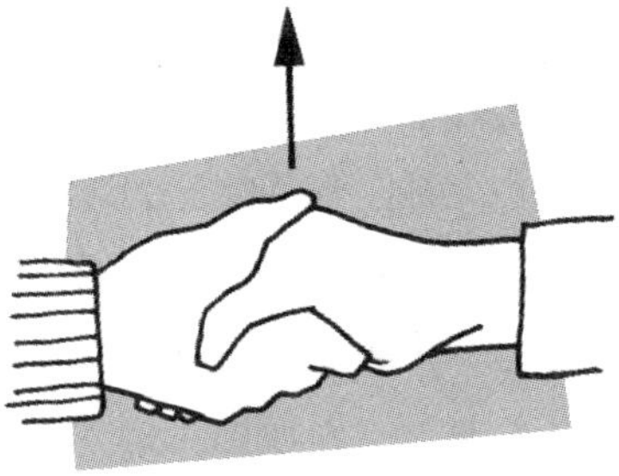

恭顺的握手

譬如说，你正在向对方道歉的时候，那么，这样的握手方法无疑是最好的表达方式了。

虽然我可以通过手心向上的握手方式表达恭顺、屈从的态度，但是这也并非绝对。

正如我们之前曾经提到过的，一个患有关节炎的人出于自身的客观原因，往往会采用一种较为轻柔的握手方法，如此一来，在握手时对方就能轻松地占据优势地位。此外，那些从事的工作对双手有特殊要求的人，例如外科医生、艺术家或音乐家，也会刻意地采用这种轻柔的握手方式，其目的就是为了保护自己的双手。因此，假如你想对此人有更加准确，更加深入的了解，就必须观察其握手之后的一系列肢体动作，从中获取更多的信息。通常而言，性格恭顺的人其表情和动作往往都会显得比较温和，而一个控制欲望强烈的人其动作和表情则会较为决绝。

势均力敌的握手

当两个强势的人相遇，他们之间的握手无疑将成为一场力量的较量。双方使尽浑身解数，只为压制住对方，占据握手时的有利位置，而结果往往就是，两只手就好像平行垂直于地面的两堵墙，紧紧地握在一起。由于双方的手掌均保持垂直于地面的姿势，所以这样的握手方式会给双方带来一种相互平等、互相尊重的感觉。

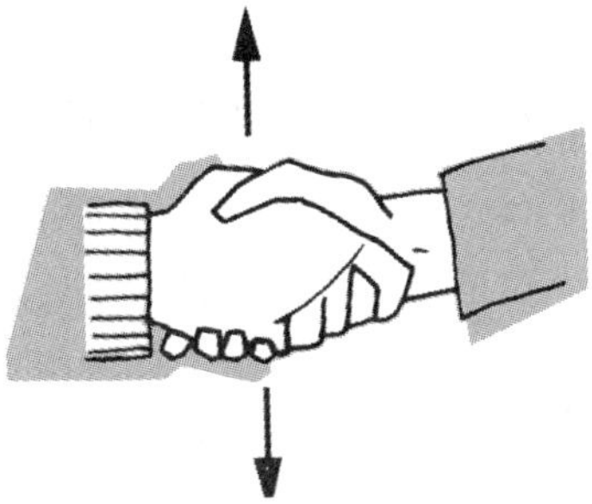

达成平等

如何通过握手营造气氛

有两个小窍门可以帮助你通过握手制造出和谐友善的气氛。

首先，在与他人握手时，你需要确保双方的手掌保持一种垂直于水平面的姿势，从而排除握手时的强势和弱势之分。

其次，以其之力还施彼身，即握手的力度要与对方保持一致。也就是说，如果我们将握手的力度分为1～10个等级，而你握手时的力度达到了7级而对方却只有5级，那么，你就必须减力20%；假如当对方的力度达到了9级，而你却只有7级时，你就需要加力20%，才能营造出平等和谐的气氛。在许多社交场合，你可能会需要与多个人握手。在这种环境下，假如你希望能够与每个人都建立和谐平等的关系，就必须不断地调整握手的角度和力度。在许多社交场合，你可能会需要与多个人握手。在这种环境下，假如你希望能够与每个人都建立和谐平等的关系，就必须不断地调整握手的角度和力度。与此同时，你还需要记住一点，通常而言，普通男性的手掌力量为普通女性的两倍，所以你在握手的同时还必须考虑到这一点。在人类进化的过程中，男性由于从事诸如抓、举、搬、锤等体力活的原因，其手掌力量得到了充分的锻炼和发挥，达到了大约45千克左右的力量值。

最后，请你记住，握手是我们在见面问好和临走道别时用来表情达意的一种方式，也是我们与他人签署合同或协议时作出承诺的象征，所以，我们应该积极主动地伸出手，让对方感觉到我们手心的温暖和友好。

如何瓦解强势攻击

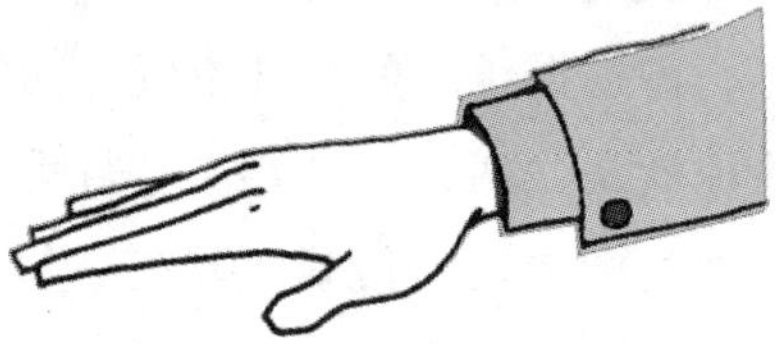

手心朝下——单刀直入的握手

伸直手臂，手心朝下的握手方法很容易让人回想起当年纳粹霸气十足的敬礼。的确，在所有握手的方式当中，这是最强势的一种握手方法，因为这几乎没给对方留下任何建立平等关系的机会。采用此种握手方式的人通常性格孤傲，控制欲强，而且在大多数情况下，他也都是首先发出握手邀请的人。他们笔直僵硬的手臂以及向下的手掌迫使对方不得不迎合他们，采用手心向上的弱势握手方法。假如你发觉对方有意使用这种霸道的握手方式，企图置你于不利的境地，你大可不必担心，因为只要按照我所传授的方法去做，你就可以在不知不觉之中瓦解对方的强势进攻。

1. 右进法

如果你遇到了一位喜欢采用强势握手法的人，通常大多数为男性，有一种方法不仅能够帮助你轻松地化解其犀利的进攻，取得与其平等的地位，而且这种方法还可以立竿见影，迅速地反败为胜。

对方以握手展开了进攻，企图获取控制权

向前迈出左脚

首先，在对方率先伸出手，发出握手的邀请之后，你可以在伸手回应的同时向前迈出左脚。只要稍加练习，我们就能够熟练地掌握这一动作，因为当我们伸出右手握手的同时，90%的人都会很自然地随之迈出左脚。

紧接着，你再跟着迈出右脚。于是，你的整个身体便会随之前移，进入到原本属于对方的私人空间内，而此时你的左腿也会因此而产生向前移动的倾向。这时，我们的全套动作也就完成了（见右图）。到这时，你再握手时，就会发现情况已经发生了微妙的变化。

右腿向前迈进，同时也就将对方原本朝下的手掌向上旋转了90度。

这种方法可以帮助你巧妙地躲避开对方笔直的手臂，提前占据握手时的有利位置。有时候，利用这种方法甚至可以使你反败为胜，通过握手取得交际控制权。因为当你迈出左脚的时候，你也就很自然地站到了对方的前面。

对方先发制人，凭借笔直伸出的手臂获得了空间上的优势，而你则巧妙地利用脚步的移动占据了有利的地面位置。两相比较，双方最多也就算是打了个平手。而且，你向前迈步实际上是对对方个人空间的一种侵犯，细想起来，你还略胜一筹。

仔细回顾自己握手时的脚步，检查一下你在伸手握手的同时首先迈出的是左脚，还是右脚。大多数人都习惯于先出右脚，因此，当他们遇到一位强势的握手者的时候，往往都由于缺乏进退的空间而无法扭转局势，只能任由他人掌握控制权。所以，从现在开始，你可以训练自己在伸手握手的同时先迈出左脚。不久，你就会发现，其实要对付那些想通过握手来控制自己的强权者也并非难事。

2. 双手握手法

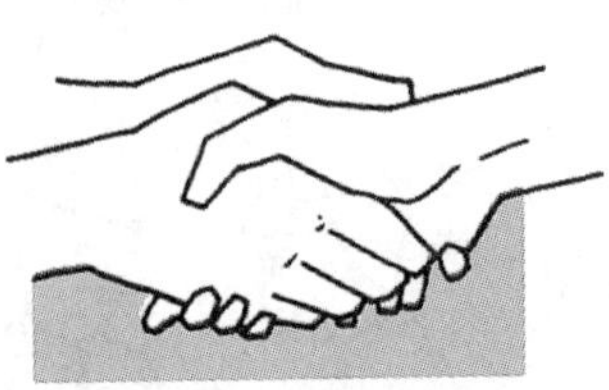

双手握手法

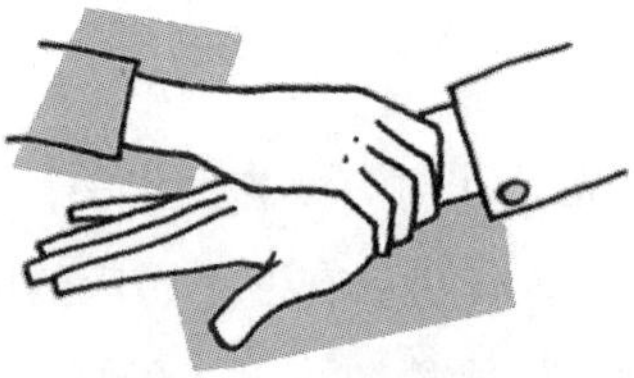

没有办法的办法，最后一招

当你遇到对方企图以强势的握手夺取控制权的情况时，除了采用第一种方法，你还可以先顺势回应以手心向上的手势，随后再立刻送上左手，用双手牢牢握住对方，最终压制住对方来势汹汹的右手。

这种方法可以轻松将控制权转移至你的手中，而且尤其是对女性而言，这种方法使用起来更加简单便捷。

如果你觉得对方经常会刻意地利用握手来挑衅或者胁迫自己就范，你完全可以在握手时直接握住其手腕（如右上图所示）。这样的方法更加直接，能够对一个强权者产生震撼性的效果，所以你需要有选择地使用这一方法，不到万不得已之时，最好不要使用这一极端的握手方法。

冷冰冰、黏糊糊的握手

当我们在与陌生人交谈时，出于紧张，我们的神经和肌肉会进入兴奋状态，而血液就会随之从手掌的外部表皮细胞，也就是我们常说的真皮层，转移到手臂或腿部的肌肉当中，为下一步的行动做准备。这种生理现象所导致的直接结果就是我们的手掌温度下降，而且开始手心冒汗。于是，我们的手就变得冰冰凉，湿漉漉。这时，假如我们与他人握手，对方就会感觉好像握住的是一条湿漉漉的大马哈鱼。

所以，如果我们需要面见重要人物，而又希望能给对方留下美好的第一印象，就最好能够随身携带一条手绢，从而时刻保持手掌的干燥或者你可以在与陌生人会面之前，想象自己正坐在火堆前烤火取暖。事实证明，这种假想能够帮助我们将手心的温度升高3℃～4℃。

获取左侧优势

当两位领导人并肩站立，面对媒体摄影时，无论是从身材体型而言，还是从服饰穿着来说，他们都希望自己能够与对方平分秋色。然而，在旁观者看来，权势的天平却总是偏向于画面左侧的那位领导者。导致这一现象的原因就在于，画面左侧位置上的领导人在握手的时候能够更加轻松地以强势的握手方式压制对方，获得控制权。

画面左侧的比尔·克林顿在气势上显然盖过了其身边的托尼·布莱尔。

获取优势：肯尼迪占据了左侧的优势位置，迫使理查德·尼克松只能居于弱势之位。

1960年，约翰·F·肯尼迪与理查德·尼克松在开展电视辩论之前的那次握手就最好地证明了这一点。

当时，全世界的人们对于肢体语言都可谓是一无所知。但是，研究显示，肯尼迪却对此有一种与生俱来的领悟感，并且十分善于利用肢体语言。在照片中，他选择了左边的位置，还摆出了一种能够帮助他获取优势地位的姿势，而这也是他在面对公众时最受喜爱的动作之一。

而随之发生的那场著名的竞选辩论更是充分地证明了肢体语言的重要性。民意测验显示，通过收音机收听此次辩论的美国人大部分都相信尼克松是这次竞选辩论的胜利者，而那些通过电视观看辩论的美国人大部分则认为，肯尼迪极富说服力的肢体语言不仅征服了他们，而且也一定能够为他赢得美国总统的竞选。

在各种世界级的会晤中，许多领导人往往因为选择了不利的位置（如画面的右侧位置），而只能将控制权拱手让予对方。

异性之间的握手

尽管早在几十年前，女性就已经成为了社会生产力当中不可或缺的一分子，成为这个社会的半边天，但是，时至今日，许多人却仍然在异性交际的道路上摸索着前进，而且常常因为不了解个中细节而屡屡遭遇尴尬。

大多数男性声称，年少时，他们就已经从父亲那里学到了一些基本的握手常识，但是接受过同样训练和教育的女性却微乎其微。作为成年人，当一名男子向某位女子伸出手，发出了握手邀请，然而她却没看见。在与异性见面之初，女性往往会将视线集中在对方的脸部，而不是手。这样尴尬的场面的确会让人觉得很不自在。于是，尴尬不已的先生只好将悬在半空中无人问津的那只手缩了回来，同时在心里祈祷，希望自己的这一举动不要被对方发现。可是，那位小姐却恰好目睹了这一幕。为了缓解尴尬的气氛，她便立刻也伸出手，想握住对方，但是，男子的手已经缩了回去，而只剩下她自己的手孤零零地悬在空中。这时，男子再次伸出手，想握住对方，然而由于紧张，双方手的位置放得不对，结果十根手指交叉在了一起，原本友好的握手变成了恋人间的十指相扣，场面显得异常混乱。

假如今后你也遇上了同样的事情，首先不要惊慌，接着你可以用左手抓住对方的右手，将它放到自己的右手中，然后再微笑着向对方说："让我们重新来一次，好吗？"这样做会令对方对你产生极大的好感，因为你的行为表示出你相当重视这次见面，所以才会如此友好地与对方握手。

如果你是一名职业女性，遇到类似的情况，明智的做法就是暗示对方你已经做好了握手的准备，从而避免因为不察而错过对方的握手请求。

在社交中，你应当尽早伸出手，表达出明确的握手意向，从而避免这种尴尬混乱局面的出现。

双手握手法

这是一种最受欢迎的握手方法。当你的双手握住对方的手，双方之间眼神的交流就变得很自然，于是，真诚的微笑便会在不知不觉中爬上你的嘴角。这时，你大声地呼唤着对方的名字，关切地询问着对方近期的健康状况，于是，你与对方的距离也就在一瞬间被拉近了。

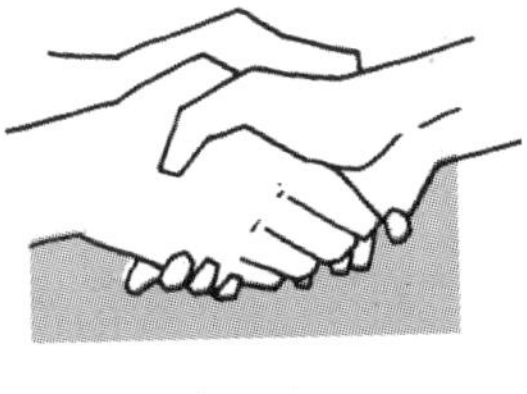

双手握手法

"你好"

采用这种方法的人不仅达到了增加双方肢体接触，拉近双方距离的目的，而且可以通过牢牢握住对方的右手而限制对方权力的延伸。有时候，人们会把这种握手称之为“政治家式的握手”，而采用这种方法的人则试图借此给对方留下一个他很诚实且值得信任的好印象。

耶沙·阿拉法特用双手紧紧地握住了托尼·布莱尔的右手，而布莱尔紧闭的双唇，表示阿拉法特此举并未打动他。

不过，假如该方法的使用对象是一个你刚刚认识的人，那就很有可能会适得其反，只会让对方怀疑你此举的动机。事实上，双手握手法就好比缩水后的拥抱，因此，这种方法只适用于那些能够接受拥抱这一问候方式的国家和地区。当遭遇攻击时，90%的人都会下意识地举起右手（也就是我们所谓的右手优先原则）对抗外来袭击，保卫自己。这是人类的一种天生的反应行为。但是，当你使用双手握手法与他人握手时，你却在无形中剥夺了对方做出同样行为的权利。

因此，在你与他人第一次见面时，最好不要采用这种方法与对方握手。

双手握手法是一种只适用于有感情基础的双方的见面问候方式，譬如说好久没见的老朋友再次重逢。在这样的情况下，双方通常不需要考虑自卫，这时，使用这种方法握手会给人带来一种真诚亲切的感觉。

握手中的控制权

双手握手法的本意是想通过真诚的行为赢得对方的信任，或是向对方表达关切之情。对此，在握手中，我们需要注意两点。

首先，我们在使用双手握手法时，左手的摆放位置通常代表我们对握手另一方的亲密程度，正如拥抱时后伸出的那只手往往决定着拥抱双方的亲密程度，这就好比温度计，能够测量出双方之间的热情度一样。当我们用双手握手时，左手就是这根温度计，它的位置距离对方越近，我们与对方的亲密程度就越深。采用这种方法握手的人在向对方表达亲昵之意的同时，往往还想借此获取双方交往中的控制权。

例如，握手时，如果你握住的是对方的肘部，不仅会显得比仅仅握住手腕更加亲近，而且还能从更大程度上控制住对方。以此类推，肩膀与上臂相比，当然是前者更能凸现双方的亲密程度，而且被搂住肩膀的一方行为所受到的牵制也更大。

手腕式握手

握住手肘

紧握上臂

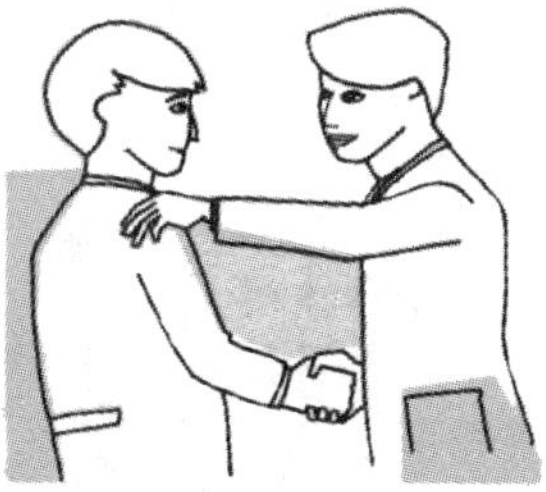

搂其肩膀

其次，当我们采用双手握手法时，我们随后伸出的左手其实已经进入到了对方的安全距离之内。通常情况下，只有在对方认可了双方亲近的程度之后，我们才能用左手握住对方的手腕或是手肘。不过，手腕和手肘的接触也只是刚刚进入到了对方私人空间的外层部分；最能体现双方亲密无间的关系的还是搂肩膀和紧握上臂这两种动作，而且紧随其后的很可能会是一次热情的拥抱。（我们将会在第十一章当中谈到更多关于“安全距离”的内容。）因此，除非双方都认同了对彼此的亲密度，或是采用此种方法的人有非常充分的理由这么做，不然，这样的握手方式只会引起对方的怀疑，猜忌你此举的用意。

总而言之，如果你与对方并无任何私人关系，那就千万不要使用这种握手方式；而反过来，假如一个与你并无深交的人在与你握手时采用了这种方法，你就需要留神此举背后究竟隐藏了什么样的动机呢？

除非你与对方有不错的私交，或是有某种情感联系，不然，你最好还是使用单手握手法。

布莱尔与布什之间的权力竞争

2003年伊拉克战争期间，作为强大同盟的两位领导人，乔治·W·布什和托尼·布莱尔以“团结平等”的形式出现于各媒体的报道中。不过，通过对两位领导人所拍摄的照片进行深入分析，我们发现乔治·布什在这场权力的竞争中略胜一筹。

无论是从衣着上，还是从气势上，照片中的乔治·布什都是胜利者。

在左侧那张照片中，布什的身体微微倾斜，同时凭借其左侧的有利位置营造出了一种强势的氛围。此外，布什的衣着看起来俨然是一名全副武装的总司令，而布莱尔却像是一名被校长召见的英国学生。从气势上来说，布什显然占了上风。再从站立方式来看，布什双脚合拢，威严挺拔；同时从后面揽住了布莱尔，在控制权上再次略胜一筹。在面对媒体的拍照时，布什通常都会选择左侧的有利位置，尽显其作为超级大国领导人的优势地位，使自己看起来就像是统揽全局的总司令。

解决方法

当你猛然发现自己站到了右侧的不利位置时，其实也不必着急。在这种情况下，你只要在接近对方的同时尽早伸出手，向对方发出握手的邀请，就能够避免因为位置原因而导致的不利结果的发生。因为，当你这样做之后，对方就只能侧过身来，伸出右手回应你的握手邀请，无法充分发挥左侧位置的优势效应，只能以平等的方式与你握手。

在拍照或录影时，最好尽量从左侧接近对方，这样你就能占据左侧的有利位置了。不过，即使失去了左侧这片福地，也不用担心，因为即使是在最坏的情况下，我们也还可以利用双手握手法从站立位置上为自己扳回一局。

8种最不受欢迎的握手方式

以下是八种最容易引起对方反感的握手方式及其衍生的其他形式的握手方式。所以，请你记住它们，无论何时何地，都不要使用这些最不受欢迎的握手方式。

1. 死鱼式的握手

不受欢迎程度：★★★★

死鱼式的握手

在这世上，大概不会有比与他人握手时感觉像握住条死鱼一样更让人反感的事情了吧，尤其是当握住的那只手冰凉凉而且黏糊糊的时候，感觉就更糟糕了。正是因为其带给对方的那种软弱无力的感觉，死鱼式的握手才会被公认为是最不受欢迎的握手方式之一，而且大多数人都会把这种握手方式与性格懦弱联系在一起，因为无论握手的另一方是谁，他都可以轻易地将此人的手掌翻转过来。于是，在另一方看来，使用这种方式握手的人缺乏责任感，不愿承担此次两人见面所产生的责任和义务。不过，正如所有的事情都不能一概而论一样，我们在考虑问题时还必须同时兼顾文化或其他因素的影响——在某些亚洲和非洲地区，由于当地文化因素的影响，轻柔的握手方式是极其普通而多见的，强硬的握手反而会被认为是无礼的行为。除此之外，我们还必须了解到，全世界每20个人当中便有一个人会受到手汗症的困扰。这是一种由于遗传基因的原因而导致汗腺分泌异常旺盛的病症。我想提醒这些人的是，最明智的做法就是随身携带面巾纸或是手绢，从而能在每次握手前将手心里的汗擦干净，从而避免因为握手的原因而给对方留下不好的印象。

此外，我们手掌上的汗腺比身体其他任何部位都多，所以我们的手出汗自然也就最多了。不过，最让人感到惊讶的是，很多使用这种死鱼式握手法的人并没有意识到其负面影响。因此，当我们决定使用何种握手方式之前，最好能够先询问一下身边的朋友对自己握手的方式有何意见。

2. 老虎钳式的握手

不受欢迎程度：★★★

老虎钳式的握手

这种利用无声的动作说服对方的方法是男性们在工作中最喜爱的方法之一，从中体现出来的是使用者对于权力的渴望，以及他对于控制双方关系，乃至对方的信心。使用这种方法的人通常会首先果敢有力地伸出手，而手掌的位置较一般握手位置偏低，然后再有力地握住对方，精神饱满地抖动两至三次。有时候，对方的手甚至会因为被握得过紧而导致血液流通不畅。不过，有些纸老虎也会采用这种方式来为自己造势，其实，他是怕落入对方的控制之中。

3. 碎骨机式的握手

不受欢迎程度：★★★★★

这种方式与上一种属于近亲关系，不过，形式却更为过激。在所有握手方式中，最令人生畏的莫过于这种碎骨机式的握手了。因为这种握手方式不仅会在对方的脑海里留下不可磨灭的印象，而且还会给对方的身体造成难以恢复的伤害。

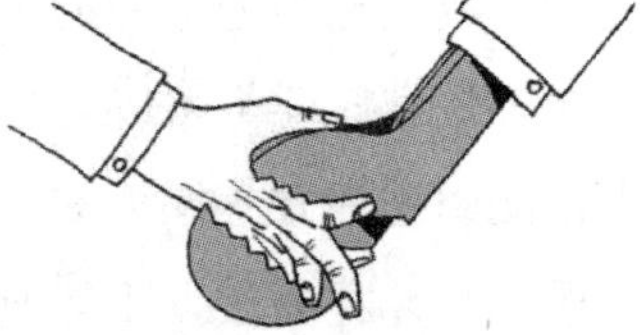

碎骨机式的握手

碎骨机式的握手就好比是一个标签，凡是贴有这一标签的人其性格往往都极富侵略性，通常会在对方毫无防备之时先发制人，占领先机，并且试图通过手掌力量的较量给对方一个下马威，他们大力的握手会像揉面团一样折磨对方的每一个手指关节。在出席各种商务会谈时，我建议女性工作者最好不要在右手佩戴戒指，因为假如遇到有人使用这种碎骨机式的握手方式，被握住的手指完全有可能会因为与戒指的摩擦而出血。十指连心的疼痛会使你只关注自己的伤口而把工作忘个精光，最终错失良机。

而最不幸的是，对于这种霸道得不近人情的握手方式，我们并没有任何方法可以有效地遏制住它。如果你认为对方故意用这种方式来控制你，或是向你示威，你完全可以让所有人都注意到这一点，“天啊，你把我的手握得好疼啊。你的力气实在太大了。”如此一来，这部碎骨机就不得不有所顾虑，在握手时有所收敛了。

4. 蜻蜓点水式的握手

不受欢迎程度：★★★★

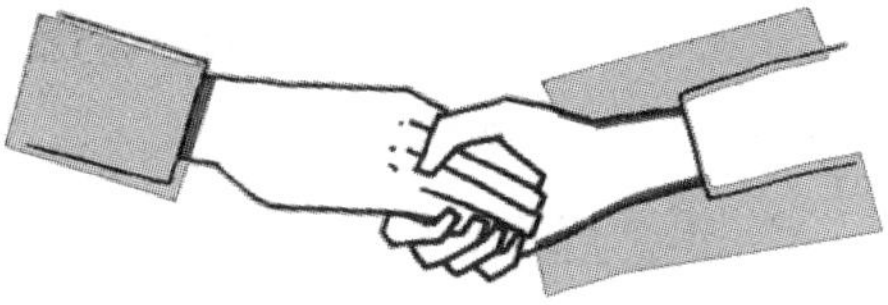

蜻蜓点水式的握手

这种握手方式多发生在异性见面问候时，通常都是由于一方没能及时注意到另一方所发出的握手邀请，而当其发现后又立刻伸手想补救，结果慌乱中双方便以这种蜻蜓点水式的握手结束了问候。虽然首先发出握手邀请的一方看似态度热情，其实，他内心里根本就缺乏自信，不能肯定对方是否会回应其邀请。在这样的情况下，采用这种蜻蜓点水式的握手其实是他想与对方保持一定距离，使双方都不至于过度紧张而使用的缓兵之计。

除此之外，握手双方对个人空间认识的差异也可能导致这种握手情况的发生。比方说，当握手双方中一人认定的私人空间为60cm，而另一人则认为是90cm，那么，后者所站立的位置就会比前者预计的更远。距离的误差使两人的握手也就不能按照前者预计的方式进行了。

假如你遇到了类似的情况，你可以用左手拉过对方的右手，轻轻地放到自己的右手中，然后微笑着对他说：“我们重新来一次，好吗？”最后再与对方以平等的方式握手。由于你的这一做法让对方觉得你很重视他以及与他的这次会面，也正因为这样，你才会如此重视原本看似微不足道的见面握手，所以，此举可以大大提升你在对方心中的信誉度。

5. 单刀直入式的握手

不受欢迎程度：★★★

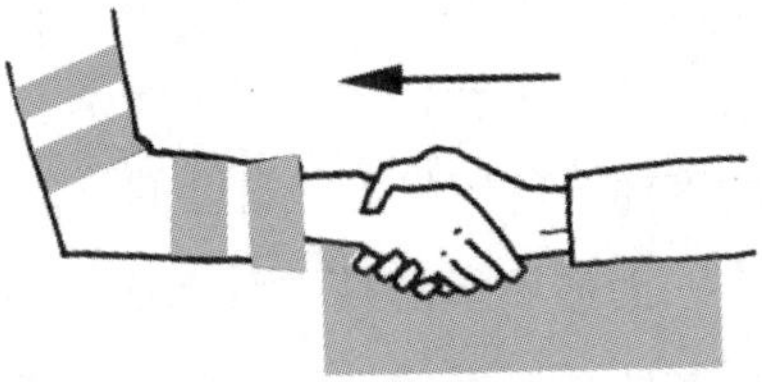

单刀直入式的握手方式

与直挺挺的手掌向上的握手方式一样，这种单刀直入式的握手方式体现出来的是使用者性格中好胜的一面，而这种方式最主要的目的就是与对方保持一定距离，使其远离自己的私人空间。那些在乡村长大的人对于个人空间的要求通常会大于生长于城市中的人，而为了保护属于自己的领域，他们往往也会在握手时采用这种方式。

在使用这一握手方式的同时，他们甚至还会将身体稍稍前倾，或是将重心转移至一只脚上，从而确保其私人空间不受侵犯。

6. 扳手式的握手

不受欢迎程度：★★★

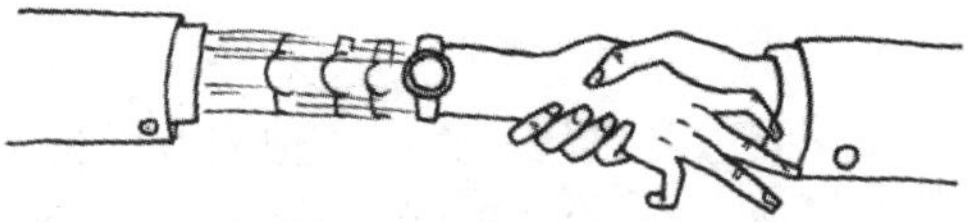

扳手式的握手

善于弄权的人对这种扳手式的握手可谓是青睐有加，而这种握手方式的受害者则常常会因为对方用力过大而疼得热泪盈眶，更甚者，有的人还因此而韧带受伤。扳手式的握手之后通常紧跟着的就是，随着右手的犀利攻势而得以进犯的弯曲的手臂。握手双方中的一方用力抓住对方伸出的手，与此同时忽而发力，将对方向自己这边猛然一拉。结果，被拉的一方往往因为身体失去了平衡而乱了方寸。

将对方拉至自己的领域之中的这一动作代表了以下三种含义中的一种：第一，拉人的一方是个缺乏安全感的人，一旦进入他人的领域，他就会立刻感到紧张、害怕，所以他只能用这一方式使自己留在自身的私人空间当中；第二，此人所生活的文化背景对于个人空间的要求并不高，几乎没有私人空间的要求；第三，拉人的一方想通过使对方失去平衡的方式获得双方交往的控制权。不管是上述三种含义中的哪一种，使用这种扳手式的握手都能够将对方拉至自己的控制范围之内。

7. 压泵式的握手

不受欢迎程度：★★★

压泵式的握手

这种握手方式带有浓厚的田园色彩，其动作就好像是握住水泵的手柄，用力且有节奏地上下快速摇动。

其实，这样的握手动作并非完全不能接受。可问题就在于，有些压泵者却异常执着，如果不加以打断，他会一直这样摇下去，那架势好像是非要从对方的手中压出点水来不可。

有的压泵者虽不至于如此过激，可是一旦他抓住对方的手就再也不松开，好像生怕对方会逃跑一样。而更有趣的是，绝大多数人遇到这样的情况竟然也都并不着急将手缩回来，就任由对方那么抓着。这似乎说明，当我们与对方发生肢体接触时，拒绝的决心似乎也就随之减弱了。

8. 荷兰式握手

不受欢迎程度：★★★★

荷兰式的握手

这种握手方法源自荷兰，而且从其本质来看，似乎多少与素食主义者有点关系。在荷兰，人们称这种握手方法为“Geeft.n hand als bosje worteljes”，意为“胡萝卜串式的握手”。说起来，这种握手方式与第一种死鱼式的握手算是远亲，只不过力度显得更大，而且摸起来感觉要干燥许多，没有那种湿糊糊的恶心感。

现代的年轻人又把这种握手法称之为“De Slappe Vaatdoek”，或者说湿抹布式的握手法。相信，这大概不需要再做更多的解释了。

阿拉法特与拉宾的握手

下页的图片拍摄的是1993年以色列前总理伊扎克·拉宾与巴勒斯坦领

为了坚守自己的立场，伊扎克·拉宾（左）使用了单刀直入式的握手方法，从而对抗耶沙·阿拉法特以弯臂式握手法所产生的拉力。

导人耶沙·阿拉法特于白宫前的一次握手。通过这张照片，我们可以发现不少有趣的地方。

首先，照片中，克林顿站在两人之间，位于照片的正中位置，周围没有任何遮挡，而且很明显，他比其他两位领导人都高出许多。所以，这张照片虽然拍摄的是两位领导人的握手，但是事实上，其核心人物却是美国前总统克林顿。另一方面，克林顿展开双臂，从后面揽住拉宾与阿拉法特的姿势很容易让人联想到上帝庇佑其子民的情景。而克林顿微笑时，如弯月般的笑容和微抿的嘴唇都显示出了他对双方略有收敛的情感。

在这张著名的照片中，握手的两位领导人都稳稳地立于地面之上，暗地里较量，试图迫使对方离开自己的独立领域。伊扎克·拉宾占据了有利的左侧位置，并且采用了单刀直入式的握手方式，与此同时，他的身体稍稍向前倾斜从而防止阿拉法特进入自己的私人空间。而耶沙·阿拉法特则保持着一种笔直的站立姿势，试图用弯臂式的握手将对方拉入自己的控制范围。

总　结

虽然我们大都知道，与他人初次见面的最初几分钟对于双方关系将来的发展是成功或失败往往具有举足轻重的作用，但是却很少有人知道在初次见面时该如何得体地与对方进行交往。所以，我们最好能够花一些时间，在朋友或同事的帮助下学习握手的技巧，那样你就能够在每一次见面中利用握手营造融洽的气氛，为自己加分了。

记住，由垂直的手掌与合适的力度所组成的握手永远都是最受欢迎的握手方式。

第3章

笑容的神奇魔力

微笑是一种顺从的信号 /056
为何微笑有感染力 /058
微笑如何欺骗大脑 /059
练习假笑 /059
走私犯笑得更少 /060
5种常见的微笑 /061
开怀大笑是最好的良药 /064
为何我们应当重视笑容 /065
我们可以边笑边说话，猩猩却不行 /065
幽默有疗伤治病的神效 /066
笑到哭为止 /066
笑话如何使人发笑 /067
充满笑声的房间 /068
微笑是一座沟通的桥梁 /068
幽默可以成为一种促销的手段 /069
不开心地撇嘴 /069
送给女性的微笑建议 /070
恋爱中的笑声 /071
总结 /073

是什么让这个图标的魅力无人可挡。

鲍勃凝视着屋内，目光停留在一位魅力十足的黑发女子的身上。而此时，她似乎也正微笑着望着他。于是，鲍勃毫不迟疑，立刻起身，走进屋内，与这名女子攀谈起来。女子的话并不多，不过，她依然微笑着注视着他，所以，鲍勃仍然继续着他的谈话。这时，鲍勃的一位女性朋友从他身旁经过，悄声对他说："算了吧，鲍勃……在她眼中，你就是个笨蛋。"听闻此言，鲍勃顿时目瞪口呆。可是，那位可人儿此时仍在冲着他微笑！其实，鲍勃不过是犯了一个大多数男人都会犯的错误——误解了异性在微笑时紧闭双唇所代表的含义。

我们小的时候，奶奶常常会教导我们，当我们见到外人时，一定要露出"灿烂的笑脸"、"笑哈哈"或是"咧嘴大笑，露出自己洁白的牙齿"。因为奶奶知道，从人的本性来说，笑会在对方心里产生积极正面的效应，让对方喜欢上我们。

关于微笑的科学研究记录最早始于19世纪。当时，法国科学家纪尧姆·杜胥内·德·波洛涅（Guillaume Duchenne de Boulogne）利用电诊法和电流刺激来区分发自肺腑的会心微笑与其他种类的笑容。他通过对那些断头台下身首异处的人们的头颅进行分析来研究面部肌肉收缩的方式。杜胥内从不同的角度拉扯人的面部肌肉，从而对面部肌肉及因其收缩而引发的各种笑容进行归类。他发现，人的笑容是由两套肌肉组织控制的：以颧肌为主的肌肉组织可以使嘴巴微咧，双唇后扯，露出牙齿，面颊提升，然后再将笑容扯到眼角上；而眼轮匝肌可以通过收缩眼部周围的肌肉，使眼睛变小，眼角出现皱褶，即我们常说的"鱼尾纹"。

了解这些肌肉组织的功能对我们正确理解他人的笑容十分重要。因为，以颧肌为主的肌肉组织是受我们的意识所控制。换句话说，当我们想让自己看起来显得友好或谦恭时，即使没有让我们快乐的事情发生，我们也可以有意识地命令这部分肌肉收缩，制造出一种虚假的笑容。不过，眼部周围的眼轮匝肌的收缩却是完全独立于我们意识之外的，所以，它呈现出来的一定是发自肺腑的真心笑容。因此，假如你想知道对方的笑容是否真诚，首先就应该观察他的眼睛，观察他的眼角是否有“鱼尾纹”。

自然的笑容会让人的眼睛四周产生细纹，而在一张不真诚的笑脸上，细纹只会出现在嘴的四周。

因为开心而发出的笑容不仅会使双唇后扯，嘴角上提，而且还会同时带动眼部周围肌肉的收缩，而敷衍或虚假的笑容则只能引起双唇四周肌肉的收缩。

科学家们可以通过一套被称为脸部动作编码系统来区分真假笑容，而发明这套系统的正是加利福尼亚大学的保罗·埃克曼（Paul Ekman）教授与肯塔基州大学的华莱士·V·法尔森（Wallace V Friesen）博士。真心的笑容是一种下意识的面部动作，不受大脑的控制，而这就意味着真笑是肌肉自主运动的结果。当你感到快乐的时候，这一信号便会传送至大脑调控情感的区域，产生出一种舒心愉悦的情感。这种情感使你的嘴部肌肉收缩，双唇微咧，面颊提升，同时眼部也会因为肌肉的收缩而产生细纹，眉毛也随之微微下沉，会心的笑容由此产生。

你能分辨出哪张图片才是真心的笑容吗？虚假的笑容只能使嘴角上提，而真心的笑容会同时引起嘴部与眼部肌肉的收缩。

每当摄影时，摄影师都会让你说“茄子”，因为这个词语的发音可以使颧肌肌肉群收缩，达到微笑的效果。不过，这样做的结果就是，照片中你的笑容看起来并不真诚。

在某些夸张的假笑中，眼睛周围同样会出现细纹，因为颧肌肌肉群的完全收缩可以导致眼轮匝肌的收缩。当颧骨处的肌肉收缩至一团时，眼部四周会因为颧肌的挤压而产生细纹，看起来就像是真笑。不过，我们可以通过笑容的某些特征来区分这种以假乱真的笑容和真笑。当我们因为开心而面露笑容时，眉毛与眼睑之间的部分眼皮会向下移动，而眉尾也会随之微微下沉。

微笑是一种顺从的信号

微笑和大笑通常被认为是一种展示幸福与开心的信号。我们都是哭着来到这个世界的，不过，五周以后我们就学会了微笑，而四至五个月之后，我们就会用大笑来表示自己的情感。婴儿们很快就知道，哭泣可以吸引我们的注意，而微笑则会让我们留在他的身边。最近一项针对人类近亲黑猩猩所展开的研究显示，其实微笑的功能并不仅止于此，它还有更深层次的基本作用。

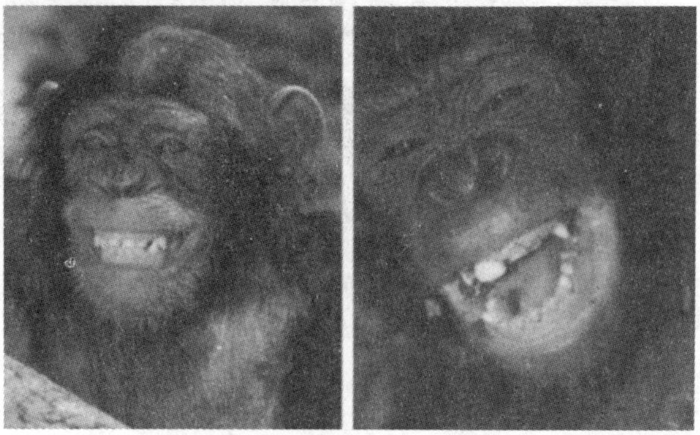

灵长类动物的“敬畏的表情”（左）与“嬉戏的表情”（右）

为了恫吓对方，猿猴会露出自己的下齿，以此警告对方如若不然，它将以牙还击。当遇到同样的情况时，人类也会做出极其类似的行为，收缩嘴四周的肌肉，使原本遮住下齿的下唇下沉，露出下齿。

黑猩猩的笑容分为两种：一种是较为温和的表情，猩猩们通常用这种表情来向其统治者表达自己的恭顺之情。在露出这种笑容时，即“敬畏的表情”，猩猩的下颌张开，将牙齿露了出来，而嘴角则自然地向后拉伸，与人类的微笑十分相似。

另一种笑容则是“嬉戏的表情”——牙齿外露，嘴角和眼角都略微向上提升，喉咙里同时发出各种叫声，与人类大笑时的情景很相似。以上的两种表情都是猩猩们用来表示自己恭顺之意的一种方法。第一种笑容其实是在告诉对方“我不会对你造成任何威胁，因为正如你所看到的，我很怕你”，而另一种笑容则是想说“我不会对你造成任何威胁，因为正如你所看到的，我不过是个贪玩的孩子”。

当猩猩受到攻击或受伤时，因为焦虑和害怕，也会流露出同样的表情。在这样的情况下，颧肌为主的肌肉群会收缩，使嘴角水平后移或下沉，而眼轮匝肌却不会有任何动作。当一个人在拥挤的街道上行走，差点命丧于车轮之下时，他也会因为紧张而流露出同样的表情，因为这是一种害怕的自然反应。这个人会咧嘴笑笑，然后说：“呀，我差一点就去见上帝了！”

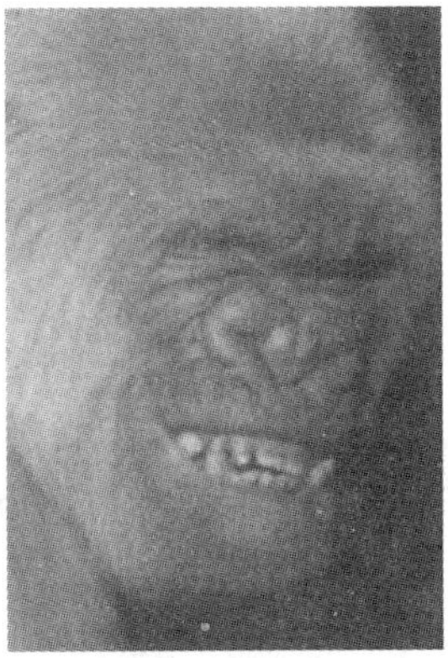

它表情想表达何意？开心？顺服？还是愤怒得想将你大卸八块？

对人类而言，微笑的作用其实与灵长类动物笑容的功能无异。我们利用微笑告诉其他人，自己不会给他们带来任何伤害，希望他们能够从私人的角度接受自己。

像弗拉基米尔·普京、詹姆斯·卡格尼、克林特·伊斯特伍德和玛格丽特·撒切尔以及查尔斯·布朗森这些强权人士，正是因为不苟言笑，才会常常让人感觉其野心勃勃，或是看起来显得严厉肃穆。他们的笑容可谓是难得一见。其实，他们这样做只不过是想让自己看起来更加威严。

法庭里的一项研究表明，法官往往会轻判那些辩护时面带微笑的犯人，而那些辩护时面无表情的犯人则享受不到这一优待。

为何微笑有感染力

微笑最显著的特征就是它的感染力。当你向某人微笑时，无论真假与否，对方都会自然地回馈给你一个甜美的微笑。

瑞典乌普萨拉大学的伍夫·丁柏格教授做了一项实验，向我们揭示了潜意识究竟是如何控制我们的面部肌肉的运动的。实验中，丁伯格教授让120名志愿者观看一些画有开心和愤怒表情的图片，并且记录下他们面部肌肉的各种动作，然后借助于仪器，最终获得了各种由肌肉纤维所发出的电子信号。在实验中，志愿者按照工作人员的要求，对他们所见到的图片做出皱眉、微笑或面无表情等各种面部动作。有时候，他们做出的面部动作与见到的图片中的表情恰好相反，如面对微笑时皱眉，或是以微笑面对图片中的那个眉头紧蹙的人。实验结果显示，志愿者们都无法完全自如地控制自己的面部肌肉。如果图片中是一个愤怒的男人，志愿者们很容易就能做出皱眉愤怒的表情，然而，同样情况下，要想面露微笑就显得有些困难了。虽然志愿者们都竭尽全力，想控制住自己面对这些图片时所产生的自然反应，但是面部肌肉的动作却出卖了他们的真实想法。即使是有意地克制，他们也还是会做出与所见表情相似的面部动作。

英国伦敦学院的鲁斯·坎贝尔教授认为，我们的大脑里有一种“反射神经元”。它不仅可以促使大脑识别面部表情和动作，而且还能够向面部肌肉发出指令，做出与所见表情相似的面部动作。换言之，无论是否意识到这一动作的发生，我们将会自动地在脸上复制出见到的任何表情。

这也就解释了为何微笑会具有如此大的魔力，为何你需要常常以笑脸示人，即使是在不情愿的情况下也不例外。因为你的笑容将会直接影响他人对你的看法，并且决定对方回应你的方式。

> 科学研究证实，你笑得越多，其他人对你的态度就会越友好。

通过对销售人员与谈判者进行长达30年的跟踪研究，我们发现适时地微笑（譬如说，在谈判初始阶段，双方都在对对方进行评估时）会对谈判双方都产生积极的效应，从而使谈判双方就更高的成交额获得更大效益。

微笑如何欺骗大脑

在我们的脑海里，破译微笑密码的能力与帮助我们获得生存的权利似乎是风马牛不相及的两件事。不过，对我们的祖先而言，事情就另当别论了。

从本质上来说，微笑其实是在向对方传递一种表示谦恭、顺从的信号。所以，每当有陌生人接近时，我们的祖先就是凭借这一信号来判断来者是敌还是友，而那些面无表情的不速之客往往会被当成敌人而命丧黄泉。

当你见到右面这张照片时，想必已经认出了他就是休·格兰特。如果我问，照片中格兰特看起来情绪如何呢？大多数人可能都会回答说，满脸的笑容使他看起来显得很放松，也很开心。可是，当我们将照片做一些小小的改动，如右图所示，问题的答案就大不一样了。

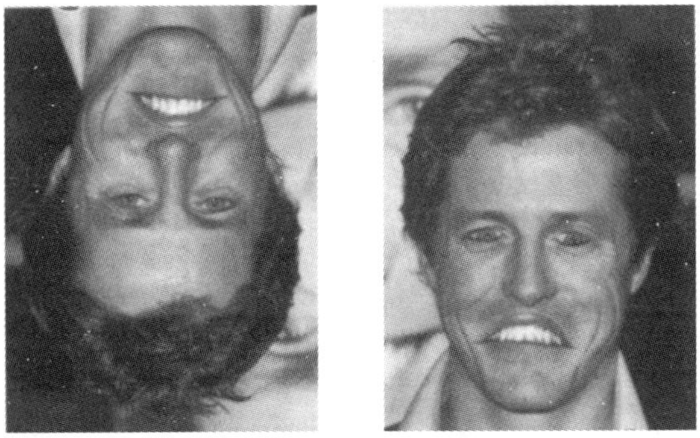

你认得出这是哪位演员吗？

我们通过剪切和粘贴对格兰特的眼睛进行了修改，正如你所看到的，结果得出了一张有些恐怖的照片。不过，即使是通过这样一张上下颠倒的图片，你仍然还是能够清楚地认出他就是休·格兰特。不仅如此，你的大脑还能够在这样的图片中一眼就识别出那被做过手脚的微笑。微笑的强大力量由此可见一斑。

练习假笑

我们曾经提过，绝大多数人都无法准确地区分真笑与假笑，而且只要看见有人冲我们微笑，我们大都会有一种满足感，而从来不会去思考这笑容究竟是真还是假。由于微笑具有让人放松戒备，消除敌意的作用，所以大多数人常常错误地把它当成撒谎者的专利。保罗·埃克曼进行的一项研究表明，当人们刻意由谎言掩盖事实真相的时候，大多数人（尤其是男性）的表情都会比平时更加严肃。埃克曼相信，这是因为撒谎者大都意识到了这样一个事实：大多数人都会把微笑和谎言联系在一起，所以他们会有意识地克制自己，尽量不露出笑容。撒谎者的笑容出现速度比发自内心的真笑要快，而且持续的时间也更长，看上去就好像是戴着一个笑眯眯的面具。

如果是假笑，由于我们的左右两个半脑都希望能使笑容看起来显得更加真实，所以在意识的控制之下，我们的左侧脸庞与右侧脸庞的表情并不完全相同，其中一侧的表情会显得更加夸张。控制面部表情的神经元大都集中在右半脑的大脑皮层中，而这部分大脑只能向我们的左半身发送指令。结果，当我们刻意地想在脸上堆满笑容的时候，左侧脸部的笑容就会比右侧脸部的更加明显。

当人们撒谎时，左侧脸庞的微笑看起来会显得比右侧的更加明显。

可如果是发自肺腑的真心微笑，由于无须刻意的假装，所以我们的左右两个半脑向身体两侧所发送的指令就是对称的，而两侧脸庞的笑容也就不会有任何区别了。

走私犯笑得更少

1986年，澳大利亚海关曾经委托我们帮助他们创建一套系统，提高他们侦破走私商品及毒品案件的办案效率。直到那时为止，执法人员仍然认为，人在撒谎或者面对压力时，往往会增加微笑的频率。然而，我们通过对电影中说谎者的研究，却得出了与这一结论恰恰相反的结果：无论是在何种文化的影响之下，人在撒谎时，反而会比平时都笑得更少，或者根本不笑。而那些清白无辜的人在说真话的时候反倒会增加微笑的频率。这是因为从本质上来说，微笑植根于人们妥协与顺从的心理，所以，那些诚实清白的人会试图以真诚的微笑来平复海关缉私人员激动的心境，而出于抗拒心理，那些以走私为职业的人则会减少微笑以及其他肢体动作以防暴露自己。

同样的道理，当你驾车驶至红绿灯前时，一辆警车开了过来，停在了你的车旁——这个时候，即使你没有违反交通规则，警车的出现也会让你感到心有惴惴焉。于是，你会反射性地马上堆起满脸的笑容，而这也就有力地证明了微笑完全可以由意识所控制。所以，我们应当结合当时的背景来思考微笑背后的含义。

5种常见的微笑

以下是我对那些我们在日常生活中常见的几种微笑形式的总结与分析。

1. 抿唇笑

人们在露出这种微笑时，双唇紧闭且向后拉伸，形成一条直线，完全看不见双唇后的牙齿。这种微笑的内在含义是，微笑者隐藏了某个不为人知的秘密，或是他不想与对方分享自己的想法或观点。女性在遇到自己不喜欢的人而又不想让对方知道这一点的时候，通常会露出这样的笑容。

女人在微笑时双唇紧闭，那就意味着她心中有不愿与你分享的秘密。

在其他女性看来，这种微笑其实就是一种非常明显的拒绝信号。然而，大多数的男性却甚少能明白微笑背后的深意。

比方说，女人在谈论别的女人时可能会这样说，“她是个相当有能力的女人，很清楚自己想要什么”，说完，她就露出了紧闭双唇式的微笑。其实，她的真心话应该是：“我觉得她是一个野心勃勃的女人，简直就是个狂爱出风头的小妖精！”

杂志上经常会刊登一些成功人士的照片。从他们的照片中，我们也能看见同样的微笑，而那笑容则仿佛是在对我们说，“我已经掌握了成功的

托尼·布莱尔和他的妻子切丽·布莱尔以“抿唇笑”面对所有关于切丽最后一次怀孕的新闻和消息。

秘诀，你们猜猜是什么呢？”

在这些人物访谈中，被采访的成功男士们大都会谈论一些如何获得成功的基本原则，可是，他们当中却很少会有人将自己获得成功的具体方法和细节公之于众。

与他们恰恰相反的是，理查德·布兰森却常常咧开嘴大笑，而且也很乐意和大家一起分享他成功的秘诀，因为他知道几乎没有人会按照他的方法去做的。

2. 歪脸笑

在一张扭曲的笑脸上，两侧脸庞的表情恰好相反。在下图A中，右半脑发出指令，使图中人物左边的眉毛向上扬起，与此同时，由于左侧的颧肌的收缩，他左边的脸颊上便浮现出了一种看似为微笑的表情。而在左半脑的命令下，右边的眉毛却因为眼轮匝肌的收缩向下沉，而嘴角和整个右侧脸颊也微微下移，露出了一种皱眉式的表情。

如果你在图例A的正中间垂直放置一面双面镜，使两侧脸庞的表情通过镜子90度的反射，呈现于镜子之中，你会发现镜子两侧根本就是两种完全不同的表情。右侧脸庞表情经过反射后形成的表情如图片B所示咧嘴大笑；而在左侧脸庞反射后的表情图片C中，我们看到的却是一张愤怒、蹙眉的表情。

A　　B　　C

这种歪脸的微笑是西方人的专利，大都是人脑意识作用的结果，其所传递的信息也只有一个——挖苦讽刺。

3. 开口大笑

这种笑容看起来有些不太自然。人在开口大笑时，嘴巴张开，下巴低垂，嘴角上扬，给人一种很开心的感觉。这种笑容看起来有些不太自然。《蝙蝠侠》系列电影中与蝙蝠侠作对的那些丑角，还有比尔·克林顿以及休·格兰特他们都十分钟爱这种笑容，而且喜欢利用它在观众当中营造一种快乐的氛围，勾起他们想笑的欲望，或是为自己赢得更多选票。

利用下垂的下巴和夸张的笑容。

用开口大笑伪造笑容
开口大笑者来假装快乐。

4. 斜瞄式的微笑

微笑时双唇紧闭，同时还低下头，歪向一侧，并且斜着眼睛向上望，这样的笑容不禁会让人联想到少年时的俏皮和心思暗藏。无论何时何地，女性都喜欢在异性面前露出这种略有些腼腆害羞的笑容，因为这样做很容易引发男性体内的保护欲，使他萌生出保护她不受伤害，呵护她的念头。已故的戴安娜王妃就是用这样的笑容征服了全世界。

戴安娜王妃俏皮的微笑似乎有一种神奇的魔力。凡是见过她的微笑的人，无论男女，都会受到感染。

5. 乔治·W·布什的美式微笑

乔治·W·布什的脸上经常会保持着一种傻呵呵的笑容。雷·博威斯特发现，这种美国中产阶级式的微笑多见于亚特兰大、路易斯维尔、孟菲斯、纳时维尔等城市，以及得克萨斯州的大部分地区。布什就来自于得克萨斯州，而得克萨斯州人微笑的频率恐怕是美国各州之最了。因此，在得克萨斯，一个人如果总是面无笑容，其他人很可能会问他是不是“遇到了什么不开心的事情”。然而，在纽约，一个一天到晚乐呵呵的人却很可能会被问道：“究竟有什么事情那么好笑啊？”

美国的吉米·卡特总统也来自于崇尚微笑的南方，而他的笑容常常会使北方的那些政客们忧心忡忡，因为他们总是担心有什么事情是他知道，而他们却不知道。

> 保持微笑，那么所有的人都会好奇你究竟在笑什么。

开怀大笑是最好的良药

当你开怀大笑时，朗朗笑声总是相伴左右，久而久之，爽朗的笑声也就成为了你的标志，成为了你这个人的一部分。放声大笑不仅能够使气氛更加融洽和谐，为你赢得更多的朋友，而且还有益身心，能够延年益寿。当我们开怀大笑，身体内的每一个器官都会因此而产生连锁反应，并且收效极佳。因为大笑，我们的呼吸加速，从而使得我们胸腔内的横膈膜得到充分的伸展，脖子、腹部、脸部以及肩膀处的肌肉也因而得到了锻炼。与此同时，大笑会让我们吸入更多的氧气，增加血液中的含氧量。这不仅能够加速病症的痊愈，促进血液循环，而且还可以促进血管的伸张，使其接近皮肤的表层。这就是为何人们在大笑的同时脸红的原因。除此之外，大笑还可以减慢心跳速度，扩张血管，增进食欲，并且燃烧脂肪，消耗卡路里。

神经学家亨利·鲁宾斯滕发现，开怀大笑一分钟就可以使人在接下来的45分钟内都处于放松的状态。斯坦福大学的威廉·弗莱教授在他的一篇报告中指出，大笑100分钟就相当于在跑步机上慢跑10分钟的有氧运动。从医学的角度来说，如果某人诅咒你的笑容，其实就相当于诅咒你的健康。

> 我们的年龄越大，对待生活的态度就越严肃。一个成年人平均一天笑15次，而一名学前儿童平均每天的大笑次数都在400次左右。

为何我们应当重视笑容

研究显示，人在微笑或大笑的时候，不管他是否真的有特别开心的感觉，他左半脑里的“快乐空间”都会感到兴奋，而脑电波也会因此而变得活跃起来。位于麦迪逊的威斯康星州州立大学专门研究心理学和精神病学的理查德·戴维森教授针对笑容开展了无数次的研究。在其中的一次研究中，戴维森教授将实验人员的头部与脑电图仪相连，同时让实验人员观看喜剧电影，然后用仪器测量出其脑电波的活动。结果发现，微笑使他们快乐空间的脑电波以较大的幅度不断地跳动。于是，戴维森教授因此证实了自己的观点：有意识的微笑和大笑可以促进大脑活动，使人自发地产生快乐的感觉。

北卡罗来纳州州立大学的心理学教授阿尼·卡恩发现，幽默能够产生一种积极的效应，从而消除因为压力而带来的不良反应。卡恩对那些已经出现了早期抑郁症状的人做了一项实验。实验中，这些人被分为两组，在三个星期的时间里观看不同的电视录像。观看喜剧的那一组人员在实验结束后，其症状的改善程度明显大于另一组观看非喜剧录像的人。与此同时，卡恩教授还发现，那些患有溃疡的人皱眉的频率明显高于没有溃疡的人。如果你发现自己喜欢皱眉头，你可以在说话的时候，将手放在额头上，久而久之，你就可以摆脱这一不好的习惯了。

我们可以边笑边说话，猩猩却不行

罗伯特·布诺温是位于巴尔的摩市的马里兰州州立大学的一名心理学教授。他发现人类的笑声不同于近亲灵长类动物的笑声。猩猩的笑声听起来就像是在大喘气，吸气和呼气一次只能发出一声笑声，而正是这种一对一的呼吸频率与发声法使大多数灵长类动物都无法开口说话。当人类开始直立行走时，其上半身也就因此而获得了解放，无须再像从前那样承担负重的义务，从而也就使得人类能够更好地控制自己呼吸的频率和速度。于是，人类才能够将一次呼气分为若干个过程来完成，并且能在完成的过程中对气流进行调整，不仅能发出笑声，而且还能说话。猩猩也有其自身的语言概念，但是生理的局限性使他们无法用有声的话语将其表达出来。由于人类可以直立行走，所以我们就在制造各种声音这一权限上享有极大的自由，包括发表精彩演讲和爽朗的笑声。

幽默有疗伤治病的神效

大笑能够刺激人体分泌出天然的止痛剂以及一种“能让我们感觉更加舒适”的化学物质，即内啡肽，其成分与作用与吗啡类似，能够舒缓压力，减轻伤病痛苦，使我们心情愉快。当诺曼·科森斯被诊断出患有衰弱性疾病脊髓炎的时候，医生告诉他此病无药可医，也无人能医，所以患此病者只能在无尽的病痛折磨之中等待死亡的降临。听完医生的死亡宣判之后，科森斯住进了一家宾馆，并且租来了所有他能够租到的喜剧片，其中包括马克斯兄弟主演的滑稽片《飞机》以及由柯利·霍华德等人主演的《活宝三人组》等。

他一遍又一遍地观看这些喜剧电影，并且一次又一次地因为电影中的滑稽场面和幽默的对话而放声大笑。经过六个月的这种自我大笑疗法之后，当他去医院检查身体时，医生惊奇地发现他的不治之症居然完全痊愈了——炎症彻底消失了！这一令人震惊的结果最终成就了科森斯的《笑退病魔》一书的出版，并且引发了医学界的一次关于内啡肽的研究风暴。内啡肽是一种人在大笑时由大脑所分泌的化学物质，其成分与吗啡和海洛因相近。内啡肽具有镇静、止痛的功效，同时还能促进人体内免疫系统的形成。这也就解释了为何快乐的人甚少生病，而那些精神抑郁、成天抱怨连连的人却会经常受到疾病的困扰。

笑到哭为止

从心理和生理的角度来看，笑与哭其实是相关甚密的两兄弟。想想上一次别人给你讲笑话，你听后止不住大笑的情景。笑过之后，你有什么感觉呢？你是不是觉得全身的每个器官，每根神经都有种麻麻的感觉呢？那是因为，就在你尽情大笑的时候，你的大脑分泌出了内啡肽，使你有了一种“自然的快感”。这种感觉和吸毒者在吸食毒品后所得到的快感几乎完全一样。那些因为生理或心理原因而无法像正常人一样哈哈大笑的人在遇到挫折或困难时，常常会借助于毒品和酒精来麻痹自己，从而获得那种类似于由内啡肽所产生的愉悦感。酒精可以使人放松，增加大笑的次数，从而刺激内啡呔的分泌。这就是那些原本行为举止颇有分寸的人会在喝酒之后就像变了一个人，大笑的次数也会明显多于从前的原因；同时也解释了为何那些原本就不快乐的人会在饮酒之后变得更加沮丧，或者变得很暴力。

人们喝酒，吸毒，就是为了感受寻常人开心大笑过后的那种快感。

保罗·埃克曼发现，我们之所以会被微笑或大笑的面孔所吸引，原因之一就在于这样的表情能够影响我们体内植物性神经系统（又叫自主性神经系统）的活动。当我们看见别人微笑，就会不由自主地也跟着微笑。于是，在这一过程中，我们的脑垂体就会释放出内啡肽。如果你被一群成天愁眉苦脸、怨声载道的人所包围，久而久之，你也会受到他们的影响，感觉情绪低落，心情郁闷，整天愁眉不展。

在不开心的氛围中工作有损健康。

笑话如何使人发笑

大多数笑话讲的无非都是一些某人遭受苦难的故事。事实上，故事出人意料的结尾往往会使我们的大脑“为之一振”，然后，我们就会哈哈大笑起来，并且发出一种类似于猩猩叫声那样的声音，以此告诫其他人警惕将来可能遇到的类似的危险。

尽管我们都很清楚，笑话所讲的故事大都为虚构，但是我们仍然会把

人类的笑声最初就是灵长类动物的一种预警信号

它当成真人真事来对待，在哈哈大笑的过程中释放出内啡肽，调整自己的情绪。假如笑话里的故事属实，我们很可能会因此而落泪。不过，在我们哭泣的时候，脑垂体仍然会释放出内啡肽。大笑与哭泣实则为相辅相成，一者总是相伴另一者发生。所以，在某些十分严肃的情感冲突当中，譬如说某人在听闻他人的死讯之后，精神上无法接受这一现实的时候，很有可能会首先大笑，然后才痛哭不已。

充满笑声的房间

20世纪80年代，许多美国医院都引进了“充满笑声的房间”这一治疗疾病的概念。基于诺曼·科森斯的亲身经历以及帕奇·亚当斯博士所开展的其他关于笑声的研究，这些医院腾出了一间房间，在里面放满了各种各样的笑话书、喜剧电影以及诙谐风趣的录音带，而且时不时还会有喜剧演员造访以及小丑表演。病人们每天来这里接受30～60分钟的笑声治疗。治疗的结果相当惊人，病人的健康状况有了显著好转，平均每位病人的住院时间也明显短于医院之前的纪录。与此同时，随着“充满笑声的房间”的设立，医院里止痛药剂的用量也大大减少，而病人因为疼痛而不配合治疗的情况也有了极大的好转。所以，我们完全可以这样说，医学界现在已经相当重视笑声对疾病的预防和控制作用了。

喜欢笑的人更长寿。

微笑是一座沟通的桥梁

罗伯特·布诺温发现，人在群居生活时欢笑的次数是独处时的30倍。同时，他还发现，与各种笑话以及有趣的故事相比，和他人建立友好的关系这一目的与笑声的联系似乎更加紧密。在引发我们大笑的各种原因当中，只有15%来自于笑话。布诺温通过实验发现，实验参与者处于孤单的环境中时，更多的人会选择自言自语，而不是哈哈大笑。布诺温通过录像记录下了实验参与者在三种不同的环境中观看喜剧电影的情景：独自一人、与同性的陌生人一起以及与同性朋友一起。

> 在让我们发笑的各种原因当中，只有15%的原因与笑话有关。想与他人沟通，建立联系，才是我们大多数笑容的真正原因和目的。

虽然实验参与者所观看的电影在滑稽程度上并没有太大的区别，但是三组实验者哈哈大笑的次数却有明显的差别。独自一人观看电影的实验者笑的比两人观看电影的实验者（无论陪同的是朋友，还是陌生人）都要少，而且他们笑的频率和时间也明显要少很多。在人际交往当中，发生大笑的频率会更高。所有这些数据和结果都证明了一个事实：社交环境中人越多，人们大笑的次数和时间就越多，越长。

幽默可以成为一种促销的手段

辛辛那提州州立大学商业管理学院专攻市场营销的卡伦·麦克雷特教授发现，在广告中添加幽默元素可以提高产品的销售额。广告中的幽默元素能够使顾客更容易接受其中所宣传的内容，而且可以增加广告内容的可信度。所以，一则由名人出演，且添加了幽默元素的广告会更加容易获得观众的芳心。

不开心地撇嘴

人们用嘴角上扬的表情来表达心中的快乐之情，与此相反，当人们不开心的时候，他们就会表现出一种嘴角下垂的不高兴的表情，也就是我们常说的撇嘴。只要感到不开心、沮丧、绝望、愤怒或紧张，人们的脸上就会浮现出这样的撇嘴表情。然而，我想告诉有这一习惯的人们一个不幸的

嘴角下垂的撇嘴表情会像雕刻一样，成为你脸上永久的印记。直觉告诉我们，应当远离那些带有撇嘴表情的人。

消息：如果一个人总是把这种负面、消极的表情写在脸上，久而久之，他的嘴角就会永远保持一种下垂的状态，看起来总是一副没精打采的沮丧样子。

当这样的表情定格在他的脸上之后，在此后的日子里，这个人的脸看起来就会像是一只牛头犬。研究表明，当我们看见有这种面部表情的人从远处走来的时候，大多数人都会尽量避免与他进行眼神的交流；当他走近时，人们则会刻意地避开他，减少与他的身体接触。因此，假如你发现撇嘴已经成了你的习惯性表情，那么，你就应该有意地增加自己微笑的频率。这样做不仅可以使你摆脱在后半生被人看成是一只愤怒的牛头犬的命运，而且还会让你变得积极乐观，开朗向上。如此一来，当小孩们看见你时，就不会因为把你当成是一头坏脾气的老牛而吓得哇哇乱叫了。

送给女性的微笑建议

波士顿大学的马文·海切特和玛丽安·拉·弗朗斯进行了一项研究。其结果显示，在面对主管和上级时，无论是在气氛友好的前提下，还是在不友好的紧张气氛当中，下级人员都会面带微笑；而主管和上级人员在下级面前，只会在气氛友好的前提下才会露出微笑。

这项研究还表明，无论是在社交还是在职场交往中，女性微笑的频率远高于男性，而这也就在无形中使微笑的女性在面对不苟言笑的男性时居于弱势或下属的地位。有的人认为，正是因为女性笑得更多，所以长久以来她们才会一直被置于男性之下的从属地位。不过，有研究显示，早在出生八周之时，女婴笑的次数就远远多于男婴。所以，微笑这一特征很可能是天生的，而非后天培养。最合理的解释可能是，在人类进化的过程中，女性多扮演安抚者或抚育者的角色，而微笑正好与这一类角色的特性和功能相吻合。不过，这并不代表女性就无法像男性那样威风凛凛，具备至高无上的权威性，只不过过多的微笑会让女性看起来显得更加柔弱恭顺而使其权威性略打折扣而已。

女性之所以会笑得更多，大概是由其大脑所决定的。

加州大学洛杉矶分校的南希·亨利博士是一名社会心理学家。他将女性的微笑比作“女性的本色徽章”，她们通常用它来安抚比自己强壮的男性。南希博士研究表情，发现在社会交往中女性微笑的时间占总活动时间的87%，而男性的比例则只有67%；而且面对异性的笑脸，女性回之以微笑的可能性比男性高出了26个百分点。

此外，南希博士还开展了一项实验，她要求257名实验参与者在看过了15张表情各异的女性照片之后，对照片中人物的魅力进行评判。所给照片中人物的表情各异，有的很开心，有的很悲伤，还有一些则面无表情。实验结果显示，表情沮丧的女性的魅力评分最低。照片中，女性如果面无微笑，就会被认为是不高兴的标志；而同样情况之下，男性则会被看作是权利的象征。因此，我送给女性朋友的关于如何微笑的建议就是：在与处于优势支配地位的男性交往的过程中，应当尽量减少微笑的次数，或者根据对方的微笑频率来调整自己的微笑次数。在此，我还想提醒诸位男子汉们，在你们与异性的谈话过程中，如果你想让自己的话听起来更具说服力，就需要随时谨记：无论何时何地，都要多多微笑。

恋爱中的笑声

罗伯特·布诺温发现，在恋爱的过程当中，大多数的笑声都来源于女性的一方，而男性则很少微笑。事实上，在婚姻问题当中，笑声是一种衡量夫妻关系是否融洽、婚姻是否成功的标准。简单一点儿说，丈夫让妻子笑得越多，在妻子心中丈夫的魅力和吸引力就越大。这是因为，让他人发笑的能力常常会被认为是力量和权威的标志，而女性则通常更加青睐于那些强势的男性。不过，在男性的眼中，更可爱、更有魅力的却往往是那些温婉恭顺的女性。同时，布诺温还发现，下属常常会用笑声来取悦上级，而上级则会让下属发笑（不过，他自己却并不笑）来维系自身的优势。

研究表明，女性会在自己认为有吸引力的男性面前笑声连连，而男性则通常被那些在自己面前微笑的女性所吸引。

这也就解释了为何女性在寻觅伴侣的过程中会优先考虑那些有幽默感的男人了。如果一个女人说“他真风趣，我们整个晚上都在哈哈大笑”，她的言下之意通常是，那个男人整个晚上都在逗她笑，而她则被他的幽默所打动，笑了一个晚上。

从男人的立场出发，如果他说一个女人很有幽默感，他的意思并不是说她很会说笑话，而是说她会在他讲笑话的时候哈哈大笑。

一个女人眼中的男人。虽然左右两张图片为同一人，但是在女性看来，能让她们面露微笑的是右图中的男性，而不是左图。

从更深一层的角度来思考，男人们似乎也相当清楚在与异性的交往中幽默的重要性，因此，为了巩固自己在异性心目中的形象和地位，他们常常会将大量的时间花在与其他男人比赛说笑话上。而且，当某一个男人独霸讲笑话或开玩笑的特权时，许多男人都会因此而对他心生厌恶。尤其是当有异性在场且还被他逗得大笑的时候，往往在这样的情况下，厌恶之情就会升级为愤怒。在他们看来，眼前这个家伙简直就是蠢货一个，说的都是些无聊且一点不好笑的故事，虽然在场的异性都被他逗得乐不可支。所以，男人们需要明白的一点就是，对大多数女性而言，男性的魅力与他们的幽默程度成正比。不过，幸运的是，后天的学习和实践完全可以使任何男人都变得幽默起来。

总　结

当你向他人露出笑容的同时，对方通常都会回以一个同样灿烂的笑脸。如此一来，出于因果效应的作用，双方心中便都会自然生出一种对对方的好感。研究证实，会面时，双方如果都面露笑容，就能够使绝大多数的会谈都能进行得更加顺利，会谈的时间也会相对延长，而且会谈最后通常也能获得对双方都更加有利的结果，使双方关系更进一步。而想获得这所有的一切，你需要做的就是慷慨地展露自己的笑脸，并且让微笑成为自己的一种生活习惯。

最后，我想告诉大家的是，有迹象表明，微笑和笑声能够建立起一道天然的免疫屏障，帮助我们的身体对抗外来的各种疾病，促进伤病的痊愈。除此之外，微笑还是我们生活和工作的好伙伴，能够帮助我们推销自己的各种观点和想法，为我们赢得更多的朋友，使我们的生活更加多姿多彩。请记住，幽默是解决一切问题的万能良药。

第4章
手臂的信号

以臂为界的身体信号 /076
交叉双臂会对自身造成伤害 /076
“舒服”的姿势 /077
性别差异 /078
双臂交叉抱于胸前 /078
解决方法 /079
握拳式的双臂交叉姿势 /080
抓握式的双臂交叉姿势 /081
老板VS员工 /081
获取他人的认可和赞同 /083
拥抱自己 /084
如何探知社会名流的内心不安 /085
巧用咖啡杯 /087
接触的魔力 /088
伸出你的手 /090
总结 /091

以臂为界的身体信号

早在远古时代，我们的祖先就已经学会了躲在障碍物后寻求保护的自卫方法。当我们还是孩子的时候，一旦感觉有危险，我们就会立刻躲到诸如桌子、椅子、家具等固定物体或妈妈身后。

随着我们逐渐长大，这种遇到危险就躲避的动作也随之变得复杂起来。六岁以后，我们就已经不能再像以前那样躲到桌椅背后了，于是，我们逐渐学会了将双臂紧紧交叉抱于胸前来保护自己的动作。十来岁的时候，我们又学会了掩饰，知道可以通过稍稍放松手臂以及配合以双腿交叉的动作来隐藏环抱双臂这一动作的自卫性，从而掩饰我们内心的恐惧。

随着年龄越来越大，在我们的刻意掩饰之下，双臂环抱于胸前这一动作的防御性也显得越来越不明显。不过，每当感到有危险，或遇到不愿遇到的事情时，我们都会下意识地将一只或两只手臂交叉抱于胸前，用自己的肢体形成一道身体防线，抵抗外来的危险，从而达到保护自己的目的。交叉抱于胸前的双臂可以保护心脏、肺这些重要的生命器官，所以，这一动作很可能是源自人类天生的本能。猴子和猩猩在遇到正面进攻的时候，也会做出同样的动作来保护自己。不管怎样，有一件事情是可以肯定的：当一个人感到紧张不安想保护自己，或不愿接受他人意见的时候，他很可能会将双臂交叉，紧紧抱于胸前，借此告知对方他有些紧张或不安。

交叉双臂会对自身造成伤害

美国研究者针对环抱双臂这一动作的研究显示出了一些颇为令人担心的结果。研究期间，一群参与研究的志愿者参加了一系列的讲座。其间，每位参与者按照研究人员的要求，保持双腿和双臂的自然状态，不跷二郎腿，也不将双臂环抱于胸前，尽量以一种放松的姿势聆听讲座。在讲座结束之后，研究人员记录下了每位志愿者对讲座内容的掌握程度以及他本人对此次讲座的想法和观点。之后，研究人员又安排第二队志愿者进行了同样内容的试验，讲座的内容也完全一样。惟一不同的是，在研究人员的要求下，这些志愿者在听讲座的时候都必须跷起二郎腿，同时将双臂交叉紧紧抱于胸前。实验结果显示，与第一组坐姿放松的志愿者相比，第二组志愿者所掌握的讲座内容要少38%。与此同时，他们对于演讲者及其演讲内容的观点也更加苛刻、挑剔。

当你将双臂交叉抱于胸前时，你的可信度也会随之大大降低。

1989年，在六次不同的演讲当中，我们对与会的1500名观众也开展了同样的实验研究。最终，我们发现实验结果几乎完全一样。这次的实验告诉我们，如果台下观众的双臂始终保持一种交叉的姿势，这就表明此人并不赞同台上演讲人的观点，而且，他的注意力也已经转移到了演讲之外的其他事物之上。正因为如此，我们建议各个培训中心在教室里都应该摆放有扶手的椅子，从而使培训人员可以将手放松地置于扶手之上，从而减少手臂交叉抱于胸前这一姿势发生的概率。

“舒服”的姿势

看到这里，有的人会说了，将双臂交叉抱于胸前已经成了他们的习惯动作，因为这样的姿势让他们觉得很舒服。其实，人的任何一种姿势都是与其内心的想法相对应的。也就是说，如果你对某人或某事抱有否定的观点或态度，或者你根本就怀有一种防御自卫的心理，那么，当你将双臂交叉抱于胸前的时候，你就会感觉很舒服自在。然而，如果你在与朋友们交谈甚欢的时候摆出同样的姿势，那你就会觉得有些别扭了。

请记住，所有的肢体语言所传递的信息，无论是对接收者而言，还是对发送者而言，都是一样的。当你觉得在面对某人时挺直腰背，将双臂交叉抱于胸前的姿势可能会让你觉得很“舒服”。但是，研究表明，面对这样的姿势时，对方对你的态度也同样是否定或消极的。所以，我想告诉各位读者的就是无论何时何地，你都应该尽量避免做出交叉双臂的动作，除非你刻意地想告知对方，你并不同意他的观点，或者说你不想参与其中。

也许，你会觉得交叉双臂的动作让你觉得很舒服，但是，其他人却会因此而认为你不友好，难以接近。

向内弯曲的手臂使男人们可以投射得更加精准；女性向外侧张开的手臂则能够使她们抱孩子抱得更好。

性别差异

男性的手臂稍稍向内侧弯曲，而女性的手臂则恰恰相反。稍稍向内侧弯曲的手臂使得男性在瞄准和投掷时能够更加准确，而女性略微向外侧张开的手臂则使得她们能在抱孩子时更加平稳。

双臂交叉抱于胸前

当你将双臂交叉抱于胸前，就好比在你与对方之间筑起了一道障碍物，将你不喜欢的人或物统统挡在外边。双臂交叉抱于胸前的姿势有很多种，我们将在下文中对几种最常见的姿势进行讨论和分析。双臂交叉抱于胸前的姿势在人与人的交流中相当普遍，而且世界各地对这一姿势的理解也几乎完全相同：消极、否定或防御。在一些诸如自助餐厅、电梯等公共场所以及众人排队等候的过程中，我们常常会看到彼此陌生的人们在感到不确定或不安全的时候摆出这样的姿势。

我曾经参加过本地政府议会所举行的一次辩论会。这次辩论的焦点就是开发者在开发过程中的伐树问题。所有与会的开发者都坐在房间的一侧，而“绿化环保人”则坐在房间的另一侧。在辩论刚刚开始的时候，将近半数的与会人员的手臂都处于交叉状态；当开发者发言时，“绿化环保人”中保持这一姿势的人数比率迅速上升到了90%；而当“绿化环保人”开始发言，几乎所有的开发者都摆出了双臂交叉的姿势。

这一现象表明，当人们对所听到的内容持否定或消极态度的时候，通常会做出交叉双臂的动作。

许多演讲者之所以没能成功地将信息传递给观众，就是因为他们没有留意到观众们交叉双臂的姿势。而有经验的演说者都知道，当他们的观众摆出了这样的姿势，那就意味着他们需要驾驶一艘性能良好的“破冰船”，击碎阻隔在自己与观众之间的冰山，用更好更新的方式吸引观众的注意力，改变他们的坐姿，将原本的否定态度转变为肯定。

双臂交叉抱于胸前，他不会轻易地走出自己的世界，而你也很难融入其中。

因此，当你与他人交谈时，如果看到对方摆出了双臂交叉的姿势，那么你就应该立刻意识到自己是不是说了一些与对方观点不同的话。在这样的情况下，即使对方口头上表示赞同你的观点，你也已经没有必要再将谈话继续下去了。因为，他的肢体语言已经很明确地告诉你，他并不赞成你的话。事实就是，肢体语言远比有声的话语更加诚实可靠。

只要对方交叉的双臂没有松开，他就不会改变原本否定的观点。

这时，你的目标就是找出对方摆出这种姿势的原因，对症下药，尽快使对方改变姿势，转变态度。因为，此时此刻，对方的观点与动作完全是相辅相成的关系：否定的态度决定了消极的姿势，而保持这一姿势又会使心中否定的态度得以维持和加强。

解决方法

有一个既简单又有效的方法，可以帮你轻轻松松解开对方交叉的双臂：找一件物品让他握着，或是找一件事情让他做。譬如说，你可以在说话的时候，给下面的听众们一只笔、一本书、一本手册、一件样品，或是让他们做一些笔头测试，从而使得他们没有机会交叉双臂。同时，你的这些要求也会迫使他们不得不将身体前倾，从而使他们无法与你保持一定距离。所有的这一切无非只是想让听众们能够以一种更加开放的姿势聆听你的谈话，而这样做的目的就是希望他们能够以更加开放的态度接受你的意见和请求。

除此之外，在你说话的同时，让对方身体前倾，观看一些可视的影像文件，也是一种有效的解开对方交叉的双臂，令对方敞开心扉的好方法。与此同时，你也可以一边略微向前倾，伸出手臂（记住，手掌向上）边说："我看得出来你有问题想问……那么，请你告诉我，你想了解什么呢？"或者，"你意下如何？"然后，你再坐下，或是将身体向后靠，以此暗示对方轮到他们发言了。通过手掌这一无声的肢体语言，你传递的信息就是，你希望他们能够坦诚相待，因为你已经首先以向上的手掌表明了自己的立场。

"我想问你，我为什么要拿着这些铅笔、钢笔以及小册子听你说话呢？"一位顾客忍不住问道，手中塞满了各种东西的他看起来就像是一棵装饰好了的圣诞树。"别着急，我将会在接下来的谈话中回答这个问题。"谈判代表回答说。

在各种培训和学习中，专业指导老师都会告诉从事销售和谈判工作的学员，在找到准顾客或谈判对象之所以会摆出交叉双臂的姿势的真正原因之前，任何游说和推介最终都只会是竹篮打水一场空。在很多时候，也正是因为忽视了消费者通过交叉双臂这一肢体语言所传递的真实信息（他对你的产品或话语持否定的态度），大多数销售人员都没有发现消费者其实隐瞒了他们拒绝购买的真实理由。

双臂环抱于胸前，双手紧握，这一动作代表强烈的敌意。

握拳式的双臂交叉姿势

当一个人在将双臂交叉抱于胸前的同时，两只手也紧紧地攥成拳头夹于腋下，那就表示此时的他除了具有相当强烈的防御意识之外，还带有十分明显的敌意。如果同时他的脸上还伴有双唇紧闭的微笑，或者干脆露出了咬牙切齿、满脸涨红的表情，那么，接下来的口舌之争，或是更加激烈的打斗就很有可能会在所难免。在这个时候，如果引起纷争的原因我们还不清楚，那么，当务之急就是用一种较为缓和的方法找出导致对方情绪激动的根本原因，同时安抚对方情绪，防止事态进一步恶化。很明显，图中人物拳头紧握，这一动作代表强烈的侵略味道，具有很强的进攻意向。

抓握式的双臂交叉姿势

这是另一种交叉双臂的方式，其最大的特点就是在交叉双臂环抱于胸前的同时，两只手紧紧抓住另一只手的上臂，增大了呈交叉状态的双臂的力量，使这一姿势更加牢固，从而能够更加有效地保护人体的胸部。有时候，由于双手握住手臂的力气过大，以至于阻碍了血液循环，从而使得双手的手指和指关节都呈现出泛白的情况。人们可以通过这种自我拥抱式的双臂交叉法来安抚、宽慰自己。这种双臂交叉法多见于在医院候诊室里等候治疗的病人及其家属。除此之外，第一次乘坐飞机的乘客在等待飞机起飞时也常常会摆出这样的姿势以增强自身的安全感。

抓握式的双臂交叉法显示出了此人的不安与紧张，暗示了他将不会购买你推销的产品。

抓握式的双臂交叉法代表的是一种消极、拘谨、紧张的心理。在法庭上，原告很可能会采用上文中的握拳式的双臂交叉法，而被告则多会采用抓握式的双臂交叉法。

老板VS员工

人们双臂交叉抱于胸前的姿势会受到个人身份的影响。一个有身份有地位的人很少会在众人面前摆出双臂交叉的姿势，借此告知他人“我一点都不害怕，所以我敢于将自己的身体暴露于众目睽睽之下，丝毫不畏惧他人的攻击”，从而体现他的身份和胆量。

比方说，一家公司举行了一次大型的公共活动。活动期间，几位新来的员工被引见给公司的总经理。总经理以手掌朝下的方式与他们逐一握手致意，之后，他便有意识地后退几步，与他们保持一定的距离，大约一米。与此同时，他会将手放松地垂落于身体两侧，或是像菲利普王子那样，手握手背在身后（体现身份的尊贵）；或者，他会将一只手或双手放在口袋里（表示他拒绝介入）。无论如何，他都很少会摆出双臂交叉抱于胸前的姿势，以免留下丝毫让人感觉他怯场或紧张的嫌疑。

与总经理恰好相反的是，由于面对的是公司的高层，新来的几位员工在与老板握过手之后，难免会因为紧张而做出交叉双臂抱于胸前或与之类似的姿势。无论是老板，还是新来的员工，因为他们的动作和姿势都与自身的身份相吻合，所以这次的会面让双方都觉得十分融洽。但是，如果总经理会见的是一位前途无量的青年管理者，而这位年轻人则认为自己对于公司的重要性丝毫不逊色于总经理，并且将这一想法通过肢体语言体现了出来，那他们见面的情景又会怎样呢？事情的结果很可能会是这样：当两人分别以统治者的强势方法平等地握手之后，青年管理者很可能会在将双臂交叉抱于胸前的同时，将双手的拇指露在外面且保持向上竖立的姿势。

如果某人在双臂交叉的同时，露出向上竖立的大拇指，这就表示此人自我感觉良好，觉得自己很棒，一切尽在掌握中。在他说话的过程中，他还会用两个大拇指来强调自己说话的重点。我在上文中曾经提到过，拇指向上的手势代表做该手势的人十分自信，而交叉的双臂则能够保护自我，给人以安全的感觉。

向上的拇指——出于防御的心理。不过，做此手势的人也相当自信，觉得自己也很棒。

当人们想保护自己，同时又想向对方表示谦卑恭顺之意时，往往会采取一种对称的坐姿，也就是说，身体左右两侧的动作和姿势完全一样。在这样的坐姿之下，他们的肌肉完全处于一种紧张的状态，看起来就好像他们正在等待被人攻击。而那些有自卫心理却又想控制一切的人则通常会采取一种不对称的坐姿，即身体左右两侧的动作和姿势并不相同。

获取他人的认可和赞同

掌握了解读肢体语言的能力，你就能够在对方亲口说出不利于你的决定之前，“洞察”先机，“看破”对方的心思，从而使得你有充足的时间来扭转不利局面，改变对方的想法。当你向他人推销自己的产品，在接近尾声时，如果你发现对方将双臂交叉抱于胸前，而大拇指则保持向上竖立的姿势露在外面，同时还伴有其他表示肯定意义的动作和表情。那么，此时此刻，你大可以放心地向对方提出签订合同之类的要求，因为虽然没有开口，但是对方已经将自己的购买意向通过肢体语言表露得一清二楚了。不过，同样的情况下，假如对方摆出了握拳式的双臂交叉姿势，而且面无表情，而你又在此时向他提出进一步的请求，那么，除了自找麻烦之外，你大概不会得到任何其他的结果。在这种情况下，最明智的做法就是在对方明确表示拒绝之前，通过提问的方式探知对方拒绝购买的真实理由。如果对方对你的请求做出了口头上的否定，那么，你不仅很难再改变他的想法，而且在对方眼里，你试图改变他决定的种种举止还会显得极富侵略性，给人以咄咄逼人的感觉。

> 如果你可以在对方说“不”之前看穿他的心思，你就有机会尝试不同的方法来扭转乾坤。

那些配有武器或身穿盔甲的人很少会做出双臂交叉的动作，因为他们的武器和盔甲已经足以保护他们的身体。例如，配枪的警务工作人员很少会将双臂交叉抱于胸前，除了站岗值班时。站岗时，他们通常会紧握双拳，以此清楚地告诫所有的人：没有他们的允许，谁都不能穿越他们站立的位置。

拥抱自己

在我们小的时候，每当我们遇到了悲伤的事情，或是处于紧张的氛围之中，我们的父母或看护人就会将我们拥进他们的怀中，或是给我们一个温馨的拥抱，以此舒缓我们悲伤、不安的情绪。长大以后，当我们感到紧张不安的时候，我们常常会模仿长辈的动作来安慰自己。不过，这时的我们往往不会将双臂交叉，紧紧抱于胸前，从而让所有的人都看到我们内心的恐惧。

这种自我拥抱式的抱臂方式，使她回想起了小时候妈妈搂住她时的那种温馨舒适的感觉。

护短式握臂。

通常而言，女性会用一种较为隐晦的方式来替换这种过于明显的肢体语言，如单臂交叉抱于胸前的姿势，即只使用一只手臂，这只手臂在身体前部弯曲后抓住另一只手臂，从而在自己与对方之间形成一道障碍，拒绝对方的进入，看起来就好像是在拥抱自己。人们在参加一些社交活动或工作会议时，常常会因为与其他人关系生疏或缺乏自信而用这种单臂交叉的姿势使自己与其他人保持一定的距离。在严肃紧张的氛围中，如果有女性摆出了这样的姿势，那就表示她想告诉身边的人她自我感觉“良好”。

男性自我拥抱式的交叉双臂的方式与女性略有不同：他们将自然下垂的双臂略微前移，双手在身体前方相互握住。男人们在上台领奖或发表演讲时，经常会采用这样的姿势来面向观众。有趣的是，当男人发现自己的裤子拉链坏了时，为免不雅，也会用双手遮住下体。其动作与我们在这里所谈到的姿势几乎完全一样，所以我们也把这种姿势称为“护短式握臂”。由于在这种姿势里双手的位置可以帮助男性保护自己的“重要部位”免受袭击和伤害，所以这种姿势往往能够增强男人自身的安全感。

此外，在救助站或福利署门口排队等待救济或领取社保福利的人群中，我们也常常会看到摆出同样姿势的男人们。他们的这一姿势体现出了身为弱势群体，他们内心的沮丧和不安；同时，这样的姿势也很容易勾起他人的怜悯之心，让人萌生出帮助他们的想法。阿道夫·希特勒在出席各种公共活动时也常常会采用这样的姿势，从而掩饰他身为男性的缺陷。

人们往往会着力保护他们认为自己最脆弱或最易受攻击的部位。

如何探知社会名流的内心不安

有些人由于身份特殊，常常会不断地出现在各种各样的公共场合，譬如说皇室成员、政治家、电视名人以及电影明星等，而他们的一言一行就随之全都暴露在公众的眼前。不过，他们都希望能把自己最好的一面展现给观众。至于他们内心的紧张情绪，或是不自信的心理，他们则希望能够藏得越深越好，最好任何人都发现不了。所以，他们往往会利用经过“乔装改扮”后的交叉双臂的姿势来掩饰内心的焦躁和忧虑，从而在面对观众时能够表现得自信、冷静、有控制力。

为了不让他人窥探到自己内心的想法，他们不会像普通人那样直接将双臂交叉抱于胸前来保护自己，而是会将一只手看似轻松地搭在另一只手臂之上，或者，他们会用手去触摸手提包、手镯、手表、衬衣袖口等与另一只手臂有接触的物品。而就在他们碰触这些物品的同时，弯曲的手臂很自然地就在他们与对方之间形成了一道屏障，而他们内心的安全感也就油然而生了。

其实，名人和我们一样，在公众场合也会感到紧张局促。

我们经常看到，那些佩戴有袖扣的绅士们会在穿越人较多的房间或舞会大厅的过程中调整袖扣的位置。事实上，他们不过是想借此掩饰自己暴露于众目睽睽之下的紧张心理。只要加以留意，你就会发现，调整袖扣这一动作已经成了查尔斯王子的标志性动作。无论何时，只要他出席露天活动，在众人的注视之下，查尔斯王子都会习惯性地调整自己的袖扣，从而给自己营造一种安全的感觉。

你可能会认为，在度过了长达半个世纪之久的皇室生活之后，像查尔斯王子这样的皇室人员应该早就已经习惯了出席各种大型社会活动，接受众人目光的审视，也应该早已克服了面对大众时的紧张心理。可是，查尔斯王子那细微的交叉双臂的动作却反映出在公众面前，他仍然和我们平凡人一样会感到不安，感到缺乏安全感。

查尔斯王子调整袖扣的动作暴露出了他内心的不安。

如果一个人感到焦虑不安，或是意识到自己的外表或行为有所不妥，他很可能也会不断地调整表带，翻查钱包，双手紧握，摆弄衣袖，或是做任何可以使双臂在胸前交叉的动作。

在举行商务会议时，那些缺乏安全感的职场男性通常会用手提公文包，或是将文件夹抱在胸前等方法来掩饰内心的紧张或不安情绪。在训练有素的观察者看来，他们的这一动作无疑已经暴露了其内心的想法，因为这样的动作除了掩饰不安和紧张情绪，对他们而言并无任何实际意义。人来人往的任何公共场所都是我们观察其他人的好去处。比方说，那些穿过大厅邀请某位女士共舞的先生们，以及登上舞台领奖的人们，就是我们观察的对象。

相比较而言，女性用来掩饰内心情绪的动作就显得更加隐晦，更加不易发现了。因为，如果她们意识到自己的仪表或行为有所不妥，或是感到不自信，女人们完全可以紧紧抓住手提包或钱包等随身物品而不必做出明显的动作。每当出现在公众面前时，安妮公主常常会手捧花束。而在手中拎一个提包或是握一束花，则是伊丽莎白女王最常见的公众形象之一。我想，尊贵的女王似乎并不需要用手提包来装诸如唇膏、化妆品、信用卡以及电影票之类随身物品吧！事实上，手提包不过是她在必要时用来传递信息的一种方式。在某次外出当中，皇室观察者们就留意到，当她想步行片刻，或是驻足停留，或起身离开，以及想摆脱眼前某个烦人的家伙时，女王都会通过手提包向随从们发出信号，而这样的信号前后共计12次。

以细微的动作来充当防御工具的方法有很多种，其中最常见的一种就是用双手握住茶杯。想要端起茶杯，你显然只需一只手就足够了，可是，如果你用两只手捧住茶杯，你的双臂也就很自然地在胸前形成了一道屏障，将那些让你感觉不安全的人或物全都拒绝于双臂之外。这样的方式既简单又最不易察觉。这种自我保护的肢体动作很普遍，几乎所有的人都曾经用到过，只不过很少会有人意识到此举的真正目的之所在。

以手提包充当防御工具

双手握花的动作表示此人有自知之明

巧用咖啡杯

在洽谈会上，适时地中断一下，为对方送上可口的饮品和点心，在轻松的氛围中仔细观察对方，并趁机揣测他的谈判意向，这是一种相当巧妙的谈判技巧。

对方在喝完一口饮品之后放下茶杯时，他摆放茶杯的位置就是你判断他内心想法的重要线索，从中你可以了解到他是否已经被你说服，是否愿意接受你的观点或请求等对谈判进程有重要意义的关键信息。如果你的说法或请求让对方感到犹豫不决，或者他根本就不赞成你的观点，那么他就会将茶杯放到身体的另一侧，从而借助端茶杯的动作弯曲手臂，在身体前筑起防御工事，抵御你的“进攻”。如果对方愿意接受你的观点或请求，那么他就会顺势在身体的同一侧放下茶杯，以一种开放式的姿势来面对你。

利用弯曲的手臂对你说“不”

现在，她很愿意聆听你的想法

将手搭在椅子的扶手上是强者彰显自身权威的一种方式，与此同时，他还可以借此树立自己高大正直的形象。而那些身份低微、精神沮丧的弱者在坐下的时候则会将手垂落在椅子扶手的内侧。所以，除非你故意想要告诉别人你是个弱者，不然，就千万不要摆出我所说的第二种坐姿。

接触的魔力

如果你在与他人握手的同时，用左手轻轻接触对方的某些身体部位，那么，你很有可能会得到意想不到的结果。

明尼苏达州州立大学的研究者们进行了一项被称为“电话亭测试”的实验。实验人员将一枚硬币留在了电话亭里，然后躲在电话亭旁的一棵树后，等待不知情的人们来打电话。一旦有人进入电话亭，一名研究者就会随之跟进去，对在他之前进入电话亭的那个人说：“你有没有看见我掉在电话亭里的硬币呢？我还要打一个电话，可是身上没有硬币了。”整个实验期间，只有23%的人承认看见了硬币，并将它归还。

在实验研究的第二阶段，实验人员仍然将硬币放在电话亭的同一个位置上，不同的是研究者在尾随实验目标进入电话亭的同时，轻轻地碰触他们的手肘，而碰触的时间最多不超过三秒钟，然后再向他们提出同样的问题。这一次，承认看见了硬币的人的比率上升到了60%。在回答研究者们所提出的问题时，这些人大都会略有些尴尬地说“我刚才捡到硬币时，向四周看了看，可是没发现有人，这才……”之类的话。

有技巧地接触对方的手肘，将会使对方达成你心愿的几率提高三成。

轻轻的肢体接触之所以有如此神奇的魔力，原因有三：其一，人们都觉得，手肘属于公共空间的范畴，尚不属于个人的私隐空间；其二，在大多数国家里，人们通常都不会轻易地与陌生人发生肢体接触，所以，一旦接触，就会给对方留下一个较为深刻的印象；其三，一次轻轻的，时间不超过3秒钟的肘部接触能够在原本素不相识的两人之间建立一种瞬时的联系，拉近二人之间的距离。

接着，我们又在一期电视节目当中重复了这项试验，结果发现，同样条件下，生活在不同文化当中的人们归还硬币的概率略有不同。其关键就在于此人所生活的地区人们日常接触频率的高低。例如，在发生了肘部接触的情况下，澳大利亚人、英国人、德国人、法国人以及意大利人归还硬币的概率分别是72%、70%、85%、50%以及22%。这一结果显示，在实验对象所生活的地区，人们日常接触频率越低，手肘接触法的效力就越大。我们记录下了不同国家的人们在露天咖啡馆里的肢体接触频率，结果发现，罗马人每小时所发生的肢体接触的次数为220次，巴黎人则为142次，悉尼人是25次，纽约人和伦敦人最少，分别为4次和2次。这一数据表明，你体内的英国人或德国人的血统比例越高，你在日常生活中接触他人的可能性就越低，所以，手肘接触法在你身上成功的几率就越大。

假如你的祖先中有德国人或英国人，那么，肢体接触法对你的效力就会高于其他人。

总体而言，我们发现女性之间发生肢体接触的可能性大约为男性的4

倍。在许多地方，只有直接与手肘发生接触，才能获得上文中所提到的正面效果，除此以外，接触手肘以上或以下的身体部位都无法获得我们所预期的积极效果，有的时候甚至还会产生不良的负面效应。而且，如果接触的时间超过了3秒钟，很可能会引起对方的警觉。在这种情况下，他会突然低下头，注视着你的手，看看你到底想做些什么，如此一来，其结果只会适得其反。

伸出你的手

在肢体语言研究中，我们曾经开展过一项专门针对图书管理员的调查。就在这些图书管理员将书发送给借阅者的同时，他们常常会轻轻接触到借阅者的手。当借阅者走出图书馆以后，我们对这些借阅者展开了跟踪调查，询问他们对图书馆服务态度的印象。那些与图书管理员发生过肢体接触的借阅者通常能够更加积极地回答我们提出的所有问题，而且绝大多数人都能回想起接待自己的那位图书管理员的姓名。

我们在英国的超市里也开展过类似的调查，如果收银员在找钱的过程中接触到了顾客的手，那么这位顾客也会表现出类似的积极反应。我们在美国进行的类似实验也得到了相同的结果，那些与顾客发生过轻微肢体接触的女服务生的收入很大一部分都是从顾客那里得到的小费。饭店中，使用手肘接触法的女服务生从男性就餐者那获得的小费比那些没有采用此方法的同行的小费额高出了36%。而男服务生使用这一方法后，无论他接待的是男性顾客还是女性顾客，其收入都提高了22%。

所以，当你下一次与某位素未谋面的人见面之时，你可以在握手的同时，伸出左手轻轻地碰触对方的手肘或双手，同时在嘴里重复他的名字从而确定你没有听错对方的姓名。接着，你就会发现此举不仅会让对方觉得自己很受重视，而且你还能够准确地记住对方的名字。

手肘接触法，只要使用得当，不仅能够起到吸引对方的注意力，加强印象，强调本人观点的作用，而且还能增强你对他人的影响力以及他人对你的印象，从而帮助你在每个人的心目中树立起一个良好的形象。

总 结

无论你的态度如何，将双臂交叉抱于胸前的动作往往会被当成是否定态度和消极思想的标志。而且，无论是做出这一动作的人，还是这一肢体信息的接收者，都能够很清楚地感受到这一动作所传递的信息。

举例而言，即使你完全是因为背部酸痛而将双臂交叉抱于胸前，但是在他人眼中，你的这一动作就是在暗示对方，你不愿意接受对方的观点或意见。所以，从现在开始，你应该下定决心，训练自己改掉这种会给你带来负面效应的动作。在接下来的章节中，我将会告诉你们如何通过正确的肢体语言来树立积极自信的自我形象。

第5章 文化差异

写作此篇时，我们人在意大利 /094
做一个文化小测验 /095
你得了多少分 /098
为何我们都在逐渐地美国化 /098
全世界的文化基本要素几乎是相同的 /099
问候方式的差异 /100
当两种文化相遇 /101
喜欢撅上嘴唇的英国人 /103
擤鼻涕动作的文化差异 /104
3种最常见的跨文化交际手势 /106
接触还是不接触 /109
文化冲突是如何发生的 /110
总结 /111

写作此篇时，我们人在意大利

英国人、德国人、美国人会如何解释这个手势呢?

写这一章的时候，我们正在意大利的威尼斯，出席一次探讨文化差异的会议。假如我们之前从未到过意大利，我们很有可能会为自己的所见所闻感到万分惊讶。几乎所有西方国家的行驶方向都是一致的，也就是说无论你是哪国人——英国、澳大利亚、南非，甚至是新西兰，你行走或驾车行驶的方向都是一致的，全都是靠左边行驶。可是，在意大利，当你走在大街上的时候，意大利人却总是会冷不丁地从你的右边窜出来。在外国，配戴太阳镜通常也是导致来自不同国家的行人相撞的罪魁祸首，因为谁也看不清楚深色镜片下的那双眼睛究竟望向哪里，而他本人想往哪边走自然也就无从知道了。不过，换个角度来看，这倒不失为一个结识外国新朋友的好方法啊!

当你与意大利人握手道别时，他们的动作同样会让你大吃一惊，在你还没反应过来之前，你的脸颊上就已经留下了对方送给你的两个道别之吻。

> 当我离开时，那个意大利男人不由分说地亲吻了我的两侧面颊，而当时我正在系鞋带。
>
> ——伍迪·艾伦

当你与意大利人说话的时候，他们会站得与你十分贴近，甚至站到了原本属于你的安全距离之内，而且他们在说话的同时还会不断地用手抓住你身体的某个部位，并且时不时地冲着你大叫。

事实上，这些叫声听起来就好像是他们在发泄对世间万物的怒气。可是，这所有的一切不过是友好热情的意大利人在每天的日常生活中与他人交往的一部分而已。毕竟，对于同一件事物，不同的文化都有属于自己的释义。

做一个文化小测验

想知道你对肢体语言中所包含的文化差异究竟了解多少吗？那就做做这个小测试吧！

举起手，用手指来数数，从一数到五。现在就做。然后，你将表示的数字换成2。如果你是盎格鲁·撒克逊人，你竖起食指和中指来表示的可能性会有96%。假如你是个欧洲人，那么，你用拇指和食指来表示2的可能性就有94%。记数时，欧洲人习惯于从拇指开始，然后是食指，再是中指，以此类推。不过，盎格鲁·撒克逊人用手指记数的顺序与大部分欧洲人有所不同，他们通常会从食指开始，然后是中指，最后才是大拇指。

现在，就请你看看下面的手势，然后写出你所知道的关于每种手势的所有含义。每写对一个就记一分，写错一个就扣一分。参考答案就在所有手势的后面。

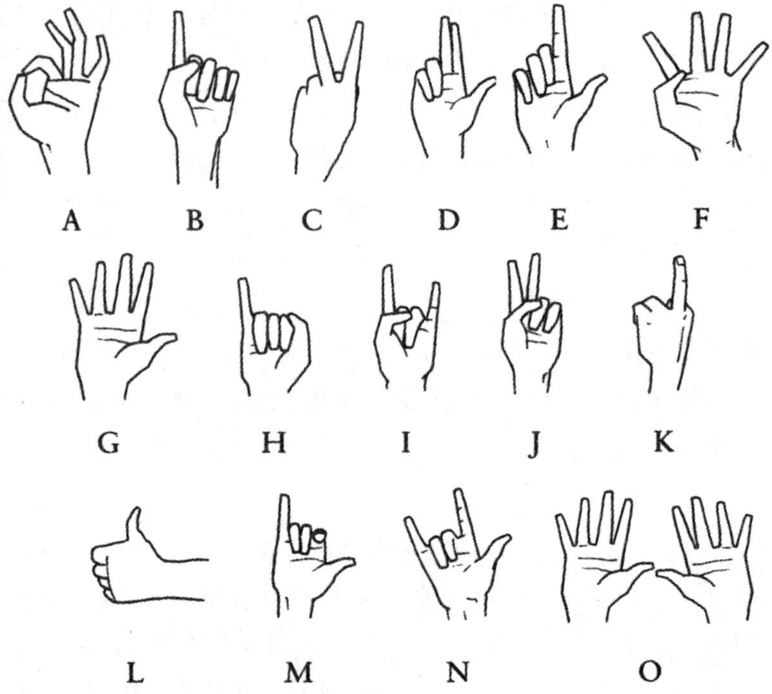

每答对一个，就给自己加一分。

A：欧洲及北美——好的，没问题！

地中海地区、俄罗斯、巴西以及土耳其——表示有孔或有洞。

突尼斯、法国及比利时——代表“0”；毫无价值或毫无益处。

日本——金钱；硬币。

B：西方国家——代表数字1；对不起，或打扰了！上帝替我作证；不！（仅对孩子而言）

C：英国、澳大利亚、新西兰及马耳他——举起双手！或抬起头！（去你的）

美国——代表数字2。

德国——胜利。

古罗马——凯撒大帝点了五杯啤酒。

D：欧洲——代表数字3。

天主教国家——祝福。

E：欧洲——代表数字2。

英国、澳大利亚及新西兰——代表数字1。

美国——服务生。

日本——一种侮辱。

F：西方国家——代表数字4。

日本——一种侮辱。

G：西方国家——代表数字5。

世界各地——停止！

希腊和土耳其——去死吧！

H：巴厘岛——不好的。

日本——女人。

南美——薄的，稀疏的。

法国——你不能愚弄我！

I：地中海地区——你的妻子对你不忠！

马耳他和意大利——（被他人所指时）躲避邪恶的眼神。

南美——保护自己不受坏运袭击（身体旋转时）。

美国——得克萨斯州州立大学的标志；得克萨斯州Longhorn足球队。

J：希腊——去死吧！

西方——代表数字2。

K：古罗马——举起你的双手！

美国——坐在这儿！吝啬鬼！

L：欧洲——代表数字1。

澳大利亚——坐在这儿！（音调上扬）

广泛流传的一种意思——搭便车；不错，很好；没问题。

希腊——去你的！（向前顶）

日本——男人；数字5。

M：夏威夷——“放松”。

荷兰——想来杯喝的吗？

N：美国——我爱你！

O：西方——数字10；我投降。

希腊——去你的！离远点！

广泛流传的一种意思——我说的是实话。

你得了多少分

30分以上：想必你一定游览过很多地方，见多识广，是一个具有开阔性思维的人。所以，无论对方来自何处，你都能够和他融洽地相处。所有的人都喜欢你。

15～30分：你对人们行为的差异有一个基本的认识，只要通过有目的的锻炼，你就一定能够使自己在这一方面的知识更上一层楼。

小于或等于15分：你认为所有人都会按照你的方式来思考问题。所以，签证官就根本不应该给你这样的人派发签证，或者说，你这样的人只适合过一种足不出户的生活。你几乎完全不了解除你以外的人和世界，根本不知道他们有何不同。你总是用想当然的态度去面对世上的一切。你很有可能是个美国人。

为何我们都在逐渐地美国化

由于美国电视和电影的广泛传播，北美的肢体语言正逐渐成为各个国家，不同文化下成长起来的年轻一代的共同语言。就拿英国人竖起两根手指的手势来说吧，六旬的澳大利亚老人们都会把它当成是一种侮辱。而在澳大利亚青少年看来，这代表的不过是数字2，真正表示侮辱意味的是美国人常用的单独竖起中指的手势。如今，不管其最初传统表意如何，大多数国家的人们都把拇指和食指连接而成的环状手势当作是“OK”意为“好的，没问题”的意思。现在，凡是看过电视的孩子都会将棒球帽反过来戴，并且无论他们是否懂得西班牙语，都会大叫道“Hasta la vista, baby”（再见了，宝贝！）。

美国电视的广泛传播使得肢体语言中的文化差异正在逐渐消失。

此外，由于早前北美人受教育的程度参差不齐，他们担心使用“toilet”一词会暴露自己的文化素质的不足，所以就干脆尽量避免用它。久而久之，这一语言习惯便延伸到了其他英语国家，从而使得“toilet”一词正在慢慢地从英语中消失，取而代之以其他词语。在讯问他人厕所在哪里时，美国人常常会用“bathroom”（浴室）来代替，而这一单词在欧洲通常指的是装有浴缸的浴室。此外，美国人还会用“rest room”(休息室)来代替原本的“toilet”，不过，其结果往往是被带到一间设有长椅、供人放松的房间里。在英格兰，“powder room”（化妆室/卫生间）通常设有一面镜子和一个盥洗池，幼儿园里的卫生间则会标以“little girls'room”（小女孩的房间）。而在欧洲的高速公路上，“comfort stations”就是公共卫生间的标志。如果一位来自北美的人对你说他想“wash up”（洗餐具），那么你将他带进厨房，给他一块洗碗布，让他洗盘子一定会是万分明智的行为。

全世界的文化基本要素几乎是相同的

我们曾在第三章中提到过，世界各地人们的面部表情和微笑的含义几乎都是一样的。旧金山加利福尼亚大学的保罗·埃克曼将印有人们各种面部表情的照片（快乐、愤怒、害怕、悲伤、厌恶以及惊讶）拿给生活于21种不同文化氛围中的人们看，结果发现大多数人对照片中快乐、悲伤和厌恶这三种表情的含义的意见完全一致。在这21个国家当中，有20个国家的人大都对惊讶的表情含义有相同的理解，19个国家的人在害怕这一表情的含义上达成了共识。至于愤怒的表情含义，达成一致意见的国家数量稍稍略低于前几种表情，但也有18个之多。在这次调查中，最大的文化差异存在于日本人对于害怕这一表情的理解，他们将照片中人物的表情当成了惊讶。

埃克曼还曾去新几内亚岛考察当地的南弗（South Fore）文化以及达尼族人（Dani）。达尼族人居住在西伊里安岛上。在过去的很长一段时间里，他们一直都过着与世隔绝的生活。然而，当地人对埃克曼所提供的表情图片的理解却几乎和地球上其他地区生活于其他文化氛围当中的人们一样，惟一的不同就是他们和日本人一样，无法区分害怕和惊讶这两种表情。

埃克曼拍摄下了这群还维持着石器时代人类生活的人们按照照片上的表情表演的情景，再将录像播放给美国人观看，结果后者准确地分辨出了每一种表情所代表的含义。这一切都证实了微笑和面部表情的全球普遍性。

芝加哥德保罗大学的琳达·卡姆拉斯博士也证实了人类表情乃天生所致的观点。她利用面部表情编码系统（Oster & Rosenstein, 1991）测量并记录下了日本和美国婴儿的各种面部反应。借助于这套系统的帮助，研究者们得以记录和分离婴儿的面部表情，并对他们进行分类，结果他们发现日本婴儿和美国婴儿的情绪化表情完全一模一样。

迄今为止，我们所谈论到的都是一些在世界大多数地方都较为常见的肢体语言，而其中所存在的最大的文化差异无外乎人们对于地域空间、眼神交流、肢体接触频率以及带侮辱性质的手势等方面的认识。阿拉伯国家、亚洲的部分地区以及日本所拥有的与众不同的肢体动作和表情，则远远超过了其他国家和地区，是文化差异最为凸显的地区。

假如一名沙特男子当众抓住了另一名男子的手，这就表示相互尊重的意思。但是，如果你身处于澳大利亚、美国的得克萨斯州，或是英格兰的利物浦市可千万不要这样做。

了解所有关于文化差异的知识和信息实在是一个相当庞大的工程，因而我们根本无法在一个章节的篇幅里面面俱到地讲述全部的相关内容。所以，我们采取的方法是集中解决那些你在国外可能遇到的最基本的文化问题，从而使你可以举一反三，通过今后不断的积累和学习，获得更多更全面的文化常识。

问候方式的差异

握手方式的差异有时候会导致握手双方尴尬场面的发生，有时候又会制造出一些有趣的场景。英国人、澳大利亚人、新西兰人、德国人以及美国人的握手通常都发生在两人见面之初以及分手道别之时。大多数欧洲人则不然，他们会在同一天与同一个人握手数次，而法国人握手的频率则更高。

有记录显示，在一天当中，法国人握手的时间累加起来竟然达到了30分钟之多。与西方人不同的是，印度人、亚洲人以及阿拉伯人会在握手结束之后依然握住对方的手不放，保持握手的姿势。在握手的过程中，德国人和法国人会抓住对方的手，有力地摇动一至两次，然后很快便会松开；而英国人握手时摇动的次数略多于前者，大约为三至五次；美国人就更多了，平均为五至七次。在各种国际会议中，由于各国人握手时摇动的次数都有所不同，所以我们常常会见到因为对方奇怪的握手方式而备感惊讶的各国代表。坦白说，那场景还真是挺热闹。就拿德国人和美国人来说吧，德国人仅摆动一次的简短握手会让美国人产生一种生疏的感觉。殊不知，在德国人眼中，握手时来回摆动不停的美国人根本不像是在握手，反倒像是在为充气床垫打气。

接下来，我们把话题转向亲吻脸颊的见面礼节。来自斯堪的纳维亚半岛的人们通常习惯只亲吻一次即可，法国人则更喜欢在两边脸颊各亲一次，而荷兰人、比利时人以及阿拉伯人见面时亲吻的次数则达到了三次。于是，“变幻莫测”的亲吻次数让澳大利亚人、新西兰人以及美国人感到困惑不已。很多时候，他们常常因为弄不清楚到底该亲吻多少次，而干脆让自己的鼻子与对方的脸来一次小小的亲密接触。相比之下，英国人就显得果断得多，他们要么后退一步，以明确的行动拒绝对方的亲吻礼，要么就用欧洲人见面时常用的两次亲吻礼把你亲得目瞪口呆。

在《险峰岁月》（A View from the Summit）一书中，埃德蒙·希拉里爵士描述了在他登上世界第一高峰珠穆朗玛峰之后，给了向导（一位名叫滕金·诺盖的夏尔巴人）一个英国人常用的祝贺式的握手，但是诺盖却跳着扑向了他，并在紧紧拥抱过他之后又重重地亲吻了他，这才是生活在中国西藏地区的人们表示祝贺的方式。

当两种文化相遇

当意大利人说话的时候，他们通常会将手保持在一个较高的位置，从而确保自己能够随时掌握对话中的主动权，他们常常会貌似很热情地抓住你的手臂，让你备感温馨。事实上，这不过是他们阻止听者举手而占据谈话发言权的一种策略而已。假如你想打断一个意大利人的话，只需要抓住他的手，轻轻地将之放下。然后，你会很惊讶地发现，就在他的手被放下的同时，他的嘴巴也随之闭上了！

相比较而言，德国人和英国人说话的时候就规矩多了。可是，他们也实在太规矩了，除了嘴巴，全身的其他部位全都一动不动，看起来就好像是全身麻木了一样。当他们的谈话对象是意大利人和法国人的时候，德国人和英国人常常会因为根本找不到插嘴的机会而显得很沮丧。

他们谈话的场景往往是这样的：法国人一边说，一边用前臂和手做出各种各样的动作和姿势，意大利人则干脆让全身的每一块肌肉都参与到了谈话当中，于是，可怜的英国人和德国人只能一动不动地站在那儿，看着对面的那个人口若悬河、手舞足蹈地演说，而自己则只能眼巴巴地听着。

在洽谈国际业务的过程中，哪怕是一个再小不过的手势，或最不经意间的动作，都会让你之前所做的一切准备，如精心的打扮，充足的参考资料以及良好的提议，转瞬间付诸东流。我们在43个国家分别开展的研究表明，北美人对于文化差异的敏感度最低，英国人紧随其后。既然86%的北美人都没有护照，那就表示他们从未踏出过国门，所以他们对于国际肢体语言知识的匮乏似乎也就成了情理之中的事情了。

与北美人不同，英国人出境的人数和频率都不低，可为什么他们也会犯和北美人一样的错误呢？原因就在于英国人出国后宁愿保持原有的英国式的生活：使用英国式的肢体语言，说英语，享受英国式的三餐；而对其他国家的文化、生活和习俗视若无睹。其实，绝大多数的外国人并不要求你与他们交流时一定要使用他们的母语。可是，如果你不会说外语，却愿意花一点时间学习当地的文化，掌握当地人的一些基本生活习惯和常识，反而会给他们留下美好而深刻的印象。因为，你的行为已经告诉了他们：你很尊重他们的文化。

喜欢撅上嘴唇的英国人

撅上嘴唇的动作在英国人当中十分常见。他们这样做是为了能够较好控制脸部肌肉，从而减少面部表情的发生，尽可能地不将所有的情绪都写在脸上。英国人的这一面部动作很容易给人留下冷静、情绪内敛的印象。1997年，在戴安娜王妃的出殡仪式中，跟在王妃棺椁之后的四位王子菲利普、查尔斯、哈里以及威廉，不约而同全都选择了这一撅起上嘴唇的表情。只不过，在那些英联邦之外的国家里，人们会认为这样的表情根本看不出他们对王妃之死有任何感情的流露，显得他们对于王妃的去世并无太多牵挂。

由于亨利八世的原因，图中的这一表情成为了当时高贵身份的象征，而今时今日，许多英国人和美国人仍然在使用它。

亨利八世也是这一表情的代表人物之一。这位国王的嘴巴很小。每当宫廷画师为他画像时，他都喜欢做出这样的表情，如此一来，他的嘴巴看起来就显得更小了。不过，在十六世纪的英国，国王的这一习惯反而使得小嘴巴成为了当时一种高贵身份的象征。时至今日，每当他们感到被地位低于自己的人所胁迫时，英国人仍然会用撅起嘴唇的表情来表示心中的不满，与此同时，他们往往还会不停地眨眼。

至今为止，在这个地球上还有一个地方的人们在见面时既不握手，也不使用亲吻礼，更不提倡拥抱式的见面问候方式。这个地方就是日本。在那里，以上所有发生了肢体接触的动作都会被视为不礼貌的行为。日本人以鞠躬作为初次见面时的问候方式，而弯腰的幅度则取决于身份的高低。地位越高的人，弯腰的幅度就越小；地位越低的人，弯腰的幅度就越大。初次见面时，人们通常会首先互相交换名片，然后评估对方的身份，紧接着再依据各自的身份，以适当的角度弯腰鞠躬。

在日本，一定要确保你的鞋子状态良好，一尘不染。要知道，日本人每次鞠躬，最先看到的都是你的鞋子。

当日本人聆听对方说话的时候，他们通常会保持一种程式化的笑容，并且频频点头，同时还会制造出一些不违背礼节的声音，而这所有的一切在其他国家和地区都无法直接找到文化等价物。日本人这样做的目的只有一个，就是鼓励你继续讲下去。但是美国人和欧洲人却通常会对此产生误解，误以为自己的观点得到了对方的赞同。

人们在表示“肯定和赞同”之意时，最普遍的表示方式就是点头。不过，这也并非是放之四海而皆准的真理。保加利亚人对点头含义的理解就与我们恰恰相反，而日本人则把这当成了一种礼节性的习惯性动作。一个日本人即使并不赞同你所说的内容，他也仍然会用“肯定”的答案来回答你（即日语中的“嗨”）从而让你能够继续说下去。当日本人说“好的，没问题”的时候，他们往往是想告诉你“是的，我听到了你说的话”，而不是我们通常所理解的“对的，我同意你的观点”。打比方说，假如你问一名日本人：“你不同意我的观点，对不对？”即使他不同意你的观点，他通常也会先点头，然后说“嗨”。其实，按照日本文化来理解，他的意思就是“没错，你说对了，我不同意你的说法”。

此外，日本人把面子问题看得很重，所以他们想出了一套说话的规则，从而避免了因为说“不”而让他人丢了面子，或是尽量不问那些答案可能是否定的问题。日本人会用“这实在是很困难”，或是“我们将会对此展开具体的研究”来替代说“不”。所以，当你听到他们这样说的时候，你就应该明白其实他的本意是想告诉你，“算了吧，什么都别提了。你还是回家吧”。

擤鼻涕动作的文化差异

欧洲人和美国人用手绢或面巾纸来擤鼻涕，而亚洲人则会毫无遮掩地任由鼻涕在气流的推动下，像吐痰一样直接擤到地上。无论如何，在他人眼里，这都是一种“不雅观”的动作。你千万不要小看这一动作中所存在的文化差异。几个世纪之前，直接把鼻涕擤到地上所导致的直接结果就是肺结核病毒肆虐。在当时的欧洲，肺结核病就好比现在的艾滋病，一种染上后，治愈生还几率几近为零的疾病。所以，政府指导人们以更加文明卫生的方式来吐痰和擤鼻涕，从而避免疾病的进一步传播。这就是西方人会对随地吐痰的反应如此强烈的原因，一人在吐痰或擤鼻涕的同时，很可能会向四周传播肺结核病毒。所以，一旦发现你有做此动作的征兆，人们便会像躲避瘟疫一样远离你，那架势就好像你一吐痰就会把爱滋病传染给他们一样。

今日擤鼻涕的行为是过去肺结核病流行的结果。

假如东方诸国也曾亲身体验过肺结核所带来的种种噩梦，我想，现代的东方人在面对随地吐痰这一动作时也会表现出和西方人一样激烈的反应。可正因为东方的历史中并没有经历过这一劫，所以当日本人看见某人将鼻涕擤在自己的手帕中，然后再将手帕放回自己的口袋里的时候，他们那种震惊的程度一点也不亚于西方人见到东方人随地吐痰时的表情！对于英国男人随身携带手绢，并将之放在夹克上口袋里的习惯，日本人一点也不以为然，甚至有些不屑一顾。在他们看来，英国人的这一行为极其怪异，就好像是某人很自豪地在口袋里装了卷卫生纸，炫耀似的告诉大家他可以随时擤鼻涕或是上厕所。

亚洲人认为，正确的擤鼻涕的方法就是将鼻涕直接甩在地上，而且他们觉得这一方法比西方人的手绢法更加健康，但是，亚洲人的这一习惯却让西方人和欧洲人排斥至极。这也就解释了为何亚洲人与欧洲人或西方人的商务谈判往往会因为前者的一次小感冒而以失败告终了。所以，我想告诉西方读者的就是，不要因为亚洲人擤鼻涕的习惯而自寻烦恼。

3种最常见的跨文化交际手势

接下来，我们将对各种文化对于肢体语言的不同阐释作一番小小的探讨，并且向大家介绍三种常见手势的使用方法和内在含义。这三种手势分别是：环状手势，竖起大拇指以及V型手势。

1. 环状手势——“OK”

对西方人而言，环状手势“OK”表示“一切没问题，好的”；日本人则把它当成“金钱”的标志；法国人认为这一手势代表“零”；而土耳其人和巴西人则把它当成一种侮辱性的手势。

19世纪初，美国报纸刮起了一阵以词首大写字母代表整个词组的风潮，也正是因为这一风潮的流行，美国人开始使用这一手势，而这一手势也迅速在其他行业和领域流传起来，成为了当时风靡一时的肢体语言。对于这一手势所表示的“OK”一词最初所代表的单词是什么，大家众说纷纭。有的人认为它代表的是常常被误写为“oll korrect”的“all correct”（完全正确），但有的人却认为应该是反过来拼写的“KO”——“knock-out”（击倒对方）。

另一种关于OK一词起源的说法则是，OK其实是“Old Kinderhook”（老金德胡克）的缩写。19世纪的一次美国总统竞选当中，有一位竞选者名叫马丁·范·布伦，他就出生于纽约州的金德胡克。于是，他的支持者便用“Old Kinderhook”来称呼他，并且以此为名成立了一个俱乐部来支持他。后来，这一称呼就变成了他的竞选口号之一。

很明显，从形状上来看，环状手势中拇指与食指所形成的环形代表的就是“OK”一词中的字母O。在所有的英语国家中，“OK”一词所代表的含义大都是一致的。得益于美国电视电影的推广，这一手势及其含义迅速传播到了世界上的其他国家和地区。不过，在某些地方，这一手势仍旧有某些独特的渊源和含义。例如，在法国和比利时，OK还可以表示“零”或“一无所有”。有一次在巴黎的一个晚上，当侍者将我们引导至餐桌之后，他问了我们一句话：“Is the table OK?”（“你们对这张桌子满意吗？”）我们给了他一个“OK”的手势。我正想坐下的时候，他却突然回答说，“嗯，如果你们觉得不满意，完全可以再换一张……”显然，他误解了我们的“OK”手势，而把它当成了“零”或“一无是处，毫无价值”的意思。换句话说，他认为我们给他这个手势，是想告诉他，我们不喜欢这张桌子。

> 如果你用“OK”的手势来称赞法国厨师厨艺高超，他很有可能会勃然大怒，并且毫不留情地将你赶出餐厅。

在日本，环状手势表示“金钱”。如果你在日本从商时对日本人做了“OK”的手势，那他很有可能会把你的这一手势当成是你向他索要贿赂的表示。在阿拉伯国家，这一手势也很少见，因为当地人对它的理解为“威胁恐吓”或“猥琐下流”的意思。

20世纪50年代，理查德·尼克松在当选为美国总统之前，曾经访问过拉美诸国，其本意是美好的，他希望能够通过此次访问缓和美国与拉美国家之间的紧张关系。当他走出机舱时，尼克松向当地等候的人群做出一个美国式的“OK”手势以示友好。结果，让他万万没有想到的是，下面的人们对他嘘声一片。尼克松不知道拉美地区与美国的肢体语言在某些地方有着天壤之别。在当地人眼中，“OK”的手势代表的意思是“你就是一堆狗屎”。

假如你经常跨国旅行，最安全的方法就是每到一个地方，你就请教当地人关于侮辱性手势的相关知识，从而避免发生任何可能的尴尬场景。

2. 竖起大拇指

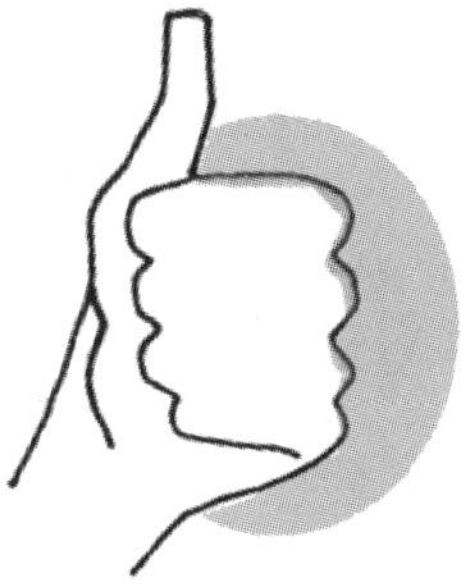

这样的手势可以表示“好”、“1”、“举起双手”或“就这样吧”。不同的地区对这一手势的理解各不相同。

在那些深受英国影响的国家和地区，譬如说澳大利亚、美国、南非、新加坡以及新西兰，竖起拇指的手势包含了三种含义：首先，那些喜欢搭便车的旅行者常常会向来往的车辆做出这一手势，意在告知车里的司机我想搭便车；其次，表示“好，不错，没问题”，与“OK”手势相似；最后，假如人们突然竖起拇指，那么这样的手势便带有侮辱的性质，表示“举起双手”或“就这么着”。在某些国家，例如希腊，向前的拇指大多是在说对方“吃饱了撑的”！

千万不要在希腊竖起大拇指。

正如我们在之前曾经提到过的，当欧洲人用手指计数时，竖起的拇指表示“1”，食指表示“2”；然而大多数英语国家的人在数数时通常用食指来指代“1”，中指表示“2”，在这种前提下，当他们竖起拇指的时候，他们想表示的是“5”。

3. V型手势

在澳大利亚、新西兰以及英联邦国家，这样的手势很常见，意思是“举起双手或抬起头”。“二战”期间，由于温斯顿·丘吉尔的缘故，用这一手势来代表胜利逐渐在世界各国风行起来。不过，当丘吉尔竖起两根手指的时候，他的手掌是向外的。假如说话者做此手势时，将手掌面向自己，这一手势的意义就完全改变了，变成了一种带有下流的侮辱性意味的手势。

美国人会把这一手势当成“2”，德国人会认为这是“胜利”的标志，而英国人则把它当成“去你的”。

这一手势的起源可以追溯到几个世纪以前的英国弓箭手。当弓箭手们射击进攻时，他们正是用食指和中指来扣住弓箭的。在当时，对一名技艺高超的弓箭手而言，最大的失败并不是被对方杀死，而是成为对方的俘虏，从而失去了用食指和中指发箭的机会。于是，用食指和中指所形成的V字型手势很快便在英国战士当中流传开来，成为他们在战斗中用来刺激敌人的一种标志，意为“你并没有打败我，瞧！我仍然可以用我的两个手指来发箭”！

然而，在欧洲的部分地区，手掌向内的V型手势仍然可以表示“胜利”的意思。因此，当一个英国人用这样的手势命令一名德国人“举起双手或抬起头”的时候，德国人很有可能会认为是他在比赛中获了奖。除此之外，V型手势在欧洲的某些地方也可以表示“数字2”，所以，当英国人、美国人或澳大利亚人想用这样的手势来辱骂一名来自欧洲的酒吧男招待时，他们可能会有些失望。不过，值得庆幸的是，他们至少可以得到两杯新鲜的啤酒。

接触还是不接触

人们在谈话的过程中，对方是否会因为与其发生了身体接触而生气，这完全取决于此人的文化背景。例如，法国人和意大利人就很热衷于在说话的时候，不断与对方发生身体接触。而英国人却宁愿选择退避三舍，尽量不与对方发生身体接触，除非他是在众多观众面前进行体育比赛。南美及欧洲运动员在赢球或得分之后，都会与队友来一个亲密的拥抱，或是用互相亲吻脸颊的方式来庆祝自己的得分。这样的动作在更衣室里还会重复多次。受此影响，许多来自英国、澳大利亚以及新西兰的运动员也会在类似的情况下做出同样的举措。不过，一旦他们离开了比赛场地，一切便都恢复了原状，这些澳大利亚人、英国人和新西兰人便又会重新奉行自己的“誓死不接触”原则。

> 只有在运动场上，英国人才会因为队友的进球或得分而与他人发生亲密接触。他们采取的方式可能是热情的拥抱，亲吻面颊，也可能会是最古老的轻拍对方。不过，假如背景换成了酒吧，你尝试一下同样的动作，你马上就会知道有什么样的后果。

肯·库伯博士也曾经在许多国家开展过关于人们之间接触频率的研究，并且记录下了一个小时内不同国家的人们身体接触的次数：波多黎各180次，巴黎110次，佛罗里达2次，伦敦0次。

通过研究以及自己的亲身体会，我们总结出了这样一张表格，表格中罗列出了适宜发生身体接触的国家名称以及那些交往中不适合发生身体接触的国家名称：

不接触	接触
德国	印度
日本	土耳其
英国	法国
美国和加拿大	意大利
澳大利亚	希腊
新西兰	西班牙
爱沙尼亚	中东
葡萄牙	亚洲的部分国家和地区
北欧	俄罗斯
斯堪的纳维亚	

文化冲突是如何发生的

在制造文化冲突这项技能上，美国人是当之无愧的第一名。正如我之前曾经提到过的，绝大多数美国人都没有护照，而且他们大都认为这个世界上其他国家人们的思维方式和喜好也全都和美国人一模一样。下图中的乔治·W·布什就做出了他所喜爱的得州长角美式（Longhorn）足球队的标志性手势以示支持。布什竖起的食指和小拇指分别代表两只牛角。大多数美国人都明白这一手势的含义。

在意大利人眼中，图中所展示的美国足球队的标志性手势带有鲜明的侮辱性意味。

在意大利，这一手势背后的含义是“戴绿帽子的男人”，所以，人们通常借此来告诫某位男子，他的妻子与其他男人有染。1985年，5名美国人在罗马被当地警察逮捕，其罪名就是他们公然在罗马教廷外载歌载舞，并且使用了这一不敬的手势。事实上，这5名美国人不过是在得到了足球队在美国取得比赛胜利的消息之后，迫不及待地以他们认为最合适的方式为球队庆祝胜利而已。显然，他们的兴奋和热情丝毫没有打动坐在教廷里的教皇。

总　结

我们在与他人从事贸易或工作往来的时候，假如对方举止得体，并且充分表现出了对自己的尊重，这不仅会让我们备感舒适，而且会让双方的交往也变得更加真诚和顺利。所以，我给大家的忠告就是，当你来到一个陌生的国度之后，切记要尽量减少肢体语言的使用，直到你能有机会观察到当地人如何使用这一无声的语言，并借此掌握个中奥妙。此外，还有一个方法能够帮助你学习和理解不同国家肢体语言中所存在的文化差异。你可以收集一些外国电影，然后在关闭声音之后反复观看。不过，提醒你一点，观看时尽量不要看字幕。在没有任何声音和文字提示的前提下，你可以尝试着仅通过人物的表情和动作来推敲和揣测剧情的发展。然后，再打开声音或观看字幕，检查你的猜测是否正确，从中体会肢体语言中的文化差异及其使用技巧。

> 假如你身处陌生的文化之中，不能确定当地的礼节，那就干脆请教当地人，请他们为你做示范。

由于文化差异的缘故，对肢体语言的误解很可能会让你陷入尴尬的境地。所以，明智的做法就是你应该在对他人的肢体语言和动作下结论之前，首先考虑对方的文化背景，从而避免产生不必要的误会。

如果你经常进行跨国旅行，我向你推荐罗杰·阿克斯特尔的《身势语：可行与禁忌的身体语言》（Gestwres: Do.s and Taboos of Body Language Around the world，John Wiley & Sons 出版）一书。在书中，阿克斯特尔介绍了超过七万种不同的肢体动作和各地的文化习俗。借助于这本书，你大可以轻松自如地穿梭于世界各国，而不必担心肢体语言和文化差异会给你带来的种种麻烦。

第6章
百变“手”、“指”

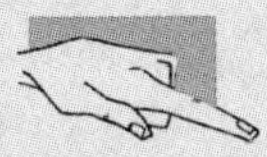

巧“手”能言 /115

双手之间的玄机 /116

双手的作用：增强记忆效果 /116

“摩拳擦掌” /117

摩擦手指 /119

紧握双手 /119

尖塔形手势 /120

利用尖塔形手势获胜 /122

小结 /123

托盘式的姿势 /123

将手背在身后 /124

拇指有关的手势 /126

留在上衣口袋外的拇指 /126

总结 /128

人的手上共有27块小骨头，其中包括了手腕处的8块鹅卵石形状的骨头。我们手部的骨头通过一个网络状的韧带结构互相连接，依靠肌肉的拉伸来完成关节的各种活动。科学家们早就已经发现，人类双手与大脑之间的神经关联远远多于人体的其他部位，所以，双手的动作或手势往往能够准确细致地反映出我们内心的情绪。与此同时，由于我们通常会将双手置于身体之前，所以手部的动作哪怕再细微，都很容易就能观察到。

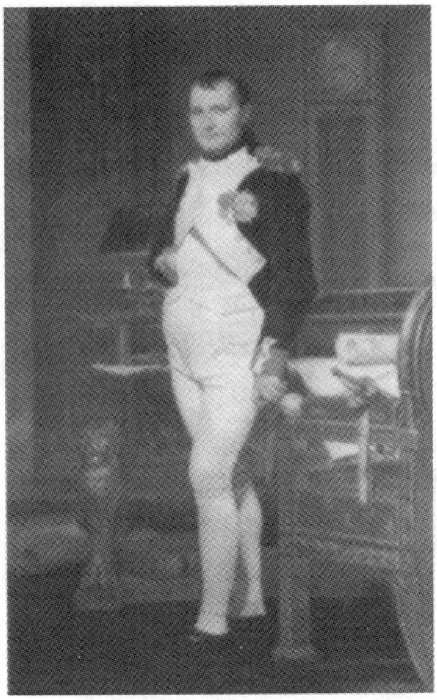

1812年，雅克·路易·大卫在书房里为拿破仑所作的肖像画。画中，拿破仑摆出了他那举世闻名的标志性的手插口袋的姿势。他的这一动作究竟是因为胃溃疡的病痛所致，还是他想借此告知旁人，他与画师相处得相当愉快呢。

在日常生活中，绝大多数人都有几个自己所特有的标志性的手部动作或手势。例如，每当提到“拿破仑”，人们的脑海里就会浮现出这样一个男人的形象：他的双手插在上身马甲的口袋里，只露出一个向上竖起的大拇指。有的人甚至还会亲自演示这一动作，或是对拿破仑这一动作的原因调侃一番，而至于故事的内容则大同小异，无非是一些民间传说和轶闻。比如说拿破仑患有严重的胃溃疡；或者，他的这一动作其实是在给手表上发条；他有不可告人的皮肤病。或者有人认为，在那个时代，将手插进口袋是一种不礼貌的行为，而拿破仑正是借此彰显自己的权威，或是因为他的手有残疾，所以要藏起来。此外，还有说他在内衣里暗藏了一个香囊，时不时就要伸手进去摸一摸，然后嗅一嗅；而另一部分人则认为这是拿破仑自娱自乐的一种方式。除此之外，有人干脆说那是因为画师嫌画手麻烦，所以将它们放进了口袋。

事实上，真实的故事应该是这样的：1738年，拿破仑尚未出生之时，弗朗索瓦·尼维隆出版了一本书，名为《上流社会行为指南》。在书中，作者是这样描述该动作的："手插口袋的姿势是一种常见的男子动作，多见于受过良好教育的绅士。该姿势在体现男子的英雄气概之余，同样突出了受过良好教育的他们谦恭得体的绅士风度。"

所以，当拿破仑看见以该姿势出现于画像中的自己时，非常高兴地对画师说："亲爱的大卫，你真是太了解我了。"所以，归根结底，这是一种能够体现使用者高贵身份的姿势。

通过各种历史书籍，我们发现，这一姿势并不能完全称之为拿破仑的标志性动作。事实上，著名的拿破仑肖像中的这一姿势并不是根据其真实的动作所绘，而是画师凭借其记忆完成了这幅肖像画，而这一姿势也是画师自己添上去的。然而，让他没有想到的是，这只插在口袋里的手却从此声名远播。不过，这倒是说明画师雅克·路易·大卫深谙这一姿势与权威的身份之间的紧密关系。

拿破仑很矮，身高大约1.64米，可是这幅画中的他看起来却超过了1.85米。

巧"手"能言

千百年来，时空变迁，社会变更，只有一条交际法则始终没有改变，人在社会中的地位决定了他在谈话中发言权的先后顺序。

你的身份越高，权威越大，其他人在你说话时保持沉默的概率就越大。举例来说，罗马历史上就曾经有过这样一段记录：一个身份卑微的人因为打断了凯撒大帝的话语而被判处极刑。

今天，我们所生活的社会提倡言论自由，任何想发表自己观点的人都可以畅所欲言。在英国、澳大利亚以及美国，有的人为了发表自己的观点，甚至会公然地打断总统或首相的发言，或者因为持反对意见而对总统或首相们的演讲喝倒彩。在旁人的眼里，他们的这一行为似乎都很普通，没有什么特别之处。2003年，英国首相布莱尔就伊拉克冲突问题在电视上发表演讲时，就曾遭受过此等“礼遇”。

在许多国家，手的一大作用就是充当“隐形的标点符号”，在谈话中起到谈话者角色转换的作用。最先使用“举手”这一动作的是意大利人和法国人。这两个国家的人被公认为是世界上在谈话中双手使用频率最高的“手语者”。不过，这样的情况在英国却少之又少，因为英国人认为说话时手部动作过多是一种不礼貌的行为，只有那些缺乏教养的人才会这么做。

在意大利人看来，决定发言的先后顺序实在是一个再简单不过的问题了，想发言的人只要举起手，就能够发表自己的观点了。而其他人见状，就会放下双手或将双手背在身后，安静地聆听。所以，如果你想对意大利人发表自己的看法，最直接同时也是最有效的方法就是举起你的手。当然，你完全可以凝视着对方，直接举手。

在这一章里，我们将会向读者们介绍一些最常见且使用范围最广的手部及大拇指的动作。

想让意大利人不发言的方法很简单：将他的双手背在身后。

双手之间的玄机

当一个人对之前的讨论进行总结时，只要稍加观察，你就能明了他对这些观点的个人态度：倾向于此，或有所保留，还是反对。人们在作总结陈词的时候，经常会摊开一只手的手掌，陈述其中的一个观点，然后，当谈论到另一个观点时，人们又会换一只手来做手势。通常来说，习惯于用右手的人会在谈论到自己所青睐的观点时用右手辅以手势来说明，而左撇子们则恰好相反。

双手的作用：增强记忆效果

谈话的同时使用各种手势来辅助说明不仅可以吸引对方的注意力，加强谈话的效果，而且还能够加深参与谈话的个人对此次谈话内容的记忆效果。

英国曼彻斯特大学的杰弗里·巴蒂和尼娜·麦克罗林就曾对此进行过一项实验研究。实验中，志愿者们会听到一些耳熟能详的卡通明星的故事，譬如说兔子罗杰，小鸟翠迪和它的死对头大猫西尔维斯特。虽然这些故事的内容相同，但是讲述的方法却略有不同，有的陈述者会在讲故事的同时配以简单生动的动作来表现故事场景。例如，用手的快速摆动来演示跑步的动作，用手拨弄头发来表示吹风机，以及用张开的手臂来模仿肥胖的歌剧歌手，而有的陈述者却没有任何动作。10分钟后，通过测试，实验人员发现，讲述者如果在讲故事的过程中配合有手部动作，其听众对于故事细节的掌握程度是那些光听故事的志愿者们所掌握的3倍。由此证实了手部动作能够显著增强我们对于某件事物的记忆力。

接下来，我将对15种日常生活与工作中最常见的手势或手部动作所代表的含义和使用方法展开分析和讨论。

“摩拳擦掌”

“摩拳擦掌”这一动作表示此人无比期待的心情。

前两天，一位朋友来到我家，与我们商量即将到来的假期滑雪计划。在谈话过程中，她一直将身体靠在椅背上，笑眯眯地望着我们夫妇俩，并且不断快速地摩擦手掌，兴奋地大声说：“你们知道吗，我真恨不得明天就去！”其实，她什么都不用说，我们就已经看穿了她的心思，因为她那“摩拳擦掌”的动作就已经将她迫不及待的心情以及她对假期的无限期待全都清楚地告诉了我们。

人们常常会用摩擦手掌的动作来表达对某一事物的期待之情。掷骰子之前，人们会将骰子置于掌心之内，反复摩擦，其目的就是希望能够掷出一个对自己有利的数字。晚会的主持人会一边摩挲着手中的话筒，一边说：“现在，让我们请出下一位演讲者，听听他的高见吧！”销售业绩斐然的销售员满心喜悦地踱进销售经理的办公室之后，原本紧握的双手突然松开了，并且开始不停地摩挲，然后兴奋地大声宣布：“我们刚刚收到了一个大订单！”不过，当一位服务生在即将打烊之前走到你的身边，摩挲着手掌，对你说“您还想要点什么吗，先生”的时候，你可不要以为他真如此迫切地想为你服务。事实上，此时他的问话其实是醉翁之意不在酒，他的真正目的是希望你能给他一笔数目可观的小费。

此外，人们摩擦手掌的速度还暗示了他们认为谁会成为此次会谈的受益者。比方说，你想买套房子，便来到了一家房产经纪公司。当你陈述完购房要求之后，房产经纪人一边快速地摩擦手掌，一边说："太好了，我手头就有一套你想要的房子！”房产经纪人希望通过这一动作让你知道你将会是这笔买卖中的受益者。试想一下，如果反过来，当他在说这句话的时候，他摩擦手掌的速度十分缓慢，你的感觉会怎样呢？你很可能会觉得他隐瞒了一些事情，有些闪烁其辞，或者，你甚至会觉得他希望此次交易的受益者是他自己，而不是你。

摩擦手掌的速度暗示出了做此动作者心目当中的受益者。

“我没让你失望吧”。

专业指导老师都会教给从事销售的工作人员一个简单的促销方法：在向准顾客描述产品或介绍服务的时候，最好能配合以摩擦手掌的动作，而且速度一定要快，以免引发准顾客的防备心理。如果顾客一边快速地摩擦双手手掌，一边说“让我看看你有什么”！那么，这就表示他希望能够看到一些令他满意的好商品，而他的购买意愿也很强烈。

最后，我想提醒诸位的是，理解每个动作的含义都不能离开它的使用背景。在一个寒冷的早晨，当你看见某人站在车站里不停地搓手时，你可不要想当然地认为他正在期待汽车的到来，因为此时的他之所以这样做，不过是因为他感到很冷。

摩擦手指

“我们肯定能挣钱的”

人们通常会用揉搓拇指和食指指尖的动作来暗指金钱，或是表达索取金钱的意愿。因为，这一动作与用手指指尖摩擦硬币的动作实在是太相似了。那些在大街上叫卖的人经常会一边叫嚷着“看一看啦，比商场便宜40%啦”，一边揉搓自己的拇指和食指的指尖。当某人向其朋友借钱时，他也常常会在说“能不能借我50英镑”的同时，一边向身边的朋友做出这一动作。

关于这一手势，我的建议是，一定不要对一位专业的销售员或管理者做这一动作，因为这会让他们联想到某些与金钱有关的负面遐想。

紧握双手

最初，由于人们在做这一动作的同时常常都是面带微笑，所以这一动作就被当作了信心的象征。然而，有一次，我们遇到了一位刚刚丢了生意的谈判者。就在他向我们描述刚才的经历的过程中，我们发现，随着描述事件的深入，他的双手渐渐握在了一起，而且越握越紧，以至于他的手指都开始泛白。他握得如此之紧，以至于看上去他的两只手就好像被焊在了一起一样，动弹不得。于是，我们这才知道，紧握双手的动作体现的其实是一种拘谨、焦虑的心理，或是一种消极、否定的态度。此外，这一动作也是伊丽莎白女王在出席皇室访问以及参加公众活动时最常用的手势之一。在做这一动作时，女王通常会将

举起的双手如果握在了一起，即使做此动作者面带微笑，也难以掩饰其心中的失落与挫败感。

紧握的双手优雅地放在膝盖之上。

谈判专家尼伦伯格与卡莱罗曾经针对这一动作开展过专项研究。其结果显示，如果有人在谈判中使用了该动作，则表示此人已经有了挫败感。这就意味着，在他的心中，焦虑与消极的观点开始蔓延。

通常来说，人们会在感到自己的话缺乏说服力，或是认为自己已经在此次谈判中落败的时候，做出紧握双手的动作。

紧握双手的动作大致有三种姿势：将双手举至脸部，然后握紧；将手肘支撑在桌子或膝盖上，然后握紧；站立时，双手在小腹前握紧。

在身体的下部握紧的双手

在身体的中间部位握紧的双手

我们发现，在这一动作中，双手位置的高低与此人心理挫败感的强烈程度有十分密切的关系。换言之，当一个人将两只手抬得很高而且双手紧握的时候，即双手位于身体的中间部位时，要想与他有进一步的沟通就会变得很困难。相比较而言，当他的双手位于身体下部的时候（见上图），想要与他交流就会显得更加容易。所以，一旦你发现对方将手放到了“雷区”之中，就需要像破解其他那些消极动作一样，立刻采取行动，用技巧解开原本缠绕在一起的手指。例如，你可以为他们提供饮品，或其他一些可以握在手里的物品。不然，紧握的双手就会和交叉的双臂一样，将你的所有观点和想法全都拒之门外。

尖塔形手势

从本书开篇至此，我一直都在强调对肢体动作的理解离不开背景环境，就好像单词只有在句子里才有具体的含义一样。所以，我们必须将每一个动作都还原到发现它的背景中去理解。不过，世事无绝对，尖塔形的手势就是该规则的一条例外。所谓尖塔形手势，也就是将一只手的指尖相对应地轻轻接触另一只手的指尖部位，形成一个尖塔形的手势，就好像是教堂里高耸的尖塔。你可以将通过指尖粘合在一起的两只手向内压或向外张，而叉开的手指加上手掌就像是一只大蜘蛛正在镜子上做俯卧撑。

他对自己的答案很有信心。

我们通过观察发现，尖塔形的手势经常出现在上下级之间的交谈中，而这一手势代表的是信心或是一种自信的态度。当上级指导下级，或是在给下级提建议时，通常都会在说话时使用这一手势。从事会计、律师以及管理者工作的人更是对这一手势情有独钟。自信的高层管理人员经常会使用这一手势，以此体现他们的身份和自信。

惯于使用该手势的人有时候还会将它演变为一种祈祷式的手势，试图让自己看起来就像万能的上帝。总体说来，如果你想说服对方，或是赢得他人对你的信心，你就应当尽量避免使用尖塔形的手势，因为这一手势有时候会给人造成一种自鸣得意、狂妄自大的感觉。

有时候，希拉克和格里·亚当斯看起来就像是万能的上帝。

不过，如果你想使自己看起来显得胸有成竹，自信十足，那么尖塔形的手势应该能够帮助你。

利用尖塔形手势获胜

设想这样一个场景：你正在下国际象棋，现在，轮到你走棋了。你的手在棋盘上移动，最后，你将手指放在其中的一枚棋子上，你要走的棋就是它。这时，你发现对手略有些轻松地向后靠在了椅背上，同时做出了尖塔形的手势。虽然对方什么都没说，但是注意到了这一点的你顿时就明白了，你的这步棋让对方认为胜利已经尽在掌握中。所以，你当下最明智的策略就是换一步棋。于是，你将手从这枚棋子上移开，挪到了另一枚棋子上，而这时，你的对手也立刻换了姿势，做出了紧握双手，或是双臂交叉抱于胸前的动作。这就表示他自知无法从你的这步棋当中获益。那么，你还等什么呢？就是它了！

总体说来，尖塔形手势分为两种：举起的尖塔，人们通常会在发表自己的观点意见或说话时使用该手势；放下的尖塔，使用该手势者正在聆听他人的观点和谈话。

比较而言，女性更加偏爱使用放下的尖塔手势。举起的尖塔手势如果配以头部微微后仰的动作通常会给人留下傲慢自大的印象。

虽然尖塔形的手势是一种正面的肢体信号，但是它也同样可以用于消极或否定的场景之中，而且通常会被人们误解。譬如说，你正在向某些人陈述自己的观点，而且对方中的许多人也通过一些动作和手势肯定了你的陈述，例如手掌摊开、身体前倾、点头等等。然而，就在你的陈述即将结束的时候，有些人却开始摆出了尖塔形的手势。在这样的情况下，你就应当谨慎处理了。如果当你向某人提供问题的解决方案时，对方是在做出其他一些肯定性的手势或动作之后，摆出了尖塔形的手势，那么，你大可以放心地继续你的陈述，并且提出“订单要

放下的尖塔

求”。换一种情况而言，如果对方接连做了一些否定性的手势或动作，譬如交叉双臂，跷起二郎腿，东张西望或是用手托住了腮帮，然后才摆出了尖塔形的手势。那么，这就表示他接下来很可能会对你说“不”，从而结束你的谈话。

在以上两种情况当中，尖塔形手势的含义都相同，都代表信心，然而，对象却有所不同，所以才会导致两个截然不同的结果。所以，在这种情况下，尖塔形手势之前的动作和细节才是决定最终结果的关键。

小　结

我们的手总是置于身前，而他们的一举一动都会暴露我们内心的情绪和想法。也许，有那么一部分肢体语言掌握起来的确是有点困难，但是双手的肢体语言则不然。只要勤于练习，我们每个人都完全有可能成为手部肢体语言大师，熟练地控制双手的位置和他们的动作，充分利用每一个动作和手势。学会解读双手的肢体语言不仅会让你显得更加自信，而且还能够增强你自身的成就感，赢取更多的胜利。

托盘式的姿势

这一动作本身并无任何负面色彩，在向心仪的对象表达爱意时，还能发挥积极的正面效应。假如对面的男子颇让自己心动时，女性常常会不由自主地将一只手搭在另一只手上，然后用双手撑住下巴，微微抬头，将脸迎向对方。那情形就好像是把自己的脸当成了摆在底座上的精美工艺品，端到了对方的面前，希望他能细细品味。

托盘式的姿势：为了表示倾慕之意，她将自己的脸迎了上去。

如果你想讨好、恭维对方，这样的姿势一定不会让你失望。

将手背在身后

在面对媒体或公众时，爱丁堡公爵以及某些男性皇室成员都会习惯性地摆出同一个姿势：抬头挺胸，下巴微微扬起，双手紧握着背在身后。各位领导人以及皇室成员似乎都对这一姿势青睐有加。除此之外，巡逻的警察，在全校操场上巡视的校长，检阅下级部队的高级军官，以及任何居于高位、具有一定权威的人在工作或面对下属时通常都会习惯性地摆出这一姿势。

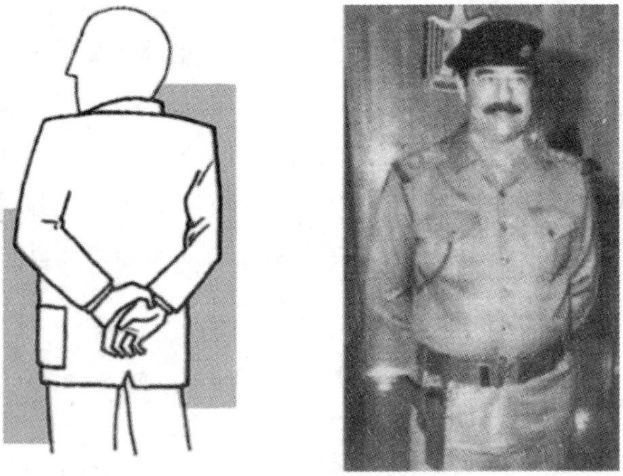

无论是从前面，还是从后面看，这种姿势都能为人营造一种权威、自信的感觉。

这一姿势总是与权威、信心和力量相伴相随。摆出这种姿势的人通常会下意识地将脆弱、易受攻击的胃部、心脏、髋部以及咽喉暴露在外面，从而显示出自己无所畏惧的胆量和勇气。经验告诉我，在充满压力的环境中使用这一姿势，譬如说接受报纸记者采访时，或在牙医诊室里候诊时，能够让你显得更加有信心，更具权威性。

我们曾经与执法机关的工作人员共事过一段时间。合作期间，我们发现，使用这一姿势的多为没有佩带武器的执法人员，而且他们大都会挺直腰板，让自己看起来显得更加高大。有时候他们还会以脚跟为轴心，有节奏地前后慢慢摇摆。而配枪的警察们则很少采用这一姿势，他们更喜欢将

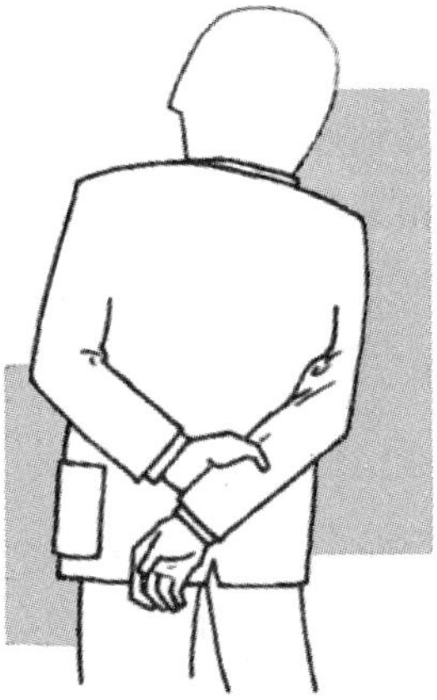

背在身后的双手，一只手抓住了另一只手的手腕。

双臂自然地垂直于身体的两侧，或是用大拇指扣住手枪的佩带。随身佩带的枪支已经充分地体现了警察身份的权威性，所以他们根本不需要借助将手背在身后的姿势来体现自身的权利。

不过，如果背在身后的双手不是握在一起，而是一手抓住另一只手的手腕，那表达的意思就与双手握在身后的姿势大不一样了。

握住手腕的动作表明此人内心充满了挫败感，希望能够借此动作来找自控权。想想看，双手背在身后，一只手紧紧抓住另一只手的手腕或手臂，不就是想借助弯曲的手臂来阻止或防御外界的进攻吗？

握住另一只手的那只手抓握的位置越高，此人心中的挫败感或愤怒情绪就越强烈。下图中的那个人心中对自控的渴望想必要比上图中的人物更加强烈，因为他握手的位置已经从手腕移到了上臂。这一姿势体现出了其表情的根源：“管好你自己吧！”

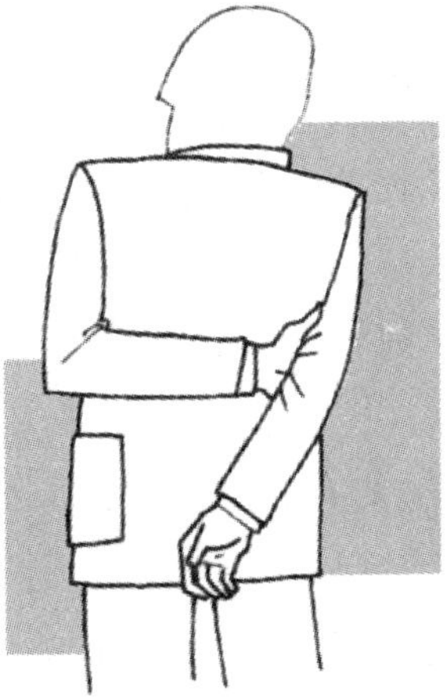

握上臂式的背手法

只要稍加留意，你在许多人身上都能发现上述两种抓握式的背手方式，譬如说，在法庭外相见的原被告双方，进入客户接待室里的销售员以及候诊室里等待医生的病人。他们希望通过这一动作来来掩饰内心的紧张情绪，增强自身的自制力。如果你发现自己也做出了这样的动作，那么，你不妨调整一下背后双手的位置，换成手握手的形式。我敢保证，这一点小小的改变就能让你感觉更加自信。

双手插入马甲口袋，只留拇指在外面。

拇指有关的手势

正如我在前面提到过的，大拇指象征着权威和优势。在手相术里，拇指代表的是力量和自我，而与拇指有关的肢体语言也通常带有自恃甚高的意味在里面。我们习惯用拇指来体现自身的强势地位，以及胸有成竹的自信心理或是带有侵略色彩的勃勃野心。不过，在众多肢体语言当中，拇指的动作属于二级语言，通常需要配合其他动作或手势来使用和理解。拇指的动作往往都是褒义的，或是带有正面效应的。那些自认为很“酷”的人经常会在带有自身特点的标志性动作中使用它，借此体现自己的与众不同。男人们喜欢对自己感兴趣的异性伸出大拇指。此外，衣着光鲜或身份高贵的人也会经常亮出自己的拇指，而像流浪者那样身份卑微的人则很少会这样做。喜欢玩弄拇指手势的人也喜欢以脚跟为轴心，前后摇摆，从而吸引他人的注意力，体现他们身份的高贵和与众不同。

查尔斯王子将手插入口袋，只留拇指在外面。

留在上衣口袋外的拇指

这种动作很常见。凡是感觉自己高人一等，或是处于优势地位的人，无论男女，都会在不经意间做出这样的动作。查尔斯王子就很喜欢这样做，以此展现出自己卓越的自控能力。在办公室里，老板们会在巡视员工工作时使用这一动作，而当老板不在的时候，下一级的负责人在巡视时也会像老板一样将手插在口袋里只留拇指在外面。可是，下级们大都不敢在老板面前摆出这样的姿势。当人们的语言信息与肢体语言相悖时，拇指的动作就会变得格外明显。

就拿律师来说吧，当他一边转向陪审团，用一种轻柔、低沉的声音说道："各位陪审员，以在下的拙见来看……"一边露出了自己的拇指，同时用一种"向下"的眼光打量着眼前的陪审团。律师的这一做法很可能会给陪审团留下一种口不对心，或华而不实的印象。如果律师想以谦逊温和的态度打动陪审团，他应该敞开衣襟，慢慢地走向陪审团，摊开自己的掌心，身体微微前屈，从而凸显出陪审团的高大形象。

一名假装谦虚的律师

你似乎是个聪明、诚实的人。"律师颇有些得意地说道。

"承蒙夸奖，先生。"证人回答说，"不过，既然我已经发过誓，就一定会实话实说。"

有时候，人们会将手插在身后的口袋里，只把大拇指留在外面（见右图），就好像他们想把自己的优势和权利隐藏起来一样。20世纪60年代以前，几乎很少有女性会使用含有拇指动作在内的手势，直到后来女性们开始着裤装，并且在社会中获得越来越多的权利，这些动作才开始在女性中流行起来。

露出拇指体现出了此人自信和高人一等的优势心理。

另一种常见的展露拇指的动作就是将双臂交叉抱于胸前，双手置于腋下，但却将拇指露在了外面。该动作包含了双层含义，既说明做此动作的人存在防备或否定的心理（交叉重叠的双臂），又通过外露的拇指体现出了此人的优越心理。以这种方式抱臂的人在说话的时候通常会不断活动拇指；而假如他们处于站立的姿势时，他们往往也会以脚跟为轴心，前后摆动身体。

虽然他采取了防御性的姿态来面对你，但其内心的优越感却依然存在。

“她总是冲着我唠叨。”

除此之外，我们同样也可以用拇指来表示嘲讽、奚落等不敬之意，而用法也很简单，就是用拇指指向某人。例如，一位向朋友诉苦的丈夫就很可能会用拇指指着自己的妻子，然后说“她总是那么唠叨，啰啰唆唆”之类的话，而结果往往是引来与妻子的一番争吵。在这种情况下，丈夫晃动的拇指表示的就是一种奚落妻子的意思。因此，这种用拇指来标指对方的手势通常会勾起女性的怒火，尤其当做这一手势的人为男性时。尽管女性有时候也会用这样的手势来标指自己不喜欢的人，但是，总体而言，其使用频率还是很低的。

总　结

千百年来，大拇指一直都被当成是权威和力量的象征。

在罗马时代，人们通常用竖起或扳下大拇指的动作来分别表示角斗士的生或死。即使没有受过任何专业的训练，人们也完全可以凭借直觉或本能来破解并理解大拇指动作的含义。不过，在读过本书之后，你应当明白，现在的你不仅要能够准确地破解大拇指的动作密码，而且还应该主动地训练自己正确地使用这些密码，让它们更好地为自己服务。

第7章

手触摸脸部的信号

谎言调查 /131

三只聪明的猴子 /131

脸是如何泄露真相的 /133

女人确实是天生的“撒谎家” /133

为什么撒谎如此困难 /134

撒谎时最常见的8种手势 /135

思考和迟疑的手势 /140

厌倦 /140

思考的手势 /141

说谎的应聘者 /142

抚摸下巴 /143

迟疑的手势 /144

抓挠后颈和拍击头部的手势 /145

为什么鲍勃总是败北 /147

双重意义 /147

如果你对身边的每一个人都坦率直言，那将会导致什么后果呢？或者你总是想到什么就说什么，那么接下来会发生什么事情呢？我们不妨举例试想一下。

面对陪审团的比尔·克林顿，你觉得他在想什么呢？

你跟老板打招呼：“早上好。老板，你这个一无是处的傻瓜。”

一位女士对男邻居说：“多谢您帮我提东西。可您的头发是被哪个糟糕的理发师给毁了呢？”

你对婆婆说：“真高兴再次见到您，爱多管闲事又冷言冷语的老太婆。”

当一位女士问你：“这条裙子让我看起来显得很胖吗？”你会怎样回答呢？

如果你是一位识时务的男士，你肯定会恭维她非常好看。但是你可能会在心里暗想：“看起来胖不胖可不关这条裙子的事，要怪只能怪你吃的蛋糕和冰激凌太多了。”

如果你总是对每一个人都直言不讳，那么你必定会成为一个孤独的人，甚至有可能被送进精神病院或者监狱了此残生。有的谎言是一种润滑剂，它能够让人们之间保持友好的社交关系。我们称这种谎言为“善意的谎言”（White Lies），因为它的目的是抚慰别人，不让残酷的事实冰冷了人们的心。

调查显示，善于“说谎”的人比直言不讳的人更受欢迎，哪怕人们心里明白那些人说的只是谎话。跟“善意的谎言”不同的是，“恶意的谎言”（Malicious Lies）则是指那种为了谋取一己私利而蓄意欺骗他人的谎言。

谎言调查

在人们撒谎的时候，最不可靠的信息往往来自于人们最容易自我控制的部分，例如语言，因为它是可以被反复操练的。而最值得信赖的线索则是人们下意识的手势，因为这一部分是很难刻意控制的。说谎时所做出的下意识反应，往往就是因为说谎者情绪上的波动而引发的。

马萨诸塞州州立大学阿姆赫斯特校区的学者罗伯特·费尔德曼曾经对121对夫妇展开调查研究，安排这些夫妇与第三人进行交谈。他要求三分之一的调查对象表现出活泼可爱的样子，另三分之一的调查对象展现精明干练的面貌，其余的调查对象则只表现真实的自我。随后，所有的调查对象都被要求观看交谈场面的录像，并指出自己在交谈中所说的谎话，不管是多么微不足道的谎话都必须指出来。有些谎话只是善意的谎言。比如在谈及某个自己讨厌的人时，声称很喜欢这个人；有些谎话就更加过头一点，例如谎称自己是某个摇滚乐团的明星。

总体而言，费尔德曼发现62%的调查对象平均每10分钟会说两到三个谎话。而《美国说实话的这一天》（The Day America Told The Truth）的作者詹姆斯·帕特森通过对两千多位美国人的采访，发现91%的采访对象不管是在家还是在单位都经常撒谎。

> 说真话永远是最佳的选择，除非你是一个完美无缺的撒谎者。
>
> ——J.K.杰罗姆

那么，怎样才能识破别人的谎言呢？是依据对方吞吞吐吐的态度还是若有所思的神情呢？认识撒谎时的常见手势，了解表现迟疑、厌倦和思考的姿势，是最有用的一些观察技巧。在本章中您将学到的身体语言，能够让您窥探到别人的内心世界。首先还是让我们从谎言说起。

三只聪明的猴子

下图中这三只猴子象征着那些非礼勿听、非礼勿视、非礼勿言的人。

这种简单的以手触摸脸部的动作就是人们在撒谎时最基本的反应。简而言之，当我们看到、听到别人撒谎或者自己说谎时，我们总会不经意地用手遮住自己的嘴、眼睛或者耳朵。

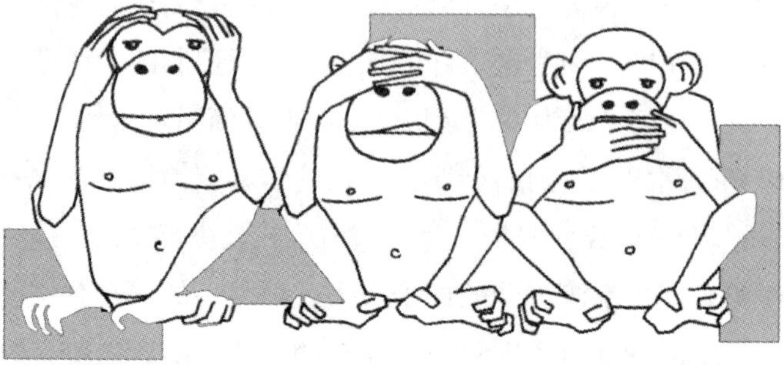

非礼勿听、非礼勿视、非礼勿言

当人们听到噩耗或目睹惨剧时，常常会用手捂住自己的整张脸。这是表示他们不想再听到或者看到那些可怕的事情。这种姿势也是世界各地的人们在听说“911”恐怖袭击事件后不约而同作出的反应。

正如我们之前所探讨过的那样，儿童在说谎时往往会十分明显地用手触碰自己的脸。比如，当一个孩子撒谎的时候，他会用一只手甚至两只手捂着自己的嘴，试图让那些谎话不再从嘴里冒出来。如果他不想听到父母的训斥，他会用手堵住自己的耳朵，阻止那些责骂声钻进耳朵里。如果他看到了某些可怕的东西，他就会用手或者手臂遮住自己的眼睛。而当他逐渐长大以后，这些手势就会变得更敏捷而且越来越不易察觉。但是在掩饰自己的谎言或者做伪证的时候，他仍然难免做出这些下意识的手势。

这些手势也跟怀疑或者夸张的态度有着密切的关系。德斯蒙德·莫里斯曾经在护士当中展开调研，他给护士们安排角色扮演场景，让护士对病人谎报病情。结果显示，与实情相告的护士相比，说谎的护士更常做出用手接触脸部的动作。男人和女人在说谎的时候都会刺激唾液的分泌量，但是这一点往往只在男人身上有所表现，因为他们的喉结会使吞咽口水的动作更加明显。

正如本书开篇所述，我们将会单个地分析各种各样的手势，并且分别探讨它们隐含的意义。然而在现实生活中，人们所做出的手势却并非总是单一的。每一个手势都是庞大的身体语言体系的一部分，就像在整个句子中一个个独立的单词一样，我们不仅要认识到单词与单词之间的相互关系，还要通过上下文把握整个句子的意义。当一个人用手碰触自己的脸时，并不一定就表示他在撒谎。这种手势只是说明他可能有意隐瞒某些信息，而通过进一步观察他的其他手势，你就可以确定或者打消自己的猜测。所以，避免孤立地解读单个手势是非常重要的。

虽然我们不能依据任何单个的手势或者面部表情判断别人是否在撒谎，但只要系统地掌握一些彼此相关的手势，就会大大提升识破谎言的几率。

脸是如何泄露真相的

在试图掩饰谎言时，人们的脸无疑有着最为重要的作用。我们通过微笑、点头和眨眼睛来打掩护，但是不幸的是，我们的身体语言却无法和面部表情维持同一步调，总是在不经意间泄露了真相。我们的脸部不断地泄露出真实的态度和情绪，然而在大多数时候我们却并不自知。

> 脸上一闪而过的迟疑诉说着内心情感的挣扎。

每当我们试图掩盖一个谎言或者某个突袭而来的念头时，我们的脸上就会出现瞬间的迟疑。看到别人用手快速地摸了一下鼻子，我们常常认为那是因为他的鼻子发痒。当人们在聊天时用手托着自己的腮帮子，我们以为那是对谈话无比入迷，丝毫不怀疑人家心里已经厌烦之极。又比如，一个男人向别人夸耀自己和丈母娘的关系如何融洽，可每次他一提到丈母娘的名字，他的左脸肌肉就会在瞬间提升，闪过一丝不易察觉的讥笑。这个动作立刻让我们捕捉到他内心的真实感受。

女人确实是天生的“撒谎家”

在《为什么男人爱撒谎，女人爱哭？》（猎户星出版公司）这本书中，我们见识了女人是如何比男人更擅长察言观色，并且通过适当的谎话来操控他人。这种特性甚至能在小女孩身上体现出来。例如，小女孩的眼泪可以说来就来，而且她还能通过放声大哭引发其他的小孩子也跟着她一起哭。

《读心术》（Mindreading）的作者珊吉达·欧康纳(Sanjida O.Connell)博士曾经就人们如何撒谎进行过为期五个月的研究，最后总结出女人撒谎的水平远远高于男人。她发现女人能够编造更为复杂的谎言，而男人却只会说一些简单的谎话，比如“我错过了班车”，或者“我的手机没电了，所以没能给你打电话”之类。她还发现有魅力的人比外表平庸的人更容易获得他人的信赖。这一点可以解释为什么那些领导者，如约翰·F·肯尼迪和比尔·克林顿能够逃脱应受的惩罚。

为什么撒谎如此困难

我们在第三章曾经说过，大部分人都认为当一个人撒谎的时候，他会比平时笑容更多。可调查得出的结论却恰恰相反，人们撒谎的时候笑容更少。

撒谎的困难就在于，我们的潜意识是自觉而独立的，无法和嘴上所说的保持一致，于是身体语言便会泄密。所以那些很少说谎的人，不管他们的谎话如何令人信服，都很容易被人戳穿。从他们说谎的那一刻开始，他们的身体语言就一直显示出与谎言不相符的信息，这些信息让人感觉到他们没有讲真话。

在整个撒谎的过程中，人们的潜意识会一直散发出紧张的能量，从而引发与口头语言相矛盾的手势。职业说谎者，比如政治家、律师、演员和电视主播，他们会训练自己优雅的体态，让谎言无迹可寻。于是人们纷纷被他们的魅力所迷醉，一齐沉入谎言的陷阱。

这些职业说谎者一般通过两种方式达到这样的效果。首先，他们可以反复练习与谎言能够达成一致的姿态和手势，但这种方式需要长期积累撒谎经验才能奏效。其次，他们可以减少自己的手势，让自己在撒谎的时候不流露出任何正面或者负面的姿态，但这一点同样不容易做到。

反复练习造就令人信服的说谎者，正如演员锤炼演技一样。

不妨做个简单的实验：面对面地告诉别人一个精心编造的谎话，同时有意识地抑制所有的肢体动作。你会发现，即使你控制住了比较明显的肢体动作，但是无数细微的动作仍然会下意识地冒出来。比如面部肌肉的抽动，瞳孔的扩张和收缩，出汗，脸红，眨眼的频率从每分钟10次增加到每分钟50次等，所有这些细微的身体反应都显示出你在撒谎。通过慢速摄影机，我们会发现这些微妙的身体信号只会在瞬间释放，只有那些职业的采访者、销售专家或者观察力特别敏锐的人才能够捕捉到。

很明显，如果你想让谎言不被人识破，那就得设法隐藏自己的身体。我们看到犯人在接受审讯时，要么是坐在户外的椅子上，要么是处在灯光底下，他的整个身体都在审讯员的视线范围内，在这种情况下他的谎言比较容易被戳穿。只要身体有一部分被挡住，比如坐在一张桌子后面，或者面前有一道栅栏甚至是一扇门，那么撒谎就会容易得多。因此，最合适的撒谎渠道莫过于电话和电子邮件了。

撒谎时最常见的8种手势

1. 用手遮住嘴巴

下意识地用手遮住嘴巴，表示撒谎者试图抑制自己说出那些谎话。有时候人们是用几根手指或者紧握的拳头遮着嘴，但意思都是一样的。

用手遮住嘴巴的手势

有的人会假装咳嗽来掩饰自己遮住嘴巴的手势。比如我们在电视上常常看到的扮演强盗或者罪犯的演员，他们在和其他歹徒讨论犯罪计划，或者遭受警察审讯时，就常常做出这样的动作。

下意识地用手遮住嘴巴，表示撒谎者试图抑制自己说出那些谎话。于是观众们会觉得这些人鬼鬼祟祟的或者在对警察撒谎。

如果一个人在说话的时候遮住自己的嘴，那么他很可能是在撒谎。如果在你说话的时候，其他人遮着自己的嘴，那就表示他们认为你可能隐瞒了某些事情。对于会议的发言人来说，如果在发言的时候看到有听众捂着嘴，那一定是最令他不安的手势之一。遇到这种情况，他应该停止发言并且询问听众："大家有什么问题吗？"或者"我发现有的朋友不太赞同我的观点，让我们一起探讨一下吧。"这样就可以让听众们提出自己的异议，发言者也有机会来解释自己的立场并且回答听众的问题。值得注意的是，听众们双臂在胸前交叉的动作，与遮住嘴巴的手势有着相同的含义。

如果在孩提时代，你的父母或者保姆曾经对你做过这个手势，那么现在作为成年人的你，是时候好好温习一下它了。

用手遮住嘴巴就如同把食指竖立在嘴唇前说"嘘"的手势一样，都是一种表示非礼勿言、不得罪人的手势。"嘘"的手势是父母常常对孩子做出的举动。当孩子成为成年人以后，这个手势是提醒他们不要随意表达内心的想法。重要的是，你得明白这个手势意味着别人对你有所隐瞒。

2. 触摸鼻子

触摸鼻子的手势一般是用手在鼻子的下沿很快地摩擦几下，有时甚至只是略微轻触，几乎令人难以察觉。女人在做这个手势时比男人的动作幅度更小，或许是为了避免弄花脸上的妆容。

我们必须牢记一点，触摸鼻子的手势需要结合其他的身体语言来进行解读，有时候人们做出这个动作只是因为花粉过敏或者感冒。

触摸鼻子的手势

美国芝加哥的嗅觉与味觉治疗与研究基金会的科学家们发现，当人们撒谎的时候，一种名为儿茶酚胺的化学物质就会被释放出来，从而引起鼻腔内部的细胞肿胀。科学家们还通过可以显示身体内部血液流量的特殊成像仪器，揭示出血压也会因为撒谎而上升。这项技术显示人们的鼻子在撒谎过程中会因为血液流量上升而增大，科学家们将这种现象命名为“皮诺基奥效应”。血压增强导致鼻子膨胀，从而引发鼻腔的神经末梢传送出刺痒的感觉，于是人们只能频繁地用手摩擦鼻子以舒缓发痒的症状。

尽管你无法用肉眼看到鼻腔血管膨胀的样子，但这的确是引发触摸鼻子这一手势的原因。同样，当一个人处在不安、焦虑或者愤怒的情绪之中时，他的鼻腔血管也会膨胀。

3. 怎样才是正常的鼻子发痒

如果一个人的鼻子在正常情况下发痒，那么他必须比较用力地摩擦鼻子，甚至是通过挖鼻孔才能消除刺痒的感觉，而不像触摸鼻子的手势只是轻轻一摸那么简单。和遮住嘴巴的手势一样，说话者触摸鼻子意味着他在掩饰自己的谎话，聆听者做出这个手势则说明他对说话者的话语表示怀疑。单纯的鼻子发痒往往只会引发人们反复摩擦鼻子这个单一的手势，而且和人们整个对话的内容、频率和节奏没有任何联系。

4. 摩擦眼睛

这个动作表示：我不想看它。

在那三只聪明的猴子中，有一只猴子告诫人们“非礼勿视”。当一个小孩不想看见某样东西时，他会用手遮住自己的眼睛。当一个成年人看到某件令人倒胃口的事情时，他很可能做出摩擦眼睛的手势。大脑通过摩擦眼睛的手势企图阻止眼睛目睹欺骗、怀疑和令人不愉快的事情，或者是避免面对那个正在遭受欺骗的人。男人在做这个手势时往往会使劲揉搓眼睛；如果他试图掩盖一个弥天大谎，则很可能把脸转向别处。相比而言，女人更少做出摩擦眼睛的手势，她们一般只是在眼睛下方温柔地轻轻一碰。这一方面是因为淑女风范限制她们做出粗鲁的手势，另一方面也是为了避免弄花妆容。不过，和男人一样，女人们撒谎时也会把脸转向一边，以躲开听话人注视的目光。

“睁眼说瞎话”（Lying through your teeth）是常见的一个俗语。这个俗语体现了一系列的身体语言，包括紧绷的牙齿、虚伪的笑容和摩擦眼睛的动作。电影演员们常常用摩擦眼睛的手势表现人物的伪善。在所谓的礼仪之邦，例如英国，当人们不想对你吐露真心时，往往也会用这个手势加以掩饰。

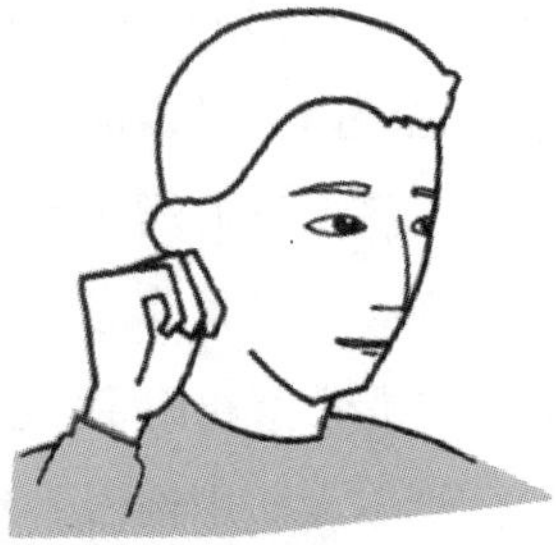

这个动作表示：我不听看它。

5. 抓挠耳朵

让我们试想一个场景。你对某人说：“这个东西只要四千多块钱。”对方则抓挠着自己的耳朵，把头转向一侧，说道：“可这对我来说似乎是很大一笔钱。”在这里，抓挠耳朵的手势就表示出听话人“非礼勿听”的企图，即通过用手盖住耳朵或者拉扯耳垂来阻止自己听到那些不愿入耳的话语。我们在前面提到过，小孩为了逃避父母的责骂会用两只手堵住自己的耳朵，抓挠耳朵的手势则是这一肢体语言的成人版本。抓挠耳朵的手势也有多种变化，包括摩擦耳廓背后，把指尖伸进耳道里面掏耳朵，拉扯耳垂，把整个耳廓折向前方盖住耳洞，等等。

当人们觉得自己已经听得够多了，或者想要开口说话时，也可能会做出抓挠耳朵的动作。

和触摸鼻子的手势一样，抓挠耳朵也意味着当事人正处在焦虑的状态中。查尔斯王子在步入宾客满堂的房间，或者经过熙攘的人群时，常常做出抓挠耳朵和摩擦鼻子的手势。这些动作显示出他内心紧张不安的情绪。

抓挠脖子是不确定的表现。

6. 抓挠脖子

抓挠脖子的手势是：用食指（通常是用来写字的那只手的食指）抓挠脖子侧面位于耳垂下方的那块区域。我们根据观察得出的结论是，人们每次做这个手势，食指通常会抓挠五次。食指运动的次数很少会少于五次或者多于五次。这个手势是疑惑和不确定的表现，等同于当事人在说："我不太确定是否认同你的意见。"当口头语言和这个手势不一致时，矛盾会格外明显。比如，某个人说"我非常理解你的感受"，但同时他却在抓挠脖子，那么我们可以断定，实际上他并没有理解。

7. 拉拽衣领

"领口底下觉得好热啊。"

撒谎会使敏感的面部与颈部神经组织产生刺痒的感觉，于是人们不得不通过摩擦或者抓挠的动作消除这种不适。德斯蒙德·莫里斯是最先发现这种现象的科学家之一。这种现象不仅能解释为什么人们在疑惑的时候会抓挠脖子，它还能解释为什么撒谎者在担心谎言被识破时，就会频频拉拽衣领。这是因为撒谎者一旦感觉到听话人的怀疑，增强的血压就会使脖子不断冒汗。

当一个人感到愤怒或者遭遇挫败的时候，也会用力将衣领拽离自己的脖子，好让凉爽的空气传进衣服里，冷却心头的火气。当你看到有人做这个动作时，你不妨对他说："麻烦你再说一遍，好吗？"或者"请你有话就直说吧，行吗？"这样的话会让这个企图撒谎的人露出马脚。

8. 手指放在嘴唇之间

将手指放在嘴唇之间的手势，与婴孩时代吸吮母亲的乳头有着密切的关系，是潜意识里对母亲怀抱里的安全感的渴望。人们常常在感受到压力的情况下做出这个

渴望安全感的表现

手势。幼儿会将自己的拇指或者毯子含在嘴里，作为母亲乳头的替代品，而成年人则表现为把手指放在嘴唇之间，或者吸烟、叼着烟斗、衔着钢笔、咬眼镜架、嚼口香糖等。

大部分用手接触嘴唇的动作都与撒谎和欺骗有关，但是将手指放在嘴唇之间的手势却只是内心需要安全感的一种外在表现。所以，遇到做出这个手势的人，不妨给予他承诺和保证，这将是非常积极的回应。

思考和迟疑的手势

我们认为，一个优秀的演说家天生就富有敏锐的观察力，能够知道听众们何时兴致高涨，何时兴趣索然。一个能干的销售人员可以准确地判断他是否击中了客户的“热钮”（“热钮”是近年来行销学里非常流行的一个词，简而言之就是“热点”，指在销售过程中能够强烈激发客户购买欲望的焦点。）并且迅速找到购买人的兴趣所在。空洞的感觉则是每一个节目主持人都竭力避免的，因为那会让嘉宾们对自己的节目主持反应冷淡，难以挤出只言片语，只是漠然地观看。幸运的是，有大量的用手接触脸颊和下巴的身体语言，可以被当作测量他人情绪冷热的温度计。通过学习这些身体语言，人们在发言过程中就能够判断自己的表现是否到位。

厌倦

当听众做出用手支撑着头的动作时，表示他们心中已经产生了厌倦情绪，用手作为支撑，就是为了不让脑袋低下去，以免自己在不知不觉中睡着。听众们的厌倦程度与手臂支撑头部的尺度相关。一般来说，最开始人们只会用一个大拇指撑着下巴，然后随着厌倦程度的提升，逐渐变成用整个拳头支撑下巴。当兴趣极度缺乏的时候，人们会用手掌完全地把脑袋托住（如左图所示）。最为厌倦的身体信号则是用两只手一起撑着头，同时鼾声大作。

用手支撑着脑袋，以免睡着。

很多职业演说家误以为听众用手指敲击桌面和用脚频繁地轻叩地板，是厌倦情绪的反应，实际上，这些动作是急躁的表现。当你在一大群听众面前发言时，如果看到这些身体语言传递的信息，就必须有策略地采取某些措施，让那些敲着桌面和踢着地板的听众将注意力集中到你的演讲中来，避免让这些听众的负面反应传染给其他的听众。一旦有听众同时做出表示厌倦和急躁的手势，那就是在告诉演讲人，是该结束演讲的时候了。

一位听众对演讲者提问："你睡觉的时候说话吗？"

"不。"演讲者回答。

"那么，就请不要在我睡觉的时候说话。"听众说道。

手指和脚底敲击的速度取决于听众的急躁程度，敲击速度越快，表示听众的心里越不耐烦。

思考的手势

思考的手势是将握住的手放在下巴或者脸颊处，通常还会将食指竖立起来。当人们开始对说话人的话题失去兴趣，然而出于礼貌又想装作感兴趣的样子时，这个手势就会悄悄发生变化。随着厌倦袭来，原本轻挨着脸部的手腕渐渐成为了头部的支撑。

表现出兴趣的思考手势：头部保持着直立的姿势，手轻轻地靠在脸颊上。

在公司的董事长发表冗长无趣的报告时，很多中层管理人员常常用这个手势伪装出一副颇有兴趣的样子。但是对他们来说，不幸的是只要他们将手作为头部的支撑，不管是采取何种姿势，这样的动作都会泄露他们的真心。于是董事长很可能会认为这些经理们个性虚伪，或者是拍马屁只知道往马脚上拍。如果人们只是把手轻轻地靠在脸颊上，而不是作为头部的支撑，就是真正感兴趣的表现。倘若这时将食指竖起来，挨着脸颊，同时把大拇指抵在下巴底下，就表示听者

这个动作表示：内心怀有不同的意见。

的内心产生了与说话人不同甚至相反的意见。有时候随着异议的持续，听者可能还会用食指摩擦眼睛。

这种姿势常常被误认为是听得入迷的反应，但用以支撑头部的大拇指会显示出听者批评的态度。其实，身体语言也会对人们的情绪造成影响，如果人们维持这个姿势的时间越长，那么他心中批评的态度就会持续得越久。因此，说话人在看到这样的信号以后，必须马上有所动作，或是将听众带入正在进行的话题之中，或是中止自己的发言。我们推荐一个简单的举动：随便拿一样东西，递给那位有异议的听众，巧妙地让他改变自己的姿势，这样会促使他的态度随之发生转变。

他已经听腻了，或者完全不感兴趣。

罗丹的雕塑《思想者》展示了思想者陷入沉思的姿态；然而身体的姿势和支撑着头部的手，却刻画出思想者沮丧的一面。

说谎的应聘者

有一个来自海外的男人应聘我们公司的职位，我们为此安排了一次面试。在面试进行的过程中，这个人的双臂和双腿始终保持互相交叉的姿势，显示出一种审慎思考的态度，而且他很少用手掌做出任何手势，眼神也总是游离不定。很明显在他心里怀有某种隐忧，但是在面试刚刚开始的阶段，我们还没有掌握足够的信息来判断这些消极的肢体语言所隐含的意义。然后，我们向他提了一些问题，试图了解他以前在家乡工作时的雇主，但他在回答问题的同时做出大量摩擦眼睛和触摸鼻子的手势，而且依然是一副左顾右盼的神情。最终我们没有录用他，因为他的肢体语言与他口头所表达的信息自相矛盾。事后，我们出于好奇心，与这个应聘者在海外的推荐人取得了联系。事实证明，这位应聘者在面试时的确捏造了虚假的工作经历。他或许认为，国外的雇主应该不会大费周折地拨打越洋电话，向自己的推荐人求证所有信息。而我们如果忽视了肢体语言传递的信号，很可能就会错误地录取了他。

抚摸下巴

以后如果有机会在众人面前发言的话，你不妨在阐述观点的同时仔细观察下面的听众，你会发现大部分听众在聆听的过程中，都会将一只手放在脸颊旁边，这意味着他们正处在思考当中。随着你的演讲接近尾声，请求听众们就你的观点提出意见和建议时，听众们往往会停止思考的手势，转而用手抚摸下巴。这一身体语言是表示他们正在考虑如何作出决定。

正在考虑如何作决定

抚摸下巴手势的女性版本

当听众们抚摸着下巴考虑该如何作决定时，他们接下来的手势就变得格外重要，因为那往往预示着他们会给出肯定还是否定的回答。这个时候你最应采取的策略就是冷静地观察，努力捕捉他们的肢体语言所传达的信息。比如，听众在抚摸下巴之后，双臂和双腿彼此交叉，或者后背紧紧地贴着椅背，那么他很可能要提出反对的意见。于是，借助准确的预判，你可以抓住机会抢先发话，重申自己的观点中最有说服力的部分。要是等到别人已经提出反对意见再进行申辩的话，那大家就更难达成一致了。

如果听众在做出抚摸下巴的手势后，双臂舒展身体前倾，或是拿起了你提供的诸如建议书、试验样本之类的材料，那么他极有可能给出肯定的意见。你完全可以将这些肢体语言视为听众对你的观点表示默许，只管放心大胆地继续发表自己的见解。

迟疑的手势

既是思考的手势，也是考虑该如何作决定的手势。

并不是所有人在有思考的手势之后就紧接着做出抚摸下巴的动作。有些带眼镜的人会把眼镜取下来，用嘴咬着一端的眼镜架，默默沉思；有些吸烟的人会在考虑如何作决定时缓缓地吐出一口烟。这些肢体语言都是迟疑的表现。当你向某个人征求意见，而他却把钢笔或者手指放在嘴唇中间，那就表示他还在犹豫，需要更多的时间或者信息帮助他作出决定。放置在嘴唇中的东西，为他的迟疑提供了合适的借口，让他觉得不需要那么急切地给出答案。

有时候，人们会同时做出厌倦的手势、思考的手势和作决定的手势，这些不同的手势代表了组成当事人意见的不同要素。如左图所示，思考的手势本应是将手靠在脸颊旁，但这个人的手却移到了下巴旁边，并且用手

思考的手势、作决定的手势和厌倦的手势，三者合而为一。

抚摸着下巴。

思考的手势与抚摸下巴的手势同时出现，表现出这个人正在一边思考发言者的提议，一边总结自己的结论。

当听众开始对发言人的演讲失去兴趣时，就会把头靠在手上休息。下图中的人正是如此，尽管依然保持着思考的手势，但是随着兴趣减退，大拇指已经成为了头部的支撑。

阿诺德·施瓦辛格（Arnold Schwarzenegger）正在阐释自己的看法，一旁的电视节目主持人仔细地倾听和思考着。

抓挠后颈和拍击头部的手势

“Pain in the neck”在字面意思上是脖子痛，但这句俗语却是用来指讨厌的人和麻烦的事。脖子痛与讨厌的人和事之间为什么能够扯上关系呢？这是因为当你觉得某个人很讨厌时，脖子后面微小的肌肉组织就会呈现乳突状——我们经常将之称为鸡皮疙瘩。这种身体上的反应是从远古时代延续下来的。在人类还没有进化为直立行走的智人之前，浑身都有着浓密的毛发帮助御寒，在感受到危险临近或者极其愤怒时，脖子后面的肌肉便呈

这个手势表示：“真是麻烦啊！”

现出乳突状，从而使毛发竖立起来。现在，我们在狗的身上也能见到这种反应，当一只狗被另一只怀有敌意的狗激怒时，它脖子后面的毛就会竖起来。对于我们人类来说，沮丧和恐惧都会让脖子后面隆起一片鸡皮疙瘩，让我们有刺痒的感觉。所以，我们只能用手抓挠那块区域，以消除身体的不适。

让我们设想一下，假如你拜托别人帮你做件小事，结果他却把这事儿给忘了。然后，当你向他问起事情办得怎么样时，他很可能会用手拍着前额或者后颈，似乎是用责打自己的方式表示懊恼和歉意。尽管用手拍击头部的动作常被视为健忘的象征，但关键的是要仔细观察对方拍击的是前额还是后颈。如果他拍着自己的前额，那说明他对自己的健忘并没有特别在意，也不太担心你会兴师问罪。可如果他拍打的是后颈，那就表示你的提问已经让他的脖子后面起了鸡皮疙瘩。所以，虽然他是在责打自己，但他的心里实际上是在烦你。

用手拍击脑袋，惩罚自己的健忘。

美国谈判协会的杰勒德·尼伦伯格先生发现，在拍击自己的头部时，习惯于拍击后颈的人很可能个性较为内向或者为人比较刻薄，而那些习惯于拍击前额的人则可能更加外向而且容易相处得多。

想要在不同的情境下准确解读用手接触头部的身体语言，必须经过长期的积累，培养敏锐的观察力。如果你在生活中看到别人做出用手接触头部的手势，恰好是在本章中所讨论过的，那么你有理由认为他的内心隐藏着某些负面的想法。

问题是，这个负面的想法是什么呢？它可能是怀疑、隐瞒、不确定、吹嘘、忧虑，或者干脆就是撒谎。真正能体现水平的地方就在于如何确认那个负面的想法到底是什么。想要做到这一点，最好是仔细观察对方的每一个手势，并且从整体上来分析他内心的真实想法。

为什么鲍勃总是败北

我们有一位名叫鲍勃的同事，他非常喜欢下国际象棋。有一次，我们在和他一起下棋的时候，偷偷地用录像机拍摄下了全过程，打算对他在下棋时的身体语言进行分析。

录像带显示，在比赛中，鲍勃只要对下一步棋的走法没有把握，就会做出抓耳朵或者摸鼻子之类的手势。我们还发现，当对手接触到某颗棋子，打算移动这颗棋子时，鲍勃的身体语言也会暴露出他对这颗棋子的动向怀有怎样的想法。如果他觉得自己可以对付得了这步棋，或者是已经想好了应对的法子，那么他的十指就会松弛地合在一起，显示出自信十足的样子；相反，如果他对此毫无把握，或者不希望对手走这步棋，他就会用手遮住嘴巴，或是拉扯耳垂、抓挠脖子。

我们把这些可以为对手提供预判的手势，私底下告诉了国际象棋小组的其他成员。很快，大部分人都能通过鲍勃的身体语言准确预测他的想法，并且把可怜的鲍勃杀得片甲不留。更可怜的是，鲍勃至今都被蒙在鼓里，因为我们没有把这本书送给他看过。

双重意义

我们设计了一个面试官和应试者的角色扮演场景，并且进行了录像。在面试官提出一个问题后，应试者突然用手触摸了自己的嘴唇和鼻子。他的这个手势持续了几秒钟的时间，然后又重新回到了轻松自然的姿态，开始回答问题。而且从这时起，他始终保持着开放的身体姿势：大衣的纽扣是松开的，手掌也经常做出动作，回答问题时不断地点头，并且身体前倾。结合这么多表现，我们认为那个接触嘴唇的动作实在有些古怪，和整个情境完全不符。事后，当大家一起回看录像时，我们问那位应试者，为什么会突然冒出用手盖住嘴唇的动作。应试者说，当面试官向他提出问题时，他认为有两种回答方式：一种是消极的回答，另一种是积极的回应。他在揣测如果作出消极的回答，面试官对此会有何反应时，不知不觉地用手盖住了嘴巴。而当他开始思考积极的回应方式后，手便自然而然地放了下来，重新回到了开放松弛的身体状态。“如果采用消极的回答方式，面试官会有怎样的反应呢？”仅仅是发生在一瞬之间的疑惑，便导致了应试者做出用手盖住嘴唇的手势。

这个事例说明在现实生活中，用手接触头部的手势是多么容易被误读，并可能由此将我们带向错误的结论。

第8章

眼部传达的信号

瞳孔扩张 /151

瞳孔测试 /152

女人又是优胜者 /153

人类的眼睛 /154

轻抬眉毛 /154

张大眼睛 /155

眼睛向上看 /156

注视——你的目光投向哪儿 /157

撒谎者大都会看你的眼睛 /158

如何避免攻击和辱骂 /159

斜视 /160

延长眨眼的间隔 /160

东张西望 /161

面部地理学 /161

威严的凝视 /162

关于政治家的故事 /163

男女速配节目的实验 /164

面谈开始后的20秒钟 /164

解决之道 /165

你会转向哪个频道 /165

怎样抓住听众的目光 /167

怎样呈现视觉信息 /167

提起钢笔的魔力 /168

总结 /169

在人类发展的历史长河中，眼睛一直是我们最为关注的器官，它对人类行为习惯造成的影响也成为我们经常研究的课题。目光的互相接触有时能够控制谈话的局面。

看来有些男人的眼睛拥有穿透望远镜盖的特异功能

比如，当某个人说“他用十分轻蔑的眼神看着我”，就显示出交谈对象高高在上的态度。而当你对别人说，“你说话的时候请正视我的眼睛”！那就表示你怀疑他在撒谎。在面对面的交谈中，我们的目光大部分时间都停留在对方的脸上，所以眼睛所传递的信息是帮助我们解读对方态度与想法的最佳利器。当人们初次见面的时候，会在很短的时间里形成对新朋友的第一印象，而这个印象主要取决于人们的眼睛所看到的东西。

在我们的生活中，与眼睛有关的形容词非常丰富，比如“她对那个男人怒目而视”、“他的眼睛闪闪发亮”、“她有着一双大大的如婴儿般的眼睛”、“他的眼睛贼溜溜的”、“她的眼睛真是魅力十足”、“她恨不能用眼神杀了那个男人”、“她的眼睛冷冰冰的”、“他看我的眼神非常恶毒”等。我们在描述别人的眼睛时，也会用到大量的形容词。例如，贝蒂·黛维丝（美国老牌女影星）般的眼睛、像西班牙人的眼睛、色迷迷的眼睛、坚毅的、怒气冲冲的、空洞的、神秘的、悲伤的、快乐的、挑衅的、冷酷的、满含妒意的、不肯饶人的、敏锐的眼睛，等等。我们在使用这些词语时并没有意识到，我们是根据对方瞳孔的大小以及观察物体的方式得出这些印象的。在我们的肢体语言里，眼睛所传递的信号是最有价值也是最为准确的，因为它是传达身体感受的焦点，而且瞳孔的运动是独立、自觉、不受意识控制的。

瞳孔扩张

在相同的灯光条件下，随着态度和情绪从积极转向消极，瞳孔就会由扩张转向收缩，反之亦然。当人们处在兴奋的状态中时，瞳孔会比原始尺寸扩大四倍。相反，如果人们处在生气或者其他消极的情绪中时，瞳孔就会收缩，变成我们平时常说的“如小圆珠般的眼睛”或者是“蛇眼”。浅色瞳孔的眼睛往往更吸引人，因为浅色的瞳孔在扩张时给人的感觉更加明显。

目光如豆　　　　眼神迷人

芝加哥大学心理学系的前系主任埃克哈特·赫斯是瞳孔运动研究领域的先锋，他发现瞳孔的大小是由人们情绪的整体状态决定的。一般来说，当人们看到对情绪有刺激作用的东西时，瞳孔就会扩张。赫斯发现，当人们看到令人心情愉快或是痛苦的东西时，瞳孔也会产生类似反应。比如，看到美食和政界要人时瞳孔会扩张；反之，看到残疾儿童和战争场面时瞳孔会收缩。赫斯还指出，瞳孔的扩张也与心理活动密切相关。如果人们正在努力解决某个难题，那么当这个难题最终攻克时，瞳孔就会扩张到极限尺寸。

我们将瞳孔研究引入了商业领域，并且证明了瞳孔的扩张会令广告模特显得更有吸引力，从而影响顾客的购买倾向。所以，我们只要将照片上模特的瞳孔修改得更大一些，就能有效地提升产品的销量。只要是能够给模特脸部特写镜头的广告宣传海报，都可以应用这一研究成果，例如女性化妆品、护发产品和时装等。

一个成功的案例是，在直投销售活动中，我们通过修改广告宣传手册上模特的瞳孔尺寸，使露华浓唇膏的直邮销量提升了45%。

哪一张照片让你觉得更有吸引力呢？

调查显示，女人们则是在看到妈妈和婴儿嬉戏的图片时，瞳孔扩张最为明显。婴儿和幼童的瞳孔比成年人的瞳孔要大，而且只要有父母在场，他们的瞳孔就会始终保持扩张的状态，流露出无比渴望的神情，从而能够引来父母的持续关注。这也就是卖得最好的儿童玩具总是把儿童广告模特的瞳孔弄成超大尺寸的原因。

调查还显示，看到别人瞳孔扩张的人，自己的瞳孔也会相应地发生扩张。

瞳孔测试

感知瞳孔扩张的能力是直接与大脑相关联的，而且完全属于自发的反应，不受主观意志的控制。要想测试这一点，不妨用你的手盖住下面的图B，然后让你身边的某个人盯着图A中的“瞳孔”。片刻之后再让他把目光移到图B上，这时你就会发现他的瞳孔为了适应图B中的“瞳孔”而产生了扩张的现象。因为他的大脑认为这双“眼睛”正看着他，而且显得很有吸引力。

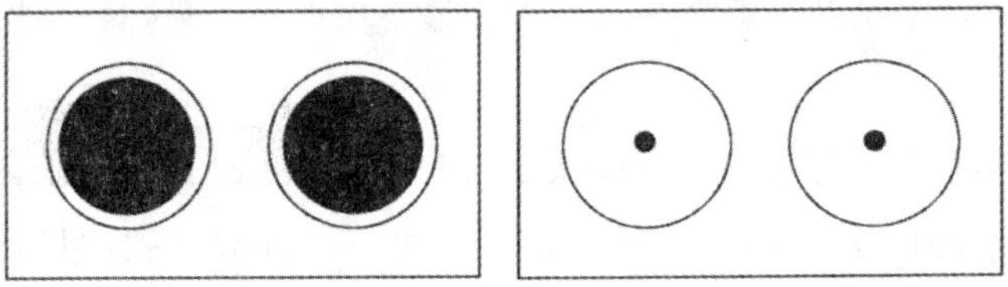

A　　　　B

女人的瞳孔扩张的速度比男人更快，只要大脑感知到对方的瞳孔在扩张，女人的瞳孔就会迅速产生反应，从而显现和善亲切的形象。

我们曾经邀请专业纸牌游戏玩家参与另一种瞳孔测试。测试过程显示，只要这些专业玩家的对手们带上墨镜，专业玩家的胜率就会大大降低。比如，在打扑克牌时，如果某个对手一下子抓了四个A，他很可能会不自觉地瞳孔迅速扩张。有经验的玩家能够敏锐地观察到这种变化，于是在这一轮便不会下很大的赌注。可是一旦戴上墨镜，瞳孔就不会再泄漏任何信息，所以，即使是纸牌游戏专家也难免会比平时要赢得少了。

人们很早就知道怎样透过瞳孔解读别人的内心。中国古代的珠宝商在和顾客讨价还价时，会仔细观察顾客的瞳孔是否在扩张。

有句老话说的是，在跟别人交流想法或者是谈判时，“要好好看着对方的眼睛”。但是我们觉得更好的做法是“好好看着对方的瞳孔”，因为瞳孔会把他们心中最真实的感受告诉你。

摇滚歌手大卫·鲍伊的两只眼睛颜色不一样，一只是蓝颜色，另一只是浅褐色，而且其中一个眼睛的瞳孔一直处于扩张的状态。这种情况被称为虹膜异色症，发生的概率大致为1%。鲍伊的双色眼睛是12岁时跟一个女孩打架留下的终身纪念。

女人又是优胜者

剑桥大学的西蒙·伯龙·科恩（Simon Baron-Cohen）博士曾经做过这样的实验：他将人物肖像的照片拿给不同的实验对象看，但是每张肖像都只能看到眼部，额头、眉毛和眼睛以下的所有部位都被遮住了。然后，博士要求实验对象根据他们所看到的照片，为照片的主人公匹配合适的心理状态，比如“友好”、“放松”、“不怀好意”、“忧虑”等；除此之外，实验对象还要判断照片主人公的心理活动，比如“渴望其他人的关爱”等。

如果单纯从统计理论上来说，纯粹依靠猜测完成的试题，正确率应该是50%左右。但是这个实验所提供的25道题目里，男人们的平均成绩是答对了19个，女人们的成绩是22个。这个结果表明，不管是男人还是女人，对于眼睛所传递的信号，都具备一定的解读能力，而且跟解读肢体语言的能力相比，人们还是更善于正确把握眼部信号。不过，总的来说，女人们在这次实验中又一次成为了优胜者。

科学家们至今仍无法解释眼部信息是怎样被传达和解读的，他们只知道人类能够做到这一点。患自闭症的人（这种患者几乎全部为男性）在这次实验中的得分最低。由此推断，自闭症患者的大脑缺乏解读肢体语言的能力。所以，即使是智商（IQ）非常高的自闭症患者，也很难和其他人建立正常的社交友谊。

人类的眼睛

在所有的灵长类动物中，只有人类的眼睛在瞳孔之外还有眼白。即使是与人类最为接近的猩猩，它们的眼睛也是纯黑的。我们将眼白称作巩膜。巩膜的存在让人们可以观察到目光的变化，从而帮助人们互相理解和交流，因为目光所投向的方位往往与人们的情绪密切相关。女人的大脑比男人的大脑更善于领悟他人的情感，正因如此，女人的巩膜面积也比男人的要大一些。猩猩的眼睛缺乏眼白，这使得猩猩的猎物们难以捕捉他们的目光。这一特点能够极大地提升捕食的成功率，因为猎物们无法判断自己是否已经被发现。

在所有的灵长类动物中，只有人类的眼睛拥有明显的眼白。

轻抬眉毛

轻抬眉毛是在距离稍远处向人打招呼的姿势，从远古时代开始就广泛地被使用。这个动作的含义不仅通行于全世界，而且就连猴子和猩猩也会用这个动作打招呼，由此可见轻抬眉毛的动作是天生的。把眉毛快速地轻轻一抬，瞬间后又回复原位，这个动作是为了把别人的注意力引到自己的脸上，让人家明白自己正在向他问好。这个姿势只有日本文化不予接受。在日本人眼里，这是一个不合礼仪而且非常粗鲁的动作。

轻抬眉毛

对看到的人轻抬眉毛，是一种下意识的反应。

这表示你对出现在面前的这个人持有首肯的态度。而且这个动作很可能与惊讶和害怕的情绪相关，就仿佛你在说“见到您真是让我又惊又怕”，也可以理解为“我非常敬畏您，并且对您很有好感”。我们不会对擦肩而过的陌生人以及自己讨厌的人做出这个动作。如果别人在见到你的一刹那没有对你轻抬眉毛，那就表示他可能怀有挑衅的情绪。

一个简单的实验就会让你感受到这个动作的魔力：在酒店大堂的沙发上坐着，对每一个路过的人都做出轻抬眉毛的动作。你会发现不仅所有人都会以相同的动作回应你，甚至还会有一些人主动走过来和你搭话。

如果你喜欢他，就向他轻抬眉毛；如果你想让他喜欢你，还是向他轻抬眉毛。这可是一条黄金准则。

张大眼睛

为了向他人表示自己的威严或者攻击性，人们常常会做出压低眉毛的动作。反之，提升眉毛的动作则是顺从谦恭的表现，而常常有意压低眉毛的人则会被认为具有相当的侵略性，在这一点上猩猩和人类的感觉完全一样。

在《为什么男人爱撒谎，女人爱哭？》这本书中，我们曾经描述过女人是如何利用提升眉毛的动作，巧妙地使自己的眼睛变大，并且让眼睛的形状尽量接近婴儿的眼睛，打造出一副可爱的娃娃脸形象。这个招术对男人非常有效，因为这能让男人激发极力呵护女人的欲望。很多女人会把

高挑的眉毛让玛丽莲·梦露显示出百依百顺的姿态。而较低的眉毛则让詹姆斯·卡格尼看起来富有侵略性。肯尼迪的眉尾向下延伸，既让人觉得很威严，又有一种挥之不去的忧虑。

眉毛拔除，然后用眉笔重新画出眉型。这是为了让眉毛显得更高挑，显示出顺从的姿态，因为她们潜意识里知道，这样更能吸引男人。而男人如果修剪眉型的话，肯定会从眉毛最高的部分开始修剪。他们会把眉毛修得更低，让眼睛显得更窄，制造出一种更有威严感的效果。

约翰·F·肯尼迪的眉毛有着平缓的弧度，眉尾保持着向下延伸的形状，这让他的脸总是能带给选民们一种忧国忧民的感觉。如果他像影星詹姆斯·卡格尼那样，长着一对浓密粗犷的眉毛，恐怕就会大大削弱他在选举中的竞争力。

眼睛向上看

在低头的时候抬起眼睛往上看，是另一种表示顺从谦恭的姿势。这种姿势同样对男人具有吸引力，因为这会让眼睛显得更大而且让女人看起来像个孩子。这种心理反应可以这样解释：小孩的身高比成年人矮得多，所以在看成年人时必须抬起眼睛往上看；久而久之，不管是男人还是女人，都会被这种仰视的目光激发出类似于父母般的情感反应。

微微地低下头去，眼睛往上看。黛安娜深知这样的姿势具有怎样的吸引力。

下巴微微内收，抬起眼睛向上看，露出纤细脖子，这个姿势几乎已经被黛安娜王妃艺术化了。这种像孩子般的姿势触发了成千上万人的怜爱之情，特别是当人们认为黛安娜王妃遭到英国王室的攻击时，

在婚姻遭遇危机时，黛安娜王妃用“眼睛向上看”的姿势博得全世界的同情。

更是希望能像父母一样保护她。这样一种表示顺从的姿势，人们平时并不会有意识地去练习，但是大家心里都清楚，只要做出这样的姿势就会收到预期的效果。

注视——你的目光投向哪儿

只有当两个人彼此眼神相交时，才算是真正形成了互相沟通和交流的基础。在我们和别人交谈时，有的人会带给我们舒服愉快的感觉，有的人则会令我们局促不安，甚至还有一些人会让我们觉得不可信赖。这些感觉的产生都是从眼神开始的，而且往往取决于对方注视我们的时间有多长，或者面对我们注视的目光，对方有着怎样的反应，等等。

英国的迈克尔·阿盖尔先生是一位研究社会心理学和肢体语言技巧的先驱。他发现欧美人在彼此交谈的过程中，平均约有61%的时间里目光会保持着注视对方的状态。这其中包括自己说话时，注视对方的时间约占41%；聆听别人说话时，注视对方的时间约占75%；而交谈时双方彼此目光对视的时间约占31%。阿盖尔的记录显示，人们的每次注视平均持续2.95秒，双方目光对视平均持续1.18秒。

我们发现，在交谈中，目光相交的长短程度差异很大，最低的只占谈话时间的25%，而最高的则是100%，也就是交谈的两个人始终处于眼神相交的状态。目光相交时间的长短取决于参与交谈的对象以及彼此的文化背景。一般来说，当我们和别人说话时，约有40%～60%的时间里，我们会和对方目光相接；而在聆听别人说话时，这个比例会上升至80%。但是，这个普遍规律并不通行于全世界，在日本和某些亚洲、南美国家，长时间的注视会被认为是挑衅或者失礼的行为。日本人在和别人交谈时，常常将脸转向一旁或是看着对方的咽喉部位。如果是对日本文化不了解的欧美人，碰到这样的情况一定会相当局促不安。

阿盖尔还发现，在两个人交谈时，如果A很喜欢B，那么A就会经常向B投去注视的目光。这种注视的目光会让B体会到A对自己的好感，所以B也会同样回报给A注视的目光。这也就是说，在大部分文化背景下，如果想和其他人建立起和善友好的关系，就应该在谈话时多向对方报以注视的目光，这个时间比例至少应该达到60%～70%。这样的做法一定会让交谈对象对你产生好感。反之，如果在和别人谈话时紧张怯懦，注视对方的时间还不到三分之一，那么对方对你产生不信任感，也就没什么可奇怪的了。这同时也说明，为什么我们在商务谈判时不能戴墨镜，因为这会让对方认为我们要么是借着镜片的掩护盯着他们，要么是躲在镜片后逃避他们的目光。

和大多数其他的肢体语言一样，注视对方的行为也必须考虑到不同地区的文化差异。在为你的观察做结论之前，永远不要忘记结合文化背景进行综合考量。如果去其他地区旅行，例如像日本这样的国家，最安全的做法就是效仿招待你的主人，他在谈话时怎样看着你，你也就回报以同样的目光。

当两个人在交谈中产生第一次目光接触时，往往是弱势的一方会先把视线移开。这也就说明，保持注视对方的姿态，是以一种微妙的方式传达出挑战的意味。如果是当对方表达自己的意见或者观点时，你久久地注视对方，那就表示你不同意他的看法。假设你和一个地位比你高的人谈话，例如你的老板，在你想表达反对意见时，你就可以把注视他的时间拉得比平时稍长一点，这样他就会明确地感觉到你的态度。当然，如果你还想保住自己的饭碗，就不要老是玩这招了。

撒谎者大都会看你的眼睛

我们在前面曾经说过，很多人在撒谎的时候会把脸转向一旁，眼神游移不定。为了验证这一点，我们做了一组实验。我们安排实验对象在交谈过程中向对方撒谎，并且把整个交谈场面录了下来。然后，在交流研讨会上，我们让与会者观看这些录像，并且指出他们所识破的谎言。最终结果让我们很吃惊，撒谎者的表现与我们通常所预想的不太一致。大约只有30%的撒谎者在撒谎时眼神游移，这部分撒谎者的谎言也最容易被识破。约有80%的谎言都被研讨会成员指了出来，其中女性的成功率比男性更高一些。其他70%的撒谎者在撒谎时都目光坚定地看着那个可怜的受骗人，或许他们知道左顾右盼的表现会招致怀疑，所以采取反其道而行之的办法避免被逮着。他们的做法的确是对的。在这部分撒谎者当中，平均只有25%的谎言被识破，其中男性识破谎言的成功率仅有可怜的15%，女性则是35%。在辨别声音的变化、瞳孔的扩张以及其他线索方面，女人的直觉都要远远强于男人，而正是这些细节让撒谎者露出马脚。这个实验说明，不能把目光当作辨别谎言的惟一依据，我们必须结合其他的手势与线索作出综合判断。

在别人和你交谈的过程中，如果对方与你目光相交的时间超过三分之二，一般意味着两种可能：第一种可能是，他觉得你十分风趣而有魅力，如果是这样的话他的瞳孔会扩张；第二种可能是，他对你怀有敌意，或是向你传递挑衅的信号，在这种情况下他的瞳孔会收缩。正如我们常常提到的那样，女人非常擅长解读瞳孔信号，所以她们能够区分出对方到底是好意还是歹意。但是，男人们在这一方面实在技不如女人。这也就是为什么大部分男人无法根据女人脸上的表情判断她们的心情。

如何避免攻击和辱骂

转移目光是屈服的表示，几乎所有的灵长类动物都认同这一身体语言。如果一只猩猩要展示它的威力或者想要发出攻击，就会把目光死死地盯着攻击对象。为了避免遭受攻击，感受到威胁的弱小猩猩会把目光移开，并且把身体缩成一团，让自己看起来显得更加瘦弱。

科学研究表明，正是大脑中的求生本能，使得灵长类动物表现出屈服的姿态。在遭遇潜在的威胁时，我们也会尽可能地缩紧身体，比如耸肩、手臂紧贴身体、蜷曲膝盖、脚踝紧扣桌腿、下巴贴近前胸以保护喉咙，并且目光顺从地转向一旁。这些姿势会让攻击者的大脑发出“解除攻击”的指令，于是被攻击者便可以凭借屈服的姿态免遭厄运了。

> 让自己显得更弱小，这能让攻击者的大脑发出“解除攻击”的指令。

在你因为犯错而遭受上司的责骂时，你就可以采用上述姿势博得上司的同情。但是，如果是在街头遭遇匪徒攻击，那么屈服的姿态反而会起到适得其反的效果。假设你在街上独自一人步行时遇到一伙不三不四的人，这个时候如果表现出害怕的样子，就会激发这些人的攻击欲望。相反，如果你目不斜视地大踏步往前走，手臂和双腿保持较大的动作幅度，昂首挺胸，显示出自己有自我保护的能力，那些街头小混混反而会产生畏惧情绪，变得不太敢轻易袭击你。

斜视

斜视的含义很丰富，它可能是表示感兴趣，也可能是表示不确定，甚至是表示敌意。如果人们在目光投向侧方的同时，眉毛微微上扬或者面带笑容，那就是很有兴趣的表现，恋爱中的人们经常将之作为求爱的信号，特别是女人。如果斜视的目光伴随着压低的眉毛、紧皱的眉头或者下拉的嘴角，那就表示猜疑、敌意或者批判的态度。

延长眨眼的间隔

在正常而放松的状态下，人们的眼睛每分钟会眨6～8次，每次眨眼时眼睛闭上的时间只有十分之一秒。但是只要处在压力比较大的状态，比如撒谎的时候，人们眨眼睛的频率就很可能显著提升。

延长眨眼的间隔是指人们在每次眨眼时，眼睛闭上的时间远远长于正常情况的十分之一秒。这种动作属于下意识的行为，是人们的大脑企图阻止眼前的人进入自己的视线，因为他们感觉厌倦、无趣或是认为自己高人一等。如果有人对你做出这样的动作，那就意味着他已经没法忍受跟你继续纠缠下去，所以他每次眨眼时眼睛会闭上两到三秒钟甚至更长的时间，让你从他的视线中消失。如果他的眼睛一直闭着，那就表示他的头脑里已经完全没有考虑你的存在了。

闭上眼睛不想看你

自高自大的人不仅用延长眨眼的间隔来显

示自己高人一等的姿态，有时候还会脑袋后仰给你一个长时间的凝视。通常这种姿势是用来表达蔑视的态度，但是当人们认为自己没有受到应有的重视时，也会做出这个动作。总的来说，延长眨眼的间隔还是属于西方文化的肢体语言，特别是英语国家里自认是上流社会的人们，经常做出这个动作。如果在你和别人交谈的过程中，对方眨眼的频率变得很拖沓，那就意味着你的表现不够精彩，需要采取新的策略激发对方的兴趣。如果你认为对方这样做仅仅只是出于高傲，那么你不妨给予这样的回敬：当对方第三次或者第四次长时间闭着眼睛时，快速地向左边或者右边移动一步。这样，当他们再度睁开眼睛时，就会产生错觉，以为你消失不见了；继而又在旁边突然看到你，这一定会让他们吓得不轻。如果跟你谈话的人一边不紧不慢地眨眼，一边渐渐打起了呼噜，那么你完全可以认定你们之间的沟通失败了。

东张西望

当一个人的目光上下左右四处看时，我们通常认为他是在观察整个房间的事物，但实际上这是大脑在搜寻逃跑的路线（就像猴子和猩猩做这个动作的动机一样）。所以，东张西望的神情是人们对于眼前的人或事缺乏安全感的表现。

当你和一个特别讨厌的人说话时，你本能地会想要看别的地方，寻找可能摆脱这个人的办法。但是因为我们大多数人都知道，目光转向其他地方是对谈话失去兴趣的表现，会让对方感受到自己逃跑的渴望。所以，为了避免引起对方的不快，我们会更专注地看着这个讨厌的谈话对象，并且用紧巴巴的微笑伪装出很感兴趣的样子。这样的行为就像我们之前提过的那些撒谎者一样，都是利用增加目光相交而让自己显得更真诚可信。

面部地理学

在面对面的交流中，学会在什么情况下应该注视对方面部和身体的哪个部位，将会对最终的交流结果产生极大影响。

在你读完下一段内容后，请你立刻试一试我们教给你的技巧。你会惊喜地发现，这些技巧的确作用非凡。你大概需要花费一周的时间来练习这些技巧，然后这些技巧就能成为你在日常交往中熟练运用的技能了。

注视的目光基本上可以分为两类：社交场合的目光和表达权力的威严目光。

1. 社交场合的目光

我们的实验表明，在普通的社交活动中，注视者的目光主要集中在由对方的两只眼睛和嘴巴组成的三角区域内，大约有90%的时间里目光都停留在这个三角区域。我们通常是在毫无威胁感的环境下把目光投向这个区域，而且，我们注视的目光也会让对方觉得安心，认为我们没有侵略性。

普通社交中目光投向的区域

2. 威严的目光

想象对方的额头正中长了第三只眼睛，把你的目光投向假想的第三只眼睛与其他两只眼睛所组成的三角区域内。这种注视所造成的效果是让他人感觉到你的威严和可信。

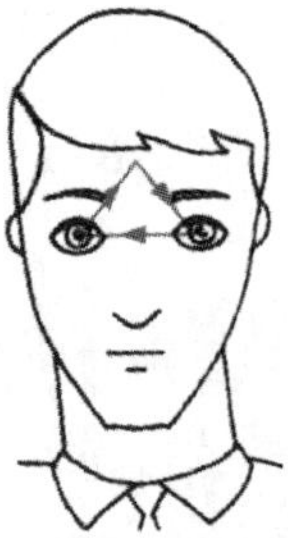

目光投向这个区域能够产生威严的感觉

这种威严的注视不仅会使气氛变得十分严肃，而且能让那些讨厌的人立刻闭上嘴巴。将你的目光锁定这个三角区域，被你盯着的人就会始终有遭到威逼和胁迫的感觉。

只要你不把目光移到对方眼部以下的区域，压迫感就会始终伴随他们。在友好或是浪漫的场合，千万不要采取这种威严的目光。但是如果你想要吓唬谁，或者有什么人总是絮絮叨叨惹人烦，那么就亮出这个招数吧，一定非常奏效。

威严的凝视

如果你的眼睛看起来显得温和柔弱或者怯懦无力，我们建议你练习这种威严的凝视，来让自己更具备威严的感觉。当你可能受到别人的攻击时，试着不要眨眼，并且死死盯住对方的眼睛。盯着攻击者的时候，要把眼皮压低，视线尽量集中在对方的眼睛上。这种目光也是肉食动物在袭击猎物前使用的眼神。如果你面前站着好几个人，你还可以在不眨眼的情况下将目光在他们身上一一扫视。这样，看到你这种目光的人一定都会感受到恐惧的情绪。

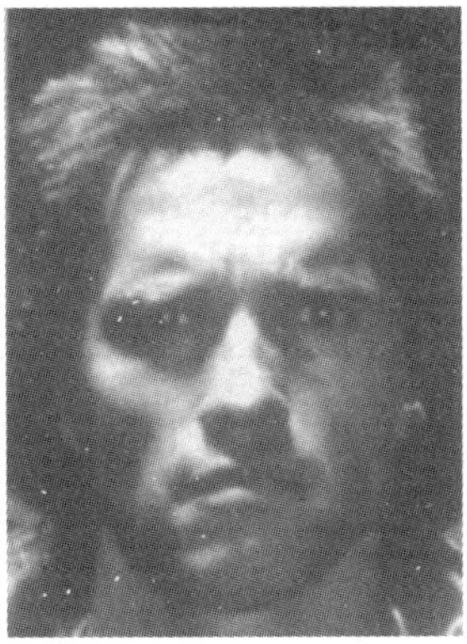
千万别去招惹终结者。

我们还要进一步提醒你，在用目光扫视其他人时，应该先移动眼球，然后再让头部跟随自己的目光缓缓转动，但是你的肩部必须始终保持静止。在电影《终结者》中，面对那些妄想控制人类的智能机器人，阿诺德·施瓦辛格就是用这种威严的凝视，把恐惧的情绪注入他们的心中。不过，无论如何，更明智的做法是不要招惹那些难以打发的人，只跟和善友好的人打交道，这样你就不必使出威严的凝视这一杀手锏了。

关于政治家的故事

如果一个人老是东张西望，或是在谈话时总是不看对方的眼睛，那么我们对这个人的信任度就会急剧下降。尽管他或许只是出于害羞才这么做。我们有位客户是个初出茅庐的政治家，对接受电视采访这类事情不是很在行。每次只要上电视节目，他的眼睛就忍不住在采访者和摄像机之间游移不定。这样的做法让他的荧屏形象大打折扣，观众们会感觉他的眼睛贼溜溜的。所以他每次一上电视，声望就会随之下跌。我们给他提供的培训方案是集中自己的目光，让他在接受采访时把目光锁定在采访者身上，而忽略掉摄像机的存在。这个训练非常行之有效，使他的支持率有了明显提升。我们的训练方案也并非是单一的，很多时候要因人或者因事而异。比如另一位政治家身份的客户，他要参与一个电视直播的政治辩论会，我们训练他在回答问题时目光尽量停留在摄像机上。这样做虽然会疏远直播间里的150位观众，但却能打动电视机前成千上万的观众，因为电视观众们会感觉这位政治家正在跟他们进行面对面的直接交流。

男女速配节目的实验

在一家婚介机构的帮助下，我们围绕一次男女速配的电视节目展开了实验调查。我们告诉参加这次速配约会的男人，约会对象跟他们的个性非常投合，他们一定会玩得很开心，而且还会找到中意的伴侣。但是，我们又对每个男人都做了一个特别说明：他的约会对象有只眼睛在孩提时代受过伤，而且这只眼睛至今都有点不太灵便，女孩对这一点也特别敏感。另外，具体是哪只眼睛受过伤我们也不清楚，但是如果凑近了仔细观察，应该还是能发现。我们对所有参加速配的女人也做了同样的特别说明，尤其是再三强调如果女人近距离观察约会对象，就能找到那只受过伤的眼睛。于是，在速配活动中，所有的约会男女花费了整个晚上的时间用心观察对方的眼睛，想要认出哪只眼睛曾经受过伤。当然，这种努力自然是徒劳无功的。可是，这样的安排却促成了相当不错的速配结果，约会男女享受了十分亲密而浪漫的速配过程，而且乐意再次约会的比例非常高，比婚介机构往常的平均纪录超出了200%。

> 长久的注视会激发亲密的情感。

如果想让约会的男女速配失败，你可以分别对他们谎称约会对象的听力有点问题，所以他们在说话的时候音量必须比平时提高10%，才能和约会对象顺畅地交流。这种安排会让这对速配男女说话的声音越来越大，也许整个约会将逐渐演变成彼此的高声咆哮。

面谈开始后的20秒钟

很多人都曾经听到过这样的教导，在推销或是应聘的场合，应该从见到对方的第一眼开始就始终和对方保持积极的目光交流，直到自己落座为止。但是这种做法却会给会见者和访客都造成麻烦，因为这违反了我们和陌生人第一次见面的一般行为习惯。事实上，男人在第一次见到某个女人时，他会先打量这个女人的头发、双腿、身材以及整体的精神面貌。所以，如果女人一开始就执着地与男人进行目光交流，就会限制男人的视线。很多女人对这一点感到非常失望，认为这样的情况不应该发生在如今这个男女平等的商业世界。但是不管女人们高兴与否，事实就是事实，隐形摄像机所记录的大量商务会谈场面都证明男人在面对女人时总是难以管住自己的眼睛。

摄像机的记录还显示，女会见者在初次见到访客时，也会走同样的流程，不管这个访客是男人还是女人。只不过因为女性宽阔的周围视野，所以她的上下打量不容易被人察觉。在接待相貌不佳、穿戴庸俗的女性访客时，女人往往比男人更加苛刻。而且，女人在面试男性求职者时，不仅会留意男人头发的长度、衣服的款式和搭配，还会观察男人裤子的褶皱和皮鞋的光泽。当应聘者走出房间时，女面试官甚至会留心应聘者的鞋底的磨损情况，对这一点相信大部分男面试官根本不会注意到。

解决之道

了解了人们在初次见面时的一般行为习惯后，我们就可以总结出一些应对策略了。当你参加一个商务会谈时，在见到会见者的时候先礼貌地跟他握手，然后给他提供两三秒钟的时间，让他可以从容地上下打量你，形成对你的总体印象。你可以利用这点时间打开自己的公文包或是文件夹，也可以整理一下可能用到的资料，或者把外套挂起来，把椅子拉得更近一点，然后抬起头来看着会见者。根据我们拍摄的会谈录像，我们发现这样的策略不仅能让访客给会见者带来较好的第一印象，而且有助于访客获得更好的销售成绩。

你会转向哪个频道

人们眼球的转动能够表现出内心所想，所以，我们通过观察他人目光的动向，可以解读出他们正在回忆某个看过的、听过的、闻过的、尝过的或是摸过的东西。这种观察技巧是美国心理学家葛瑞德和班德勒的研究成果。我们通常将之称为神经语言程序学（Neurolinguistic Programming，英文简写为NLP）。

简而言之，如果一个人正在回忆某个看过的东西，他的目光会投向上方。如果是在回忆某个听过的声音，他的目光会投向侧面，同时脑袋略微倾斜，做出一副仿佛在聆听的样子。如果他正在回味某种感觉或是情绪，他会把目光投向右下方。如果他仅仅只是在内心里自言自语，他的目光就会投向左下方。

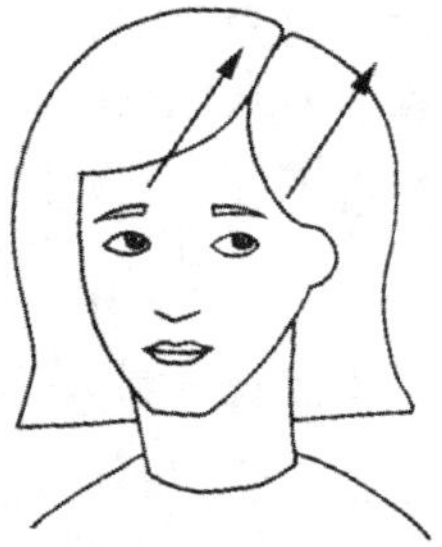
正在回忆某个画面

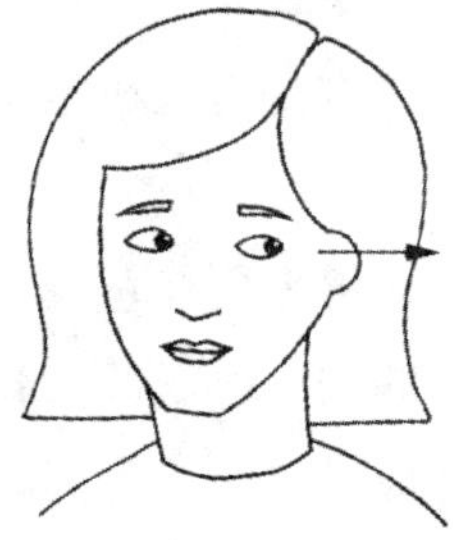
正在回忆某个声音

正在回味某种感觉

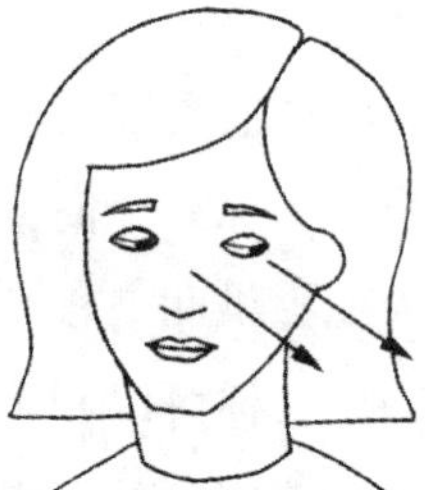
在心里跟自己自言自语

但是，由于这种目光的转向往往是在瞬间发生，同时又还伴随着其他的手势，所以我们很难对这些信号进行实时的解读。不过，通过录像带我们就能发现人们嘴上所说的和心里实际所想的有着多么大的差异。

35%的人经常喜欢将目光转向视觉信息频道，同时伴随着诸如“我明白你的意思”、“你能查看一下这里吗”、“那真是再清楚不过了”，或是“你能让我看看吗”等话语。如果这个时候你拿出照片、表格或是曲线图给他们看，就一定能够抓住他们的注意力。

25%的人更偏爱听觉频道，当他们的目光投向侧面时，经常会说出这样一些语句：“门铃响了”、“我听到你的声音了”、“这个声音听起来不对劲”等。这部分人喜欢跟其他人保持融洽合拍的关系。剩下40%的人更喜欢将目光转向感觉频道，同时可能会说：“让我们把这个问题解决了吧！”或是“我们部门真该注射一针兴奋剂。”这部分人感情充沛而具有行动力，如果他们对你说“我没有太明白你所说的意思”，那么你就应该用实例来展示自己的观点，尽量让他们通过切身体验来“明白你所说的意思”。

NLP是一个了不起的研究成果，同时也是强有力的沟通工具，它应该被列为一个独立的研究课题。我们在书后列有参考书目，其中就有葛瑞德和班德勒的著作，我们建议读者用心研读这两位专家的著作。

怎样抓住听众的目光

作为专业的会议发言人，我们总结出了一些技巧，用以吸引观众的注意，并且让观众投入到会议发言中来。如果台下的听众不超过50人，那么我们可以做到与每一位听众都进行目光交流。但是，如果是在更大型的会议上，我们的舞台往往就会离听众席有一定的距离，所以得采用其他的方法实现与听众的交流。当你发言的讲台离第一排听众有10米左右的距离时，你可以在听众席的几个角落以及正中设立几个固定的参照物，将你的目光在这几个参照物之间转换。这样，每个方向都会有20~50名听众会认为你在跟他们进行独立的目光交流，于是你就能跟大部分的听众建立起较为亲密的交流关系了。

怎样呈现视觉信息

当你借助图书、表格、曲线图或者笔记本里的资料陈述自己的观点时，你必须牢记一点：努力把握听众的目光，确保他们都在看你所列出的材料。因为研究表明，在可视化会议中，与会者所接收到的信息83%都来自于眼睛，只有11%来自于耳朵，还有6%来自于其他感官。

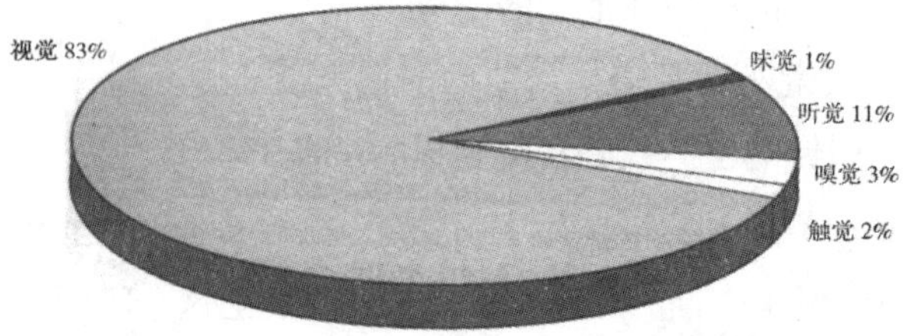

在可视化会议上，不同的感官为大脑接收信息所起到的作用

美国沃顿商学院的研究表明，口头陈述能够被听众所记住的部分只有10%。这就意味着单凭语言表达自己的意见时，你必须反复重申自己的核心观点，才有可能给听众留下深刻印象。相比而言，如果你将口头语言与视觉信息结合起来阐述自己的看法，听众就会记住50%的信息。也就是说，借助可视化资料的帮助，你能够将信息传递的效率提升400%。研究还表明，借助视觉信息还能让商务会议的平均持续时间从25.7分钟缩短为18.6分钟——足足节约了28%的时间。

提起钢笔的魔力

为了控制交谈对象的目光，你可以用钢笔指着面前的材料，同时用语言进行阐释。接着，提起钢笔，把它放置在你和交谈对象的眼睛之间。这一做法能够吸引对方抬起头来看着你，这样他就能更集中注意力地倾听，从而最大限度地接收你所传递的信息。记住，当你说话的时候，应该一只手拿着钢笔，另一只手的手掌则保持平摊的姿势。

提起钢笔的魔力——在发表意见的时候用钢笔来控制对方的目光

我们还发现，女人在开会时比男人更注意和别人保持目光交流，特别是在她们没有发言的时候。不过一旦女人开口说话，她们就变得比男人更不注重和听众之间的目光交流了。

在会议中，男人会把目光更多地停留在女人身上，但是女人的目光则不会明显偏向于男人。当男人在发言的时候，底下的男性听众决不会老是盯着这位发言人，可如果是个女人在发言，情况就会大不相同了。

总　结

在面对面的交谈中，目光所投向的方位会对交谈结果产生重大影响。如果你是一位经理，要训斥犯错的下属，或者你是一位要训斥孩子的母亲，那么，你该采用哪种目光呢？如果你用普通社交场合的目光看着挨训的人，你的训斥就无法触到他们的痛处，不管你用多大的嗓门或者多么具有威胁感的话语。社交场合的目光会削弱训斥的威力，暧昧的目光则会让挨训的人感到窘迫或是尴尬。没错，这个时候就应该采取威严的目光，这将会让犯错的人感受到你的怒火，并且铭记教训。

> 用恰当的目光为你的言辞增加威信。

第9章

个人空间和领域

个人空间 /173
个人空间的间距 /174
个人空间间距的应用 /175
谁在靠近谁 /176
我们为什么讨厌乘电梯 /176
为什么示威人群会暴怒 /177
保持距离的礼节 /179
做一做午宴测试 /180
文化因素 /180
在跳华尔兹时日本人为何总是领舞 /182
乡村的人与城市的人对个人空间的不同需求 /182
领地与所属权 /184
与汽车有关的私有领地 /184
做一个测试 /185
总结 /186

无数的书本和文章都探讨过动物对领地的重视。不管是鸟、鱼、还是猴子、猩猩，他们都会以各种方式标识自己的地盘，并且防备同类入侵。但是直到近些年，我们才发现人类也有着类似的行为习惯。如果你能了解人类对个人空间的那种微妙感觉，你就会更加注意自己的言行，而且在跟别人进行面对面的交往时，你也能更准确地预判他们的反应。在研究人类的“领地占有欲”方面，美国人类学家爱德华·霍尔（Edward Hall）无疑是先驱者。他在20世纪60年代早期创造性地将这一学科命名为“空间关系学”（proxemics）。这一学科名称是在“接近”（proximity）一词的基础上衍生出来的。霍尔在这一领域的研究让我们对人与人之间的关系有了耳目一新的认识。

“真抱歉打扰您……可是，您坐在我的座位上了。”

每个国家的领土都有着明确的国土分界线，有些边境区域还会安排武装镇守。而在各个国家内部又会划分成若干更小的领地，形成各个州、郡。在州、郡里面还有范围更小的城镇，城镇里面又分成若干个区。每个区由很多条街道组成，而对于居住在这些街道的人们来说，那块小小的居住区就是他们的领地禁区。在电影院里，我们常常为了争夺座椅扶手，而对身旁的陌生人展开无声的对抗。同样，每个人都对自己的家园怀有一种无形的忠诚，为了保护自己的家园，他们甚至不惜浴血奋战。

人们常常把专属于自己的区域或者空间视为自己的领地，仿佛这块领地就是他身体的延伸。在每个人的周围都会存在着这样的领地，比如用篱笆围起来的住宅、私家轿车的内部、自己的专属卧房和椅子，甚至就如霍尔博士所发现的那样，身体周围看不见摸不着的空气。

在这一章中我们主要探讨的就是这种无形的个人空间，你将会在接下来的内容中了解到当个人空间被入侵时人们会有怎样的反应，以及在某些场合跟他人保持一臂之距的重要性。

个人空间

大部分动物都会将自己身体周围一定的区域视为自己的私有领地，至于这块领地范围的大小则主要取决于动物生长环境的拥挤程度，以及当地动物分布的密集程度。所以，私有领地的大小是由当地的整体环境决定的。在广袤的非洲大地生长的狮子，它的私有领地大约包括半径50公里以内的范围，甚至还要更大，依据区域内狮子分部的密度而定。狮子会通过在领地边界大小便的方式标注自己的地盘。但是，如果是在类似于动物园这种地方，和其他狮子一起封闭喂养的狮子，他们所需要的私有空间可能只有几平米大小，这是出于居住的拥挤程度而作出的无奈的选择。

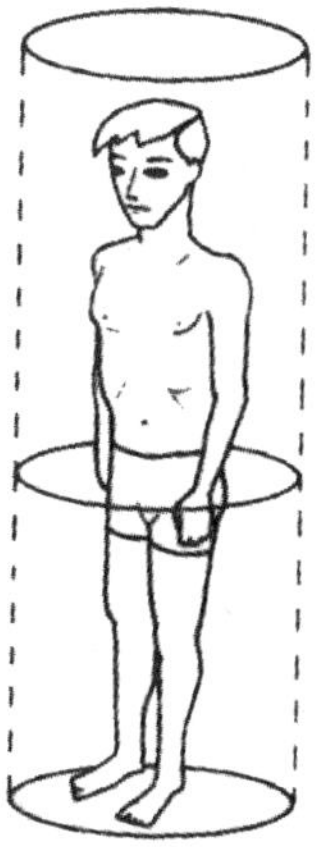

个人空间，就像我们随身携带的大气泡

像大多数动物一样，人类也有自己专属的个人空间，它仿佛是一个便携式的大气泡，无形地环绕着人们的身体。不管我们走到哪里，这个“气泡”以内的空间就是我们的个人空间。像动物的领地一样，人类个人空间的大小也要取决于生长环境当中的人口密度。这也就意味着，个人空间的大小还与文化背景有关。在有些国家的文化背景下，例如日本，人们已经对拥挤的环境习以为常；但是很多其他国家的人就更偏爱开阔的个人空间，希望其他人能够跟自己保持适当的距离。

研究显示，跟大部分社交区域相比，监狱里的人们似乎对个人空间的需求更为强烈，所以在面对朝自己走过来的人时，犯人们总是会变得具有攻击性。如果把犯人单独关押，犯人的情绪就能够得到平复。在19世纪90年代，航空公司因为折扣机票而收入锐减，为了改善盈利状况，公司增加了飞机上的座位，旅客们之间的距离随之变得比以前拥挤，结果导致旅客之间的冲突时有发生。

个人空间的间距

现在我们就要开始探讨这个“大气泡”的半径了。在这本书中，我们将主要以西方文化背景下的中产阶级作为研究对象，比如在澳大利亚、新西兰、英国以及北美、北欧，或者是生活在比较“西化”的新加坡、关岛和冰岛等地区的人们。各位读者所在的国家可能因为文化背景的差异，人们对个人空间的需求会和本书中所探讨的人群有所差别。但是无论如何，我们所提供的研究成果还是可以作为一个很好的参照物。当我们还是12岁的孩子时，对个人空间的需求就已经成型，而且这种需求能够鲜明地分为四种模式。在不同的个人空间里，我们会需要不同间距的“气泡”。

1. 私密空间

私密空间的半径大小为15～45厘米。在所有不同模式的个人空间中，私密空间的间距是最为重要的，因为人们对于这个空间有着格外强烈的防护心理，就像对待自己的私有财产一样。只有在感情上与我们特别亲近的人或者动物才会被允许进入这个空间，比如恋人、父母、配偶、孩子、密友、亲戚和宠物等。在这个空间里，还有更为私密的一个区域，那就是与我们的身体间距小于15厘米的区域。一般来说，只有在进行私密的身体接触时，我们才会允许他人进入这个区域。我们也可以将这个区域称为特别私密空间。

2. 私人空间

私人空间的半径大小为0.46～1.2米。我们在鸡尾酒会、公司聚餐以及其他友好的社交场合，通常会与他人保持这样的距离。

3. 社交空间

社交空间的半径大小为1.22～3.6米。在跟不太熟悉的人打交道时，我们会跟他们保持这样的距离，例如初次见面的人、上门维修的水管工或木匠、邮递员、街边便利店的店主、新来的同事等。

4. 公共空间

公共空间的半径大小为3.6米以上。当我们在一大群人面前发言时，我们往往会选择这个区域，因为大于3.6米的间距会让我们感觉比较舒服。

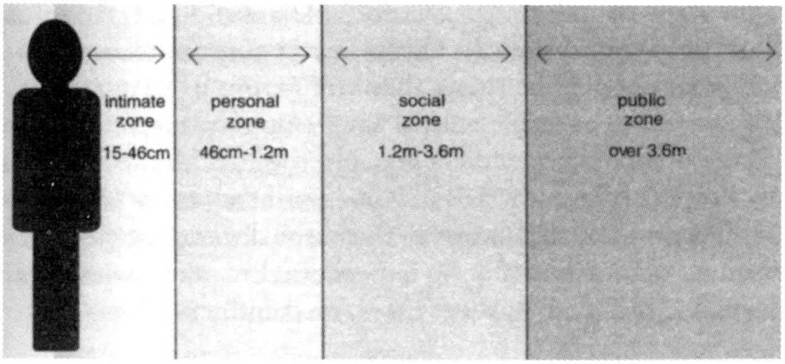

个人空间在四种地带模式下的不同间距

上述所有间距如果在女人和女人打交道时，可能会缩小；反之，如果是男人和男人打交道，间距则可能会扩大。

个人空间间距的应用

别人一般会在两种情况下进入我们的私密空间（距离身体15厘米～45厘米的范围）：其一，入侵者是一个关系密切的亲戚或者朋友；其二，入侵者怀有敌意，甚至准备对我们进行攻击。就像我们前面所说过的那样，人们只能容忍陌生人进入自己的私人空间和社交空间。所以，一个闯入私密空间的陌生人会让我们的身体立刻产生生理反应。我们会心跳加快，大量的肾上腺素会注入血管，血流把肾上腺素传送到大脑和肌肉，于是，我们的身体就做好了随时出击或者逃跑的准备。

这就是说，如果你跟一个初次见面的人勾肩搭背，即使你表现得非常友好和善，对方也会觉得十分反感。尽管他们可能满面笑容，似乎相当喜欢你，但你得知道，这仅仅只是因为他们不想得罪你。

> 跟男人相比，女人和女人之间保持的身体间距更近一些，而且更喜欢面对面相视交谈，彼此的身体接触也更多。

如果你想给别人留下好印象，就一定要遵守“保持身体间距”这一黄金法则。只有在和别人的关系更加亲密的时候，别人才会愿意让我们进一步靠近他。比如，一个新上岗的员工在刚开始跟同事打交道时，可能会觉得其他人都对他很冷淡，但这只是因为大家都还跟他不熟，所以只会让他进入社交空间。随着大家彼此之间的了解逐步加深，身体之间的间距就会逐渐缩短。最后，其他同事会愿意让这位新员工进入他们的私人空间，如果相交甚笃，甚至可以进入私密空间。

谁在靠近谁

个人空间的间距也存在特例，那就是建立在社会地位基础之上的个人空间。比如，一个公司的总裁在周末时可能会和下属一起外出垂钓，当他们在郊外尽享休闲时光时，可能会进入彼此的私人空间甚至是私密空间。但是工作日回到公司以后，这位总裁就会和垂钓的伙伴保持公共空间的距离，就像对待其他员工一样，因为他需要用这种方式维持不成文的社会地位规范。

我们为什么讨厌乘电梯

在拥挤的音乐会、电影院，或者火车、汽车里，个人的私密空间不可避免地要被他人入侵，人们在这个时候的反应可谓五花八门。下面我们就将列出人们在拥挤环境中的反应，这可能发生在满载乘客的电梯里，也可能发生在三明治店前排着长龙的队伍里，或者发生在公共交通工具上。我们所列出的这些反应，可以被视为不成文的法则，因为它在大部分国家的文化背景里都是通用的。

以下是乘坐电梯时的通行法则：

1. 不跟任何人说话，包括自己认识的人。

2. 总是避免和别人的目光相接触。

3. 保持一本正经的表情，脸上不泄露任何情绪。

4. 如果手上拿着一本书或者一份报纸，就假装看得全神贯注。

5. 在人数众多的拥挤人群里，身体保持一动不动。

6. 一直盯着电梯层数的变化。

只要人们企图掩饰自己的真实情绪，他们就会带上一副毫无表情的面具，不让别人窥探自己的内心。这些行为是一种“伪装”，而且经常在各种场合发生。

常常有人说，在上下班高峰期的公共交通工具里，上班族的脸上写满了“痛苦”、“不快”和“沮丧”，这些标签都是用来形容上班族面无表情的脸。可是很多人都不知道，他们对这些表情产生了误读。我们真正看到的是人们的集体伪装。正如上述法则所言，在拥挤的公共场合，当私密空间不可避免地被他人入侵时，人们的反应通常是带上毫无表情的面具。

地铁里的乘客们并非情绪低落，他们只是在掩饰自己的真情实感。

下次一个人去拥挤的电影院看电影时，你不妨仔细体会自己的反应。当你的座位周围充斥着陌生人的脸庞，好好感受一下自己是怎样遵从了上述不成文的法则，就像一个被预设好程序的机器人一般，在拥挤的公共环境里带上了自己伪装的面具。而当你和身边的陌生人无声地争夺座椅扶手时，想必你一定会理解那些独自看电影的人为什么总是要等到灯光熄灭电影开场时才落座。其实，不管是在拥挤的电梯、电影院还是公交车里，当别人无意中入侵我们的个人空间时，我们都可以把他们当作是透明的——也就是说，只要我们不在意、不关心这些人的存在，我们的身体就不会进入紧张的防御状态。

为什么示威人群会暴怒

当某个团体为了某种目的举行示威游行时，聚众游行和分散行动的表现会相当不同，而这种明显的差异正是和个人空间有关。随着示威人群的密度越来越大，每个游行者的个人空间就会被挤压得越来越小，于是他们彼此之间都会感受到敌意。这也可以解释为什么当游行的规模扩大时，游行者的情绪就会变得暴怒急躁，冲突也陷入一触即发的境地。这个时候，如果警察设法将人群驱散开，游行者就会重新拥有自己的个人空间，情绪也就会随之冷静下来。

直到近些年，政府和城镇规划人员才意识到牺牲居民个人空间的高密度居住项目可能造成的后果。人们曾经在詹姆斯岛上以鹿群作为研究素材，分析高密度的居住环境会带来怎样的影响。这个岛位于美国马里兰州，离切萨皮克海湾大约两公里。随着鹿群密度的增加，岛上的鹿成批死亡，尽管岛上食物充足，有威胁的肉食动物很少出没，瘟疫、感染之类的情况也没有发生。早些年以老鼠和兔子作为研究素材时，人们也曾经得到过类似的研究结果。而进一步的深入调查显示，鹿的死因在于肾上腺过于活跃。正是由于居住密度的提高，鹿的私有空间不断减少，从而让鹿产生越来越大的压力，才会导致肾上腺的非正常活跃。肾上腺在动物的生长、繁殖和免疫力方面都有着重要的作用，所以，不是因为饥饿、感染或者肉食动物的攻击，而是因为肾上腺过于活跃而导致鹿群大批死亡也就不难理解了。这个研究结果同样可以解释为什么居住密度最高的地区，犯罪和暴力事件的发生率也最高。

> 拥有属于自己的一席之地是我们内心最深处的渴望之一。正是这种渴望让我们获得了所需要的个人空间。

审讯员在审问罪犯时，常常采用入侵个人空间的技巧来摧垮犯人的抵抗心理。他们让犯人坐在硬邦邦且没有扶手的椅子上，让他身处空荡荡的房间中央，并不断地接近他的私密空间甚至是特别私密空间，直到他肯老老实实回答问题为止。通常情况下，犯人们都会难以忍受私密空间被人侵犯的折磨，很快就会放弃抵抗。

保持距离的礼节

当一个人在陌生人群中寻找属于自己的空间时，比如寻找电影院或者会议桌旁的座位、健身俱乐部里的毛巾挂钩之类，他的行动是有规律可循的。他一般都会先往比较宽敞的区域看，然后选择正中间的那个位置作为自己的空间。具体而言，如果是在电影院，他会在坐得离自己最近的一位观众与排尾之间的区域寻找位置，最后在两点之间的正中落座。如果是在健身俱乐部，他会在空毛巾挂钩最多的区域寻找位置，然后选择挂在空毛巾架的正中间，与两旁被他人使用的挂钩保持相同的距离。也可能他会像在电影院找座位那样，选择位于毛巾架顶头和最近一个他人的毛巾挂钩正中间的位置。这种保持距离的礼节是为了避免因为靠别人过近或者过远而冒犯别人。

> 在陌生人中，我们只会允许医生和理发师进入我们的私密空间。但是，在任何时候，我们的私密空间都会对自己的宠物敞开大门，因为它们不会对我们产生威胁。

如果在电影院中，你没有选择位于排尾与邻近观众的正中间的位置，那位相邻的观众心里可能就会有想法。如果你离他太远，他会怀疑你是不是讨厌他这个人；如果你离他太近，他又会有受到胁迫的感觉。因此，坚持“正中间法则”这一礼仪，就是为了维持人与人之间融洽的气氛。不过，对大多数人来说，对这一行为准则似乎还需要多加练习。

只有在公共卫生间里，这个保持距离的“正中间法则”才会出现特例。我们发现人们在进入公共卫生间时，90%的时候都是直奔最尽头的厕位；如果那个厕位被占用了，人们才会使用“正中间法则”。男人在公共小便池小便时，会尽量避免站在陌生人旁边，而且绝对不会与他人产生目光接触。

做一做午宴测试

下次和别人一起赴宴时你可以做一个简单而有趣的实验。尊重个人空间是不成文的规矩，所以你可以看到餐厅会把盐、胡椒粉、糖、花以及其他一切桌上的物品都仔细地摆放在桌子正中间的那条线上，这样，每位顾客的座位都能得到平等的待遇。个人空间的大小都一样，取放佐料的距离也基本相等。在宴会进行过程中，试着悄悄地把盐瓶挪到一个同伴的身边，然后再把胡椒粉、花之类的东西也挪过去。不久，你的这位午宴同伴就会产生个人空间遭到入侵的微妙反应。他要么就会坐得离桌子远一点以便重新获得属于自己的个人空间，要么就会把面前的东西都放回桌子中央。

文化因素

有一对年轻的意大利夫妇从意大利移民到澳大利亚的悉尼，他们被邀请加入当地的一个俱乐部。可是过了几个礼拜，这个俱乐部的三位女会员抱怨那个意大利男子老是勾引她们，让她们感觉很不舒服。而另一位俱乐部的男会员也表示，那个意大利女人也有类似举动，似乎想给予他某种性暗示。

这个例子说明当不同的文化相互碰撞时，个人空间的间距也会呈现复杂性。很多南欧国家的人对私密空间的要求只有半径20 ~ 30厘米的范围，在某些地区这个间距甚至更小。这对意大利夫妇在和澳大利亚朋友保持25厘米的身体间距时，感觉很自在，完全没有意识到他们已经侵入了对方的私密空间（澳大利亚人的私密空间半径达到了46厘米）。而且，与澳大利亚人相比，意大利人更喜欢进行目光交流和身体接触，于是，俱乐部的其他成员难免会进一步误解他们接近自己的动机。当这对意大利夫妇得知他们被俱乐部成员指责时，他们非常惊讶。好在问题最终得到了很好的解决——意大利夫妇试着在谈话时离对方远一点，尊重澳大利亚文化背景下的个人空间间距。

感情上越是亲近，身体距离就会越近。

在意大利夫妇看来非常愉快的普通交际活动，在澳大利亚人眼里就会演变成“求爱”或者“勾引”。而当澳大利亚人为了获得舒适的个人空间不断往后退时，意大利夫妇还以为他们都是冷酷而不好交往的人呢。

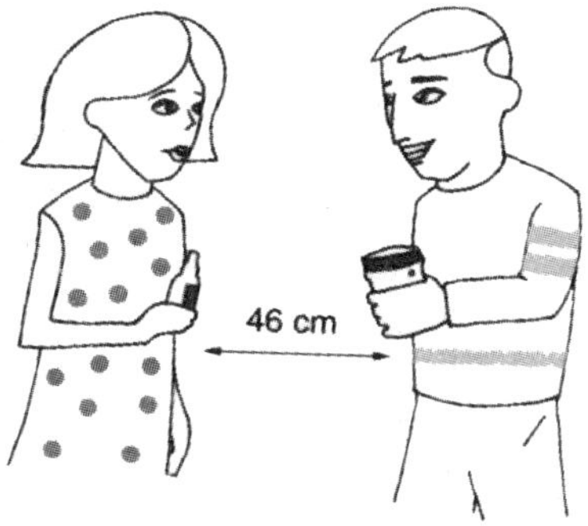

大部分西欧、北欧和斯堪的纳维亚的城镇居民在交谈时所能接受的身体距离

这个男人对个人空间没有强烈的需求，迫使跟他交谈的女人不得不往后倾斜，以防护自己的个人空间。

如上图所示，当男人入侵到女人的个人空间时，女人做出了消极的反应。她的身体往后倾斜，试图保持令她感觉舒适的距离。可是，这个男人的文化背景决定了他所需要的个人空间比较小，所以他继续靠近对方，以保持让他感觉舒适的距离。男人的这种举动在女人眼里，很可能就会解读为带有性暗示的举动。

在跳华尔兹时日本人为何总是领舞

开国际会议的时候，在城市出生的美国人通常会与他人保持46～122厘米的距离，而且在跟别人交谈的时候，会始终站在原地。但是，如果你仔细观察一个日本人和一个美国人交谈的场面，你将发现这两个人会一边谈话一边在房间里慢慢移动，美国人一直在后退，而日本人则一直在前进。这是因为交谈双方（日本人和美国人）都在调整属于自己的个人空间，好让自己感觉舒服自在。所以，只需要半径25厘米个人空间的日本人，会不断地靠近交谈对象，以适应自己对空间的需要；可是美国人却感觉自己的私密空间遭到入侵，于是不得不一直往后退，来满足自己对空间的需求。记录这一场面的录像在快放的时候会呈现非常滑稽的现象：这两个男人仿佛在房间里跳华尔兹一般，领舞的就是那个日本人。

这也能部分地解释为什么在国际商务谈判时，亚洲人、欧洲人和美国人看待彼此的眼神总是充满了疑惑。

在欧洲人和美国人看来，亚洲人是“纠缠不休”、“随随便便”的人；而在亚洲人眼里，欧洲人和美国人则是“待人冷淡”、“不友好”的人。正是文化背景的差异让人们难以意识到不同地区的人对个人空间需求的变化，所以很容易对他国的人形成误解或者作出不准确的推断。

乡村的人与城市的人对个人空间的不同需求

正如我们前面所提到的那样，一个人对个人空间的需求与他所生活地区的人口密度相关。例如，在人烟稀少的田园长大的人，会比在人口稠密的城市长大的人，需要更大的个人空间。所以，当一个人和别人握手时，我们只要观察他伸出手的幅度，就能判断他是来自大城市还是小乡村。在城市里长大的人们通常需要半径46厘米的个人空间。这个半径也是当他们跟别人握手时手腕和身体之间所保持的距离。

把手伸到个人空间的边缘处，可以让彼此问好的两个人互不侵犯对方的个人空间。在人口密度较低的乡间长大的人，通常需要半径1米以上的个人空间。同样，这也是他们在跟人握手时手腕与身体之间所保持的距离。

两个来自城市的人彼此握手问好，他们把手伸到距离身体46厘米的位置。

两个来自乡村的人在握手时，把手伸到距离身体1米的位置。

乡村的人们在跟你问好时，通常会稳稳地站在原地，为了能够握住你的手而身体前倾；而城里的人们则会走上前去跟你握手。在偏远地区长大的人还会需要更大的个人空间，最大的能够达到半径6米。这些地区的人们在彼此见面时不会采取握手的方式，而是远远地站着，向对方挥手问好。

生长在城市的农用设备推销员，在偏远农村进行上门推销时，一定会觉得上述信息非常实用。比如，一个农民或许需要半径1～2米的个人空间，那么，如果你跟他握手的话，他就会觉得自己的个人空间遭到入侵，从而产生不快或者抵触的情绪。那些来自乡村的优秀销售员一致认为，在跟乡下的顾客问好时，虽然可以握手但身体不要靠得太近；而在跟偏远地区的农民打招呼时，只要远远地挥挥手就可以了。以这种方式开场的推销，最有可能获得满意的销售成果。

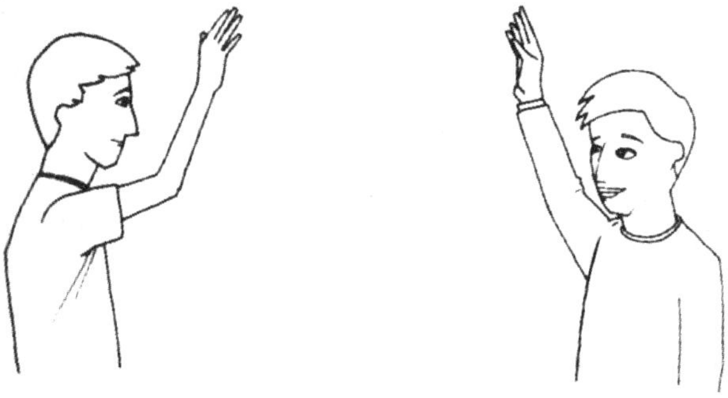

偏远地区的人们在见面时会保持较大的身体距离。

领地与所属权

一个人所拥有的房屋和他经常使用的空间，共同构成了他的私有领地。在这些领地遭受入侵的时候，他会为了捍卫他们而战。家、办公室、汽车，都代表着一个人的私有领地，人们会用墙、铁门、栅栏、户门之类的东西明确划分领地的边缘。每一个领地的内部也会被分为若干个小领地。比如，家庭中的某个成员可能会将厨房视为自己的专属领地，在他使用厨房时不允许任何其他成员进入厨房；公司里的某个商务人士可能会对会议室的某个座位特别偏爱，而将它视为自己的专属空间；同样，也许咖啡馆的某个顾客会特别青睐墙角的那个席位，家里的妈妈或者爸爸也会有自己最喜欢的某把椅子，等等。所有这些区域要么就是人们所拥有的财产，要么就是人们常常使用的空间。咖啡馆的那位顾客为了充分占有自己喜爱的座位，甚至会在桌面上刻上自己名字的大写字母；公司的那位商务人士为了标记属于自己的座位，会用文件夹、钢笔、书、衣服等东西堆满那个半径46厘米的私密空间。

德斯蒙德·莫里斯曾经研究过图书馆的占座现象。他发现在图书馆的椅子上留下自己的一本书或其他小物品，平均能够将这个座位保留77分钟；如果留下自己的一件夹克，那就能把这个座位保住两个小时。在家里，每个家庭成员也会在自己最喜欢的椅子上放置个人物品，例如手提包、杂志之类，以此显示自己对这一空间的专属权。

当你在办公室和老板会面时，如果老板邀请你坐下，而你无意中却没有坐在他指定的那个座位，反而坐在了老板自己喜欢的位置，那么老板一定会因为个人领地被入侵而产生焦躁情绪，并且随之产生防御心理。其实，一个简单的问题就能化解这样的尴尬。“哪个座位是您的？”落座之前多问这么一句，你就不会误闯入老板的私有领地了。

与汽车有关的私有领地

驾驶汽车的人在对待与汽车有关的私有领地时，往往和对待普通私有领地的态度大不一样。

汽车或许会放大人们对于个人空间的需求，在某些时候，这种需求可能会放大到正常情况下的十倍。也就是说在驾驶汽车的时候，人们会感觉自己的车前和车后都需要8米至10米的个人空间。如果在行驶过程中，其他的驾驶者超越到我们的汽车前方，那么即使这个驾驶者不会给我们带来危险，我们的身体仍会产生生理上的反应，例如情绪变得愤怒，甚至想要攻击这个驾驶者。这种生理反应被人们称为“公路暴怒”。相比而言，当我们走向电梯时，如果有人插到我们的前面，入侵了我们的个人空间，我们会有怎样的反应呢？一般来说，在这种情况下，我们会表现得态度谦逊，允许他人先走进电梯。这种态度与在公路上驾车被人超越时的反应，差异真是太显著了！

> 一旦身处车内，人们便以为可以消失于他人的视线。这就是为什么汽车里的人们敢于在众目睽睽之下举止亲密的原因。

对有些人来说，汽车就是能够保护他们的一个茧，成为他们在这个世界上的一个藏身之地。当他们为了和其他车辆拉开距离而慢慢地沿着路边行驶时，汽车的轮胎几乎快要开进路边的排水沟；对更大的个人空间的需求，让他们不惜在马路上冒险。而向来就对个人空间要求比较低的意大利人，常常被人指责跟车过近，或者因为在高速路上追逐其他车辆而遭到抗议。其实，这只是因为意大利人的文化里更喜欢跟他人保持较近的距离而已。

做一个测试

看看旁边这幅图片，然后根据我们所探讨过的有关个人空间的知识，推测图中的两个人所处的情境。一些简单的问题以及进一步的仔细观察就会让你避免错误的推断，同时帮助你得出正确的答案。

他们是什么人？又来自何方呢？

我们可以对图片中的两个人做出以下任意一个推断：

1．这两个人都来自城市，而且这个男人正在希望接近这个女人。

2．与这个女人的个人空间相比，这个男人所需要的个人空间要小一些，而且男人并没有意识到自己已经入侵了女人的个人空间。

3．这个女人所处的文化背景对个人空间的需求不算大。

4．这两个人彼此之间颇有好感。

总 结

我们对待他人个人空间的态度，决定了我们会成为受欢迎的人还是遭嫌恶的人。不管跟谁打招呼都要拍对方的肩膀，或者在聊天的时候总是接触对方的身体，这种大大咧咧的人在每个人的心里都是遭到嫌恶的。有太多的因素会影响到人们与他人之间所保持的身体距离，所以，在你思考为什么人们会保持某一特定间距的原因时，一定要考虑到每一个细微的因素，然后再作出判断，这样才是最明智的做法。

第10章

腿部动作泄露的秘密

流行的步态 /188

双脚如何说真话 /189

腿部动作的目的 /189

戒心、寒冷还是觉得舒服 /193

身体姿态从封闭转向开放的过程 /193

欧洲版双腿交叉 /195

美国版的“4字腿” /195

身体姿势封闭的同时，内心也是封闭的 /196

用手抓着“4字腿” /197

脚踝相扣 /197

短裙综合症 /200

两腿交缠 /200

两腿交叉而小腿保持平行 /201

伸出右脚还是缩回来 /201

总结 /202

越是远离头部的身体部位，我们就越不关注它。比如，大部分人都对自己的脸部非常在意，而且会有意识地控制面部表情和头部姿势。我们甚至可以通过反复操练，熟练地掌握一些表情。例如，假装若无其事的样子，表达反对态度的眼神，强颜欢笑，等等。如果奶奶在你过生日时又送给你难看的内衣，相信你一定能毫不费劲地展现开心的笑脸。可是除了脸部以外，我们很少注意到双臂和双手的姿势，胸部和腹部也一样不受重视，更不用提腿部的动作，而双脚则几乎完全被我们忽略掉了。

这就意味着人们的腿部和双脚是丰富的信息源，能够泄露人们内心的秘密。因为大部分人都对腿部和双脚的动作不太关注，根本不会考虑掩饰或者伪装这部分的肢体动作，而这种掩饰和伪装常常都会在人们的脸部上演。一个人或许可以假装出镇定自若的表情，可是如果他的双脚不断地轻敲地板或者双腿一直微微晃动，那就说明在镇定自若的神情下，他的内心充满了想逃却逃不了的挫折感。

> 双脚轻轻晃动隐藏着当事人逃离当前困境的企图。

流行的步态

一个人走路时手臂摆动的方式能够让你洞穿他的个性，或者是他希望向你呈现的个性。当年轻、健康又动感的人走路时，他们的速度明显快于老年人，而且双臂前后摆动的幅度也更大，有时甚至像急行军一样。这要部分地归因于年轻人轻快的步伐以及良好的肌肉柔韧性。正因如此，部队行军的规范姿势也逐渐演变成比较夸张的步态，目的就是塑造军人们年轻健壮、精力充沛的形象。很多想要展现健康活力的政治家和公众人物，也纷纷采用这样的步态，这也就是政治家们总是大步流星的原因。女人在走路时，手臂向后摆动的幅度更大，因为女人的肘部向外弯曲的能力更强，这一特点让她们在背着孩子时能更稳地托住孩子。

双脚如何说真话

我们曾经邀请一些经理参加系列测试，要求他们在情景访问中撒谎，并且尽量表现得令人信服。我们发现所有参加测试的经理，不论男女，在撒谎时脚部的下意识动作都会显著增多。

大部分经理都会伪装面部表情，甚至还会控制手部的姿势，但是对双腿和脚部的动作却几乎浑然不觉。测试结果完全验证了保罗·埃克曼的研究成果。正是这位心理学家指出，当人们撒谎的时候，下半部分的肢体动作会大量增加，所以只要观察者能够看到撒谎者的整个身体，就能大大提高识破谎言的成功率。这同时也能解释为什么很多商务人士只有坐在整体实材的办公桌后面才会感觉到舒适——因为办公桌能够隐藏他们身体的下半部分。

如果拿不准对方是否在欺骗你，不妨低头看看他的双脚。

跟实材桌面相比，玻璃桌面会给我们造成更大的压力，因为透明的玻璃让我们的腿部一览无余，从而让我们感觉无法完全掌控自己的身体。

腿部动作的目的

在人类的进化过程中，腿部动作主要服务于两种目的：一是向前走以获得食物，二是在遇到危险时逃跑。由于人类的大脑直接关联着这两种基本目的，能够走向自己想要的东西和远离自己讨厌的东西，所以人们的双腿和脚部能够显示他们内心的动向。换句话说，通过观察别人的腿部，你就能知道对方到底愿不愿意跟你继续交谈。

不互相交叉或者大幅叉开的双腿展现出一种开放的姿态，或是处于支配的地位；而交叉的双腿则显示出一种保守的姿态，或是没有把握的态度。如果一个女人对面前的男人没兴趣，她就会把双臂叠放在胸前，双腿交叉，并且远离男人的身体，向男人发出“闲人免入”的身体信号。如果她对这个男人有兴趣，则会采取开放的身体姿态。

1. 立正的姿势

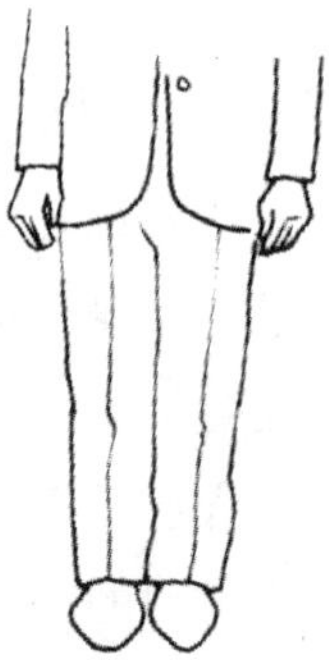

立正的姿势

这是一个非常正式的站姿，显示出一种中性的态度，不表达任何或去或留的倾向。在异性间的面谈中，女人比男人更常使用这个姿势，直立紧闭的双腿传达出“不置可否”的信号。学校的学生们在跟老师说话时经常保持立正的姿势，公司的下级跟上级汇报工作、人们见到王室成员或者雇员跟老板交谈时，也都采用这个姿势。

2. 双腿叉开

展示胯部——凸显男人的雄性气概

正如前面所提到的，这是一个传达支配意味的动作，属于非常典型的男性身体语言，如同展示胯部的站姿。这个站姿会把双脚坚实地踩在地面，仿佛在清晰地告诉别人，自己毫无离开的打算。

在体育比赛的中场休息时间，我们常常看到男队员们围成一圈站着，每个人都做出展示胯部的站姿，而且还不断变换着胯部的姿势。这种变换跟身体发痒没有任何关系，仅仅是因为这样的动作能够展现他们的雄性气息，而全部队员都采用相同的站姿则能够表现出队伍的团结。

硬汉们最钟爱展示胯部的站姿

3. 稍息的姿势

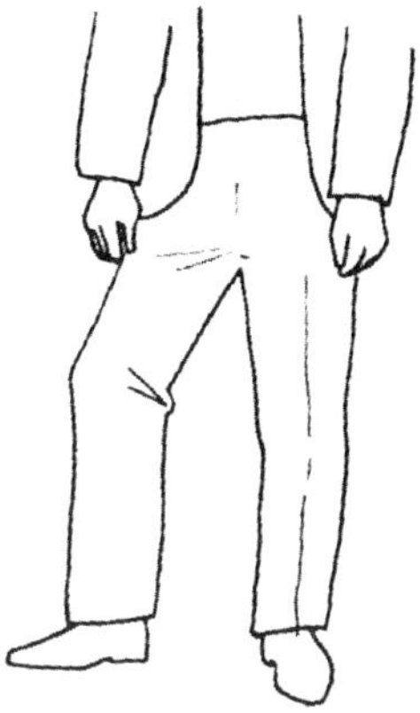

稍息的姿势：伸出的脚尖所指向的方向，就是内心所向往的地方。

把身体的重心放在一侧的臀部和腿上，这样就能让另一只脚伸向前方，稍作休息。在中世纪的画作里，那些身份高贵的男主人公总是保持着稍息的姿势，因为这样的站姿能够让他们展示自己精美的袜子、鞋子和裤子。

这个姿势非常有助于我们判断一个人当下的打算，因为人们伸出的脚尖所指向的方向，往往就是他们内心里想要去的地方，而且，这个姿势看起来也就像是一个人正要准备迈步的样子。如果是和一群人在一起聚会，我们伸出的那只脚，总是会朝向最幽默或是最吸引我们的那个人；但是如果我们想要离开的话，那只脚就会朝向离我们最近的一个出口。

4. 双腿交叉

下次和一些男女同事一起参加会议时，注意观察这样一种人——他们站着的时候总是让双臂和双腿都保持交叉的姿势。如果你观察得更仔细一点，你还能发现，这些人会跟其他与会者保持较远的距离，比人们惯常的普通社交距离要远得多。

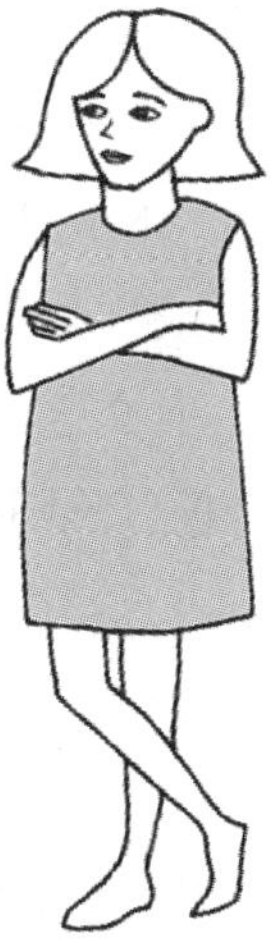

双腿交叉的站姿

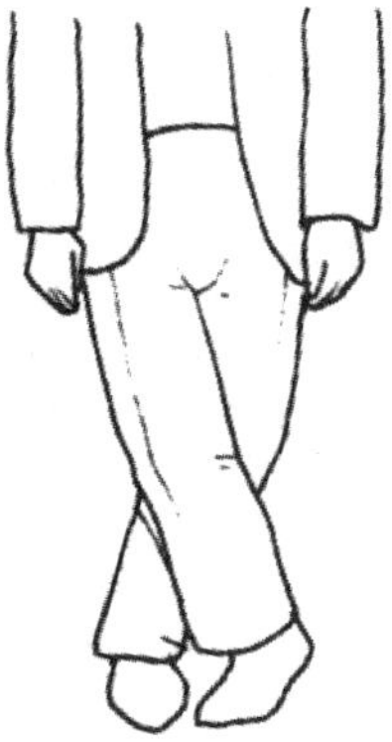

剪刀型站姿：表达“不置可否”的态度，但并不打算就此离开。

如果这些人穿着外套或是夹克，那么衣服的纽扣很可能都是扣上的。这也是大部分人在身处陌生的环境时下意识的一种反应。所以，你若是和这些人交谈的话，你会发现他们跟其他的与会者互不熟悉。

对于女人而言，剪刀型站姿或是单腿交叉（一条腿保持直立，另一条腿弯曲与直立的腿形成交叉）的站姿传达出了两个信息：第一，她会继续待在原地，没有离开的打算；第二，持有拒绝接近的态度。不过，如果是男人做出这样的姿势，虽然同样意味着留在原地的想法，但同时还表达出另一个意图：希望对方不要攻击自己的弱点。如果一个男人在和另一个男人会面时，觉得对方不如自己强悍，那么展示胯部的站姿就显得非常合适；可如果他是和一个比自己强悍的男人打交道，这样的站姿就会让他显得争胜好斗，而且他自己也会感觉容易受到对方的攻击。研究显示，缺乏自信的人们经常会使用双腿交叉的姿势。

双腿叉开是男人自信不疑的表现，双腿交叉则是男人沉默寡言的表现。

试想一下，在会议当中还有另一种人，他们站着的时候双臂舒展，手掌置于身体前方，外套的衣扣是松开的，外表显得非常放松；他们的身体重心放在一条腿上，另一条腿自然地伸向前方，脚尖指向其他的与会者。这群人频频做着各种手势，来往于各自的私人空间。你只要进行一个稍微深入的调查，就会发现这群人彼此之间是朋友，或者是有过一定的私交。而之前那群双臂和双腿保持交叉姿势的人，或许他们也会有着轻松的表情，跟其他人的谈话听起来也很自然随意，但交迭的手臂和双腿告诉我们，在和其他与会者交往时，他们并不像自己所表现出来的那样放松和自信。

试试这个举动：加入一个相谈甚欢的小群体，确保你不认识其中的任何一个人；让你的双臂和双腿紧紧交叉，并且保持严肃的表情。很快，这个小群体的其他人就会一个接一个地做出双臂和双腿交叉的姿势，直到你这个陌生的参与者离开。你不妨走远一点观察，看看这个群体的人们是如何一个接一个地又重新恢复最初那种开放的身体姿态。

双腿交叉的姿势不仅会传达出消极和戒备的情绪，它还会让一个人显得缺乏安全感，并且引发身边的其他人也相应地做出双腿交叉的姿势。

戒心、寒冷还是觉得舒服

很多人也许会说，他们交叉双臂或者双腿并不是出于戒备心理或是缺乏安全感的表现，他们这么做仅仅是因为身体感觉到寒冷。但是，如果一个人想要抵御寒意，他会把手塞到腋窝底下，而不是交迭在手肘的后方，而后者正是带有戒备意味的双臂交叉姿势。另外，如果一个人真的觉得寒冷，他或许是会两腿交叉。但是通常在寒冷的情况下，交叉的两腿会保持僵直的姿势，并且紧紧地贴在一起；而不像出于戒备心理而两腿交叉时那样，腿部保持着较为松弛的状态。

她看起来是在挨冷受冻吗？或者只是在寻找休息室呢？

习惯于将双臂和两腿交叉的人，总是将这个动作归因于寒冷，而不愿意承认自己在动作背后隐藏的紧张、焦虑或是戒备心理。也有很多人说，这么做只是因为感觉舒服。这种说法或许是真实的——当一个人缺乏安全感、产生戒备的心理时，交叉的双臂和双腿确实会让他感觉舒服，因为这样的动作吻合了他的情绪。

身体姿态从封闭转向开放的过程

在聚会中，当人们逐渐了解了周围的同伴，感觉更加自在以后，他们的身体姿态就会发生一系列变化，充满戒备意味的双臂和双腿互相交叉的姿势，会逐渐转向开放自然的姿势。在任何环境里，这样的转变过程都遵循着完全相同的程式。

A 彼此之间不太了解　　　　B 彼此坦诚的态度，互相接受了对方

这个转变过程是从封闭的身体姿态开始的，也就是双臂和双腿都呈交叉的状态（如图A所示）。

当两个人之间的交谈变得比较愉快，相互间建立起了和谐亲善的关系时，最先发生变化的就是腿部动作。他们不再保持两腿交叉的姿势，而是两脚并拢，形成立正的站姿。

接着，交叉的双臂中处于上方的那只手臂会伸出来，而且在说话的时候手掌还会做出一些手势。尽管这只伸出的手臂还没有完全放开，但已经不再是阻挡对方的屏障，此时它不过作为另一只手的支撑，使整个上半身呈现单臂遮挡于前胸的姿势。渐渐地，双臂都放松下来，一只手做着手势，或是置于臀部，也可能是插在裤子口袋里。最后，彼此熟知的两个人都采取稍息的站姿，双臂自然舒展，显示出乐于接受对方的态度（如图B所示）。

欧洲版双腿交叉

双腿交叉的欧洲版坐姿

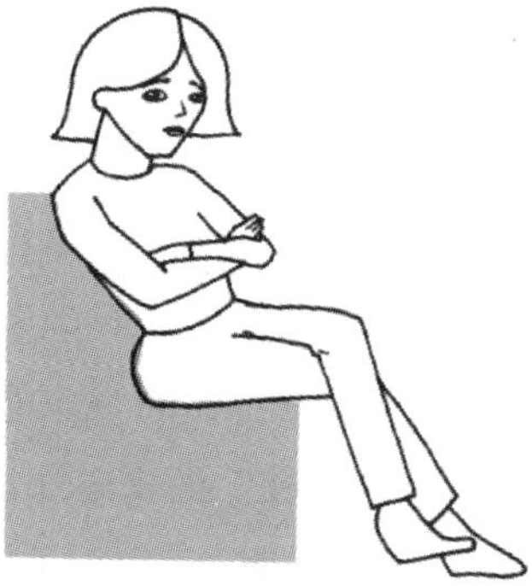

对交谈毫无兴致

坐着的时候把一条腿轻巧地放置在另一条腿上。大约有70%的人在做这个动作时，是将左腿放置在右腿上。这种姿势是欧洲大陆、亚洲和大不列颠文化里最常见的双腿交叉姿势。

当一个人在和你交谈的时候，双臂和双腿都做出互相交叉的姿势，那就说明他的心绪已经游移于你们的交谈之外。这个时候如果你想让他对你的观点表示心悦诚服，那一定是非常困难的。

我们发现，在商务交际中，如果一个人在坐着的时候双臂和双腿都保持交叉状态，那么他就会倾向于使用短句，对他人的建议也更多地持否定态度，而且对于大家所讨论的细节问题会有些漫不经心。相对而言，那些坐姿自然开放的人就要积极和投入得多了。

美国版的“4字腿”

将一只脚的脚踝放置在另一条腿的膝盖上，两条腿形成“4”字的形状，这就是双腿交叉坐姿的美国版。一般来说，美国男人经常使用这种坐姿；另一些受美式文化影响较大的国家，例如新加坡、日本和菲律宾的年轻人，也喜欢采用这种坐姿。这种姿势所表现的是争辩或者争胜的态度。在澳大利亚和新西兰等国家，人们既会使用欧洲版的双腿交叉坐姿，也会使用美国版的“4字腿”坐姿。在第二次世界大战期间，纳粹党特别关注人们的坐姿，一旦发现有人摆出“4字腿”的姿势，他们就能立刻判断这个人肯定不是德国人，或者他曾经在美国生活过。

欧洲大陆和大不列颠的老年人，很少会做出“4字腿”的坐姿。不过，如今这个坐姿已经广泛存在于多种文化背景里，如俄罗斯、日本、撒丁岛、马耳他等，这些地方的年轻人深受美国电影和电视节目的影响，渐渐地便开始模仿荧屏上的美式坐姿。男人在摆出这种坐姿时，不仅能体现自己的自信和支配地位，同时也能显得放松和年轻。可是，在中东和亚洲的某些地区，“4字腿”的坐姿却被视为对他人的一种侮辱，因为这种姿势会将鞋底展示在众人眼前，而人们在行走的时候难免会让鞋底沾上污垢。

女人们有时会在穿着长裤或牛仔裤时，做出“4字腿”坐姿，但这通常发生在女人之间的聚会中。

研究还显示，大部分人在做出重大决定时，都喜欢保持双脚踩在地面的姿势，所以当别人的坐姿是“4字腿”时，最好不要立刻要求他作出决定。

身体姿势封闭的同时，内心也是封闭的

我们曾经参加过一个会议，与会人员由100名销售经理和500名销售员组成，其中男性和女性各占一半。这次会议的议题是讨论公司应该给销售员提供怎样的待遇。一位知名销售员，同时也是销售员联合会的会长，将在大会上发言。当这位销售员走向讲台时，几乎所有的男性经理和25%的女性经理都做出双腿和双臂交叉的戒备姿势，表现出他们对这位销售员的发言怀有担忧和害怕的情绪。经理们的这种反应的确不无道理，这位销售员怒斥经理们管理能力低下，并认为这就是公司员工管理中存在的最大问题。在这位销售员发言的过程中，听众席的大部分销售员要么身体前倾，表现相当有兴趣，要么就做出思考的手势；但是经理们则始终保持着戒备的身体姿态。

> 当心门关闭时，身体姿势也会随之改变。

接下来，这位销售员论述，在他看来，相对于销售员而言，问题是销售经理们到底应该扮演怎样的角色。这个时候，就像交响乐团的乐手们接到乐团指挥发出的指令一样，大部分男性经理立刻改变了坐姿，做出“4字腿”的姿势。这就意味着他们都在内心里对这位销售员的观点提出反驳。之后的事实验证了这一点，很多经理稍后的确提出了反对意见。我们也注意到，有一些经理尽管不同意这位销售员的看法，却并没有改变坐姿。不过，通过进一步了解，我们发现这部分经理大都是出于身体条件或者疾病所限，无法做出“4字腿”的姿势，比如身材过于肥胖、腿部有伤或者患有关节炎等。

在面对一个身体处于戒备姿势的人时，如果你想要说服他同意你的观点，那么你最好先试着让他改变自己的身体姿势，然后再进行劝说。你可以拿出一些资料让他看看，邀请他坐到你的身边，或者麻烦他帮你做一点小事，替你拿点东西等。这样，他的身体姿态就会改变，比如低下头做记录或者拿着手册、样品之类的东西等。另外，给他递上一杯茶或者咖啡也能产生不错的效果，因为人们很难在端着杯子的时候让双臂或者双腿互相交叉，除非他不怕烫到自己。

用手抓着“4字腿”

如果一个人在做出“4字腿”坐姿的同时，还用一只手甚至双手抓住处于上方的那条腿，那就表示他不只是怀有争胜的态度，还表明这个人是一个特别有主见而且相当顽固的人，他不会认同任何人的观点，只会相信自己。

用手抓着“4字腿”：争胜态度的姿势。

脚踝相扣

男人在做出脚踝相扣的动作时，双手通常会紧握拳头并置于膝盖上，或者是紧紧抓住椅子的扶手，同时还会摆出展示胯部的姿势（如下图所示）。而女人在脚踝相扣时，身体动作略有不同：她们会把双膝并拢，两只脚置于身体同一侧，双手并排或是交迭着轻轻放在位于上方的那条腿上。

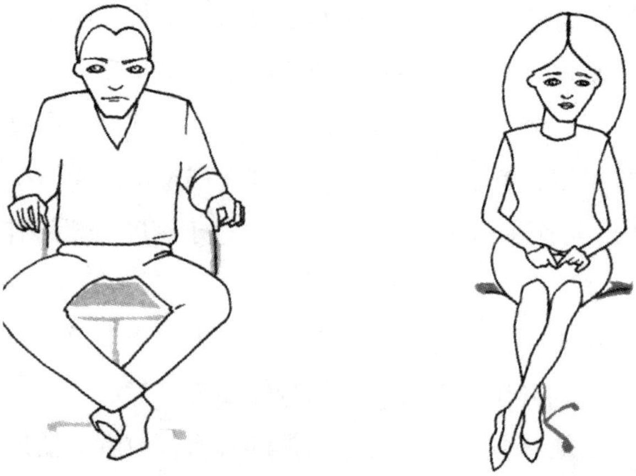

脚踝相扣：男人则双膝敞开；女人尽量并拢双膝，减少两腿之间的缝隙。

根据超过30年担任面试官和销售员的经验，我们发现，当谈话对象脚踝相扣时，他的内心便产生了“紧咬双唇”的潜意识。

这个动作显示出他正在努力抑制某种消极情绪，也许是缺乏把握或者是恐慌害怕。彼此相扣的双脚往往会悄悄地挪到椅子底下，与此相对应的就是沉默寡言的态度。如果一个人对交谈非常投入的话，那么他的双脚也一定会自然地伸向前方。

我们跟随律师所做的调查表明，在等候法庭宣判时，被告做出脚踝相扣这一动作的几率是原告的三倍，因为将紧扣的双脚放在椅子底下，有助于他们控制自己的情绪。另一项针对319位牙科患者展开的调查显示，88%的患者一坐上牙科治疗椅，就会做出脚踝相扣的动作。如果只是进行常规的牙齿检查，那么只有68%的患者会脚踝相扣；但只要是接受牙医的注射，98%的患者都会紧扣脚踝。

跟牙医相比，还是税务员更能让人做出脚踝相扣的动作。

我们曾经深入司法机关和政府部门展开调查，例如去警察局、海关、税务局等处调查，调查结果显示，大部分遭到传唤的人在开始接受讯问的时候，都会做出脚踝相扣的动作。但是做出这一动作的动机更多的是出于害怕，而不是因为羞愧。

我们还在人力资源部门展开过调查研究，并且发现大部分应聘者在面试的过程中，都曾经做出过脚踝相扣的动作。这就说明，当做出这一动作时，他们正在尽力抑制自己的某种情绪或是态度。尼伦伯格和卡莱罗发现，在政治谈判中，如果某位政要做出脚踝相扣的动作，那往往意味着他已经有了给以重大让步的打算，但仍然在竭力克制自己作出这一决定。他们指出，这个时候只要掌握恰当的提问技巧，很可能就会诱导这位政要松开自己的脚踝，并最终作出让步。

> 通过提出积极的问题引导对方的情绪转向乐观，往往就能让对方松开自己的脚踝。

在刚开始研究脚踝相扣这一肢体语言时，我们就发现，恰当的提问技巧能够有效地（成功率为42%）让交谈对象松开自己的脚踝，并恢复自然放松的状态。除此之外，如果会见者走到交谈对象的身边，并在一旁的椅子上坐下来，也会让交谈对象感到放松，因为在互相交流的两个人之间没有了桌子这一屏障。于是，随着情绪的平复，交谈对象的脚踝就会松开，整个谈话的气氛也会变得更加开放和亲切。

曾经有一家公司就提高客服电话的质量与效率一事，请我们提出解决方案。在这家公司展开调查研究的过程中，我们认识了一个男人，他干着一份并不令人羡慕的工作：负责追讨客户债务。我们看到他给很多客户打电话，尽管他的声音显得很放松，但我们发现，他的脚踝始终紧紧相扣，并且放在椅子底下；不过，只要是和我们谈话，他就不会做出这样的动作。我们问他："你喜欢这份工作吗？"他立刻回答："非常喜欢！这份工作很有意思。"虽然他的表情和语气都很令人信服，可是这样的回答实在与他的身体语言相矛盾。所以，我们再次问道："你真的这么认为吗？”这个男人沉默了一会儿，松开了脚踝，手掌也舒展开来，然后答道：“哦，实际上，我都快要被逼疯了！”他告诉我们，每天他都要接到很多客户打来的电话，有的客户非常粗鲁，还有的十分凶悍，所以他必须不断练习控制自己的情绪，以免让客户察觉出自己的不满。除了这个男人以外，我们还发现，那些不喜欢通过电话与客户交流的销售员，大都习惯于保持脚踝相扣的坐姿。

短裙综合症

穿着迷你裙的女士必须让双腿和脚踝保持彼此交叉的姿势，个中原因是不言自明的。不过，多年的积习会让很多老年妇女总是保持双腿交叉的坐姿。可这样的姿势不仅会让她们看起来显得非常拘谨，而且其他人也会在不知不觉中将之误读为防备他人的信号，从而在跟她们打交道时更添几分谨慎。

> 迷你裙会让女人看起来显得难以接近。

很多人仍然会声称，不管是脚踝相扣的坐姿，还是双臂和双腿交叉的戒备姿势，他们在做出这些动作时仅仅只是因为“觉得舒服”。如果你也属于这一人群中的一员，那么请记住，这些姿势只有当你处在戒备、消极或者有所保留的态度中时，才会让你觉得舒服。

一个消极的身体姿势会增强或者延续你的消极态度，其他人也会因此而认为你是一个忧心忡忡、戒备心重或者凡事都置身事外的人。所以，你应该常常练习和使用积极、开放的身体姿势。这样不仅有助于提升自信心，而且还会让其他人对你的印象大有改观。

两腿交缠

这个动作基本上专属于女性，而且是羞怯和胆小的女性以及兼职柔术演员的标签。把一只脚的脚尖紧贴在另一条腿上，这样的姿势进一步强调了当事人的不安全感。不管女孩的上半身表现得多么放松，但此时的她就像胆小的乌龟一样，希望自己能够躲进厚厚的壳里。如果你希望她褪去坚硬的外壳，那就得采用温暖、友好和轻柔的方式慢慢接近她。

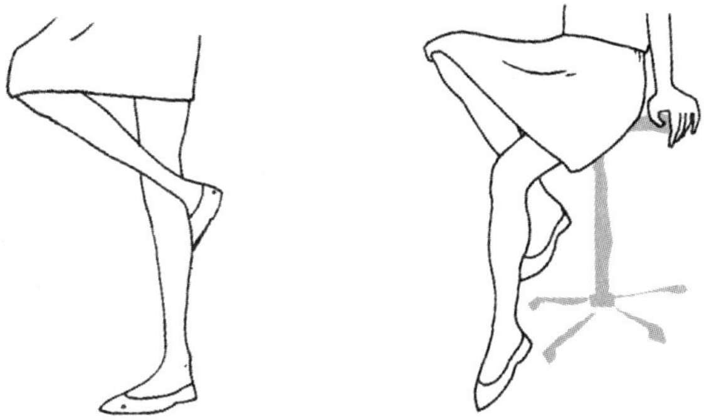

害羞和胆小的人们经常使用两腿交缠的姿势

两腿交叉而小腿保持平行

两腿交叉而小腿保持平行，这一坐姿被男性评选为最钟爱的女性坐姿。

由于男性腿部和髋部的骨骼构造和女性不同，所以很难摆出这种坐姿。正因如此，这个姿势极具女性气质。

一条腿紧紧地贴在另一条腿上，这样的姿势使腿部看起来显得更加健康和年轻，而且会因为极具性感而无比吸引男人。在举止礼仪课和模特培训课上，都会教给女人这种坐姿。有的女人在跟心仪的男人相处时，总是频繁地交叉和松开两腿。虽然她在两腿交叉时也会保持小腿平行的坐姿，但这样的做法可不能与小腿保持平行的端庄坐姿混为一谈，因为这些女人这样做只是为了将男人的注意力吸引到自己的腿上。

伸出右脚还是缩回来

当我们对交谈话题或者交谈对象感兴趣的时候，我们会把脚伸向前方，缩短和交谈对象之间的距离。倘若我们不感兴趣或者不想发言，我们就会缩回自己的脚；如果是坐着的话，还会把脚缩到椅子底下。

在右图中，这个男人试图向女人表达自己的好感，他采用了一系列典型的男性求爱的肢体语言：一只脚伸向女人，两腿叉开，展示胯部，两臂向身体外侧展开，以使自己看起来显得更强壮，并且占取更大的空间。

女人则使用女性典型的表达“闲人免进”的肢体语言：双腿并拢，身体没有正对男人，双臂交叉，尽量缩小自己所占用的空间。看来，这个男人的努力纯粹是在浪费时间。

这个男人非常强势地采取稍息和展示胯部的站姿；旁边的女人却表现出不置可否或是不感兴趣的样子。

总　结

在这里，我们给你提供一个简单的准则——如果是在社交场合，让交叉的双腿展现自己美丽的腿型是无可厚非的，但千万不要在商务场合中这样做。我们的腿部会告诉别人我们想要去哪里，以及我们对他人的好恶。如果你是一位女性，请尽量避免在和商务人士座谈时做出两腿交叉的动作，除非你穿着的是A字型连衣裙，或是下沿至少长过膝盖的裙子。如果你是一位男性，而且经常与商界中的女性打交道，那么同样有一条准则要送给你——常常提醒自己保持膝盖并拢的姿势。

第11章
13种常见姿势

点头的动作 /204
为什么要学习点头 /205
怎样赢得他人的赞同 /205
摇头的动作 /206
基本的头部姿势 /207
低头耸肩 /209
摘去“不存在”的绒毛 /210
怎样展现自己的状态 /210
西部牛仔的姿态 /212
较量 /213
双腿分开 /214
把腿放在椅子的扶手上 /215
骑跨在椅子上 /216
“弹弓式”姿势 /217
准备就绪的坐姿 /219
起跑者的姿势 /220
总结 /220

对于很多生活中看似非常简单的身体语言，人们很少会有意识地去思考其中的真正含义。例如，当两个人互相拥抱时，他们在松开臂膀前会轻拍对方的后背，还会做出象征性的亲吻动作——在对方的脸颊旁发出亲吻的声音。这些身体语言在大部分旁观者眼中，都被默认为是亲近友善的表示。可是事实上，职业摔跤选手在比赛时也会使用轻拍对手后背的动作——提醒对手结束拥抱的姿势，以便打破扭成一团的僵局。如果你跟一群朋友会见某个你并不熟悉的人，其他人都跟这个人热情拥抱，以至于你不得不勉强效仿时，你很可能会在跟这个人拥抱之前，就已经伸出手去轻拍对方的后背。象征性的亲吻（包括这个动作所伴随的亲吻的声音）其实也是人们在不愿意亲吻对方的情况下，以这种方式代替真正的亲吻。

在工作场合，女性最讨厌男人们做出这种姿势。

这一章我们将探讨的内容，涵盖了在日常生活中与人打交道时最常见的一些头部姿势和肢体语言。

很多人都用拍打对方肩膀的方式来打破僵局——也就是逃离那诚挚得令人窒息的拥抱。图中的女人将男人抱得越紧，男人拍打女人肩膀的频率就会越快。

点头的动作

在大部分文化中，点头的动作都用来表示肯定或者赞成的态度。这个动作属于鞠躬的简化形式——就像一个人正准备鞠躬，然而动作只进行到头部就戛然而止，最后以点头的动作象征性地表示鞠躬这一姿势。鞠躬的姿势隐含着顺从之意，所以点头的动作也显示出我们对其他人的观点表示赞同。研究显示，那些先天性聋哑或者失明的人，也会用点头的动作表达肯定和赞成。这么看来，人们很可能天生就会使用这一动作表示顺从的态度。

在印度，头部左右摇摆，也就是摇头的动作，是用来表达肯定和赞成。这种奇怪的习俗令西方人和欧洲人非常困惑，因为在这些人的文化中，这个动作一般是用来表示不置可否的态度。而在日本，正如我们之前所说过的那样，点头的动作未必意味着“是的，我同意你的观点”，它往往只是表示“是的，我听到了你所说的话”。

点头的动作源于鞠躬的姿势，用来表达顺从的态度。

在阿拉伯国家，单一的抬头动作是用来表示否定的态度。而保加利亚人则用通常表达否定的动作，也就是摇头，来表达肯定的态度。

为什么要学习点头

大部分人从来没有意识到点头这一动作的威力，事实上，恰当的技巧可以让点头的动作成为相当具有说服力的工具。研究显示，如果聆听者每隔一段时间就向说话人做出点头的动作——点头次数以3次为宜，会激发说话人的表达欲望，能够让他比平时健谈3～4倍。另外，点头的频率能够显示出聆听者的耐心程度。缓慢的点头动作表示聆听者对谈话内容很感兴趣，所以当说话人陈述自己的观点时，我们应该向对方缓缓地点3次头，表现出认真深思的态度。快速的点头动作等于是在告诉说话人，你已经听得不耐烦了，或者是催促说话人马上结束自己的发言，以便给你一个表达观点的机会。

怎样赢得他人的赞同

点头的动作具有两个强有力的功能。首先，由于身体语言是人们的内在情感在无意识的情况下所作出的外在反应，所以，如果你怀有积极或者肯定的态度，那么你说话的时候就会频频点头。反过来说，假如你在说话时刻意地做出点头的动作，那么你的内心同样会体验到积极的情绪。换句话说，积极的情绪能够引发点头的动作，而点头的动作也能激发积极的情绪。这两者之间存在着双向的因果关系。

点头的动作还具有相当的感染力。如果有人对你点头，你通常也会向他回报以点头的动作——即使你并不一定同意这个人所说的话。因此，在建立友善关系、赢得肯定意见与协作态度等方面，点头的动作无疑是绝佳的手段。在跟别人谈话时，你不妨在每句话结束前添上一个反问短句，再次肯定自己的观点。例如，“难道不是吗”“你应该也是这么想的吧”“这难道不对吗”或者“相当公平了吧”这样边说边点头，聆听者就会和你一起做出点头的动作，于是他的内心由此产生积极的情绪，从而使他很有可能赞成你的意见。

点头的动作能够激发合作与肯定的态度。

如果你在谈话时向对方提出了一个问题，那么在听取对方的回答时，你应该边听边点头。当对方回答完毕以后，你可以继续再点五次头，频率大致保持在一秒钟一次。通常情况下，在你点第四次头时，对方就会再次开始说话，提供给你更多的信息。而你只需要静静地一边聆听一边点头，同时把手放在下巴的位置，表现出认真思考的样子，你就不会有必须开口说话的压力，而且对方也不会对你产生审问者的印象。在聆听的时候，放在下巴上的手不妨做出轻轻抚摸下巴的动作，因为，正如之前我们所说过的那样，这样的动作能够激发别人说话的欲望。

摇头的动作

调查显示，摇头的动作通常表达“不”的意思。这很可能也是人类与生俱来的举动，而且进化生物学家们认为，摇头是人们降临人世后学会的第一个动作。这种理论分析认为，当新生儿吮吸了足够的奶水后，他就会左右摇摆脑袋，以此抗拒母亲的乳房。与之类似，幼儿在吃饱了以后，也会用摇头的动作来拒绝长辈们喂食的调羹。

摇头的动作起源于襁褓中。

当有人对你的意见表示赞同，并且努力让这种赞同的态度表现得诚实可信时，你不妨观察一下他在说话的同时有没有做出摇头的动作。如果一个人一边摇着头一边说，“我非常认同你的看法”，或是“这主意听起来棒极了”，又或者是“我们一定会合作愉快”，那么不管他的话音显得多么诚挚，摇头的动作都折射出了他内心的消极态度。所以，要是你足够聪明的话，最好多留个心眼。

基本的头部姿势

1. 抬头

基本的头部姿势主要有三种。第一种是抬头，当人们对谈话内容持中立态度时，往往会做出抬头的动作。通常，随着谈话的继续，抬头的姿势会一直保持，人们只是偶尔轻轻点头。而且，用手触摸脸颊的手势也常常伴随着抬头的姿势，表现出认真思考的态度。

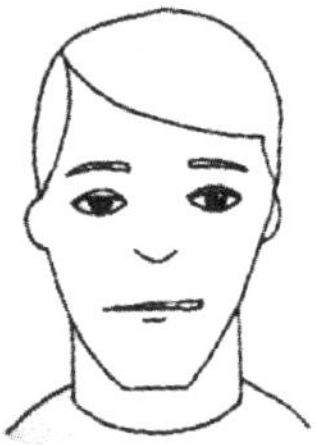

头部自然位置

玛格丽特·撒切尔夫人用高昂的下巴展现自己桀骜不驯的个性。

如果把头部高高昂起，同时下巴向外突出，那就显示出强势、无畏或者傲慢的态度。人们可以通过这个姿势刻意地暴露出自己的喉部，并且让自己的视线处于更高的水平。这样就能以强势的态度俯视他人。事实上，突出的下巴总是与威严感和侵略性紧密相随的原因。

2. 头部倾斜

头部倾斜的姿势暴露出易受攻击的脖子，而且还让人看起来显得更加弱小和温顺。

把头部向一侧倾斜是一种顺从的表示，因为这个姿势不仅暴露出人们的喉咙和脖子，还会让人显得更加弱小和缺乏攻击性。这个姿势很有可能起源于婴儿时期把头靠在父母的肩膀和胸脯上休息的动作。大部分人，特别是女人，似乎是在不知不觉中读懂了这一姿势所传达的顺从与毫无威胁的意味。

和动物（尤其是狗）一样，人类在对某件事情感兴趣时，就会把头部歪向一侧。查尔斯·达尔文是最先发现这一现象的科学家之一。女人们经常使用这个姿势向心仪的男士表达自己对他的兴趣，因为她们明白一个毫无威胁感并且看起来非常温顺的女人，在大部分男人眼里都是极具吸引力的。

我们曾经对过去两百年间的画作展开研究，结果显示，画作中头部倾斜的女性形象是头部倾斜的男性形象的三倍，同样，在广告画中歪着头的女明星也是歪着头的男明星的3倍。这就说明，暴露的脖子所隐含的顺从之意，大部分人仅凭直觉就已经很有体会了。所以，当女人们在商务谈判中跟男人交手时，必须始终保持头部直立的姿势。

在会议上陈述报告或者发表演说时，你应该用心在观众当中搜寻这一头部倾斜的姿势。假如你看到有观众歪着头，身体前倾，做出用手接触脸颊的思考手势，那么你就可以确信你的发言相当具有说服力。而当你聆听其他人的发言时，你不妨对发言人做出头部倾斜和频频点头的动作，这样发言人就会对你产生信赖感，因为在他看来你显得毫无攻击性。

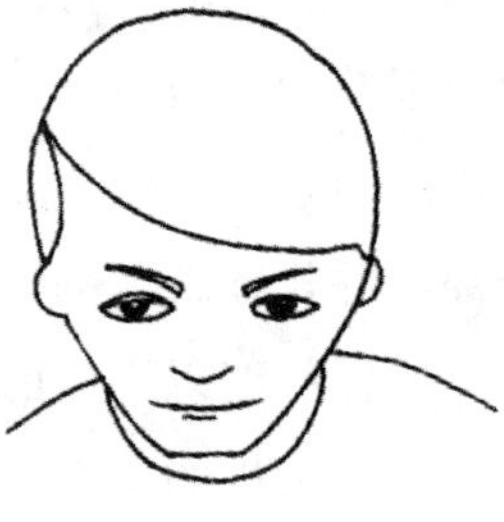

低头的动作显示出反对的态度或者沮丧的情绪。

3. 低头

压低下巴的动作意味着否定、审慎或者具有攻击性的态度。通常情况下，人们在低着头的时候往往会形成批判性的意见，所以，只要你面前的人不愿意把头抬起来或者向一侧倾斜，那么你就不得不努力处理这一棘手的问题。专业的演说家和培训师经常会遭遇这样的困境：观众们都低着头坐在椅子上，把手臂交迭在胸前。

有经验的会议发言人会在发言之前采取一些手段，让台下的观众融入和参与到会议的议题之中。这样做的主要目的就是为了让观众们抬起头来，从而唤起积极投入的态度。如果发言人的策略得当，那么观众们接下来就会做出头部倾斜的动作了。

英国人在跟人打招呼时有一种十分特别的姿势，那就是扭转头部。这一姿势是指在低头的同时将头扭向一侧。扭转头部的问候方式起源于中世纪时期，那个时候的绅士们在遇到朋友时都会脱帽致意；后来这个姿势逐渐演变成低头的同时用手碰触自己的帽子。随着时光流逝，现代社会的英国人将这一姿势进一步简化为扭转头部的动作，同时向对方敬礼或者只是用手轻触前额，以此表达问候之意。

低头耸肩

向上耸肩，同时把头低下，缩在两肩之间，这样的姿势能够保护柔弱的脖子和喉咙免受攻击。当人们猛然听到背后传来一声巨响，或者担心会有什么落物砸到自己时，通常就会做出这种姿势。假如是在个人交际或者商务谈判的场合做出这样的姿势，那就意味着恭顺地向他人道歉。所以，要是你想展现信心十足的面貌，就千万不要做出低头耸肩的动作，那只会给你的形象减分。

低头弓背的姿势，努力让自己显得更微小，以免打扰到其他人。

如果我们从一群人身边经过，而他们正在兴致勃勃地聊天、看风景，或是专心致志地听取领头人的发言，那么为了不打扰他们，我们通常会在经过的时候缩着肩膀，努力让自己显得更弱小和不太引人注意。

这种姿势就是低头弓背。下属靠近自己的上司时，往往也会采取这种姿势。这样一个微妙的动作能够揭示两人之间的地位和权力关系。

摘去“不存在”的绒毛

如果一个人对别人的观点或者态度持有反对意见，但又不愿意直言，那么他很可能会利用某些手势表达自己的感受。或许这些肢体语言看起来与谈话内容毫不相干，但实际上，它恰恰暴露了当事人有所保留的态度。从自己的衣袖上摘去并不真正存在的绒毛，就属于这样的肢体语言。这位假装在摘绒毛的人，通常会双目低垂，与其他人保持一定的距离，看似漫不经心地做着无关紧要的小动作。而这样的小动作正是通常用来表达反对态度的信号。不管他在口头上如何表达自己毫无异议，这个动作都会泄露他内心的想法：他并不是真心地赞同其他人的观点。

摘绒毛的人怀有个人的保留意见，但并不愿意坦率直言。

遇到这种情况，你可以对摘绒毛的朋友摊开手掌，诚恳地问他，“你是怎么想的呢”或是“我感觉你对这个问题持有不同的意见，方便告诉我你的想法吗”然后，把你的后背贴在椅子上，舒展双臂，手掌置于身体前方，静静地等待他的回答。如果他仍然坚持声称自己毫无异议，但又继续在袖子上假装摘绒毛的话，那你就需要采用更直接的方式，来获知隐藏在他内心中的真实想法了。

怎样展现自己的状态

在搏斗或者求爱的时候，为了让自己的身躯显得更强壮，鸟儿们会抖动自己的羽毛，鱼儿会吸入大量的水以促进身体膨胀，猫和狗会努力让身上的皮毛竖立起来。而对于体毛并不丰富的人类来说，在感受到恐惧或者愤怒时，已经没法像远古的原始人那样，通过竖立毛发让自己身躯显得更加伟岸。当我们谈及恐怖电影时，常常会这样描述自己的感受，“这部电影吓得我汗毛倒竖”；而当我们被别人惹恼了时，我们会说，“他气得我脖子上的汗毛都立起来了”；如果我们对某个人一见钟情，就会像触电般的浑身布满“鸡皮疙瘩”。所有这些生理现象都是人类在特定情境下，为了使自己的身躯显得更加强壮而做出的无意识的机械反应。而这种种生理反应的产生，则要归因于皮肤毛孔周围的立毛肌。尽管我们并没有丰富的体毛，但是在恐惧、愤怒或者求爱的情境下，立毛肌仍然会紧张收缩，试图让并不存在的皮毛竖立起来。不过，现代人创造了一种能够让身躯显得更加伟岸的姿势——两手叉腰的姿势。

肘部上提并且指向身体外侧，显示出准备就绪的强势形象；手肘向内弯曲而头部倾斜，则显示出温顺弱势的形象。

不同的人在不同的场合都会做出两手叉腰的动作。例如，小孩子向父母辩解时，运动员等待比赛开始时，拳击手期待下一回合开打时，等等。当男人的领地被其他男性闯入时，他们也会用这样的姿势向入侵者发起无声的挑战。在以上所有场合，人们做出的两手叉腰的动作都是一种世界通用的身体姿势，它传递出随时准备发起攻击的信号。两手叉腰的姿势能够让我们占据更大的空间，同时往外凸出的手肘就像武器一样，可以起到威慑他人的作用，阻止其他人靠近或者穿行于自己的领地。这样的姿势显示出对战斗准备就绪的状态，牛仔们在枪战中就经常使用这一姿势。哪怕只是单手叉腰的动作，也仍旧会十分明显地传递出攻击性的讯息，特别是当弯曲的手肘指向攻击对象时。虽然这个姿势通行于全世界，不过，在菲律宾和马来西亚，这个姿势所传达出的气恼与暴怒的讯息更为强烈。

这个“准备就绪”的姿势之所以能够展现出当事人随时准备发起攻击的状态，就是因为两手叉腰这一动作能够让当事人浑身上下都笼罩着微妙的攻击性气息。这个动作也被称为成功者的姿势，因为它显示出当事人对既定目标的志在必得，或是对某件事情有备而来。男人们经常会对女性做出两手叉腰的姿势，以此显示自己充满男子气概的自信风度。

两手叉腰的姿势能够让你显得更加魁梧和显眼，因为你占据了更多的空间。

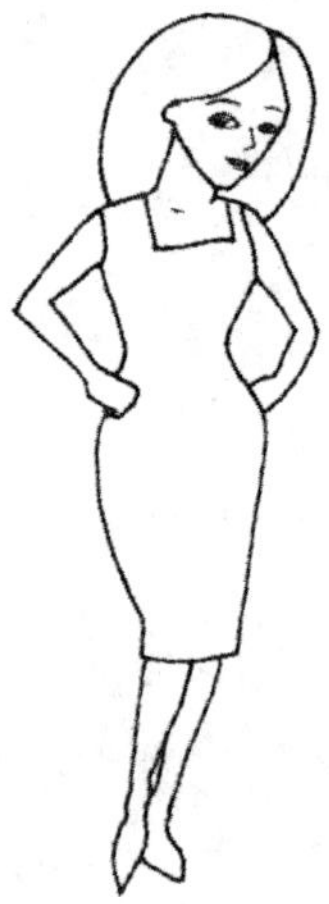

时装模特做出两手叉腰的动作，是为了更好地展现服装的风采。

当我们看到一个人两手叉腰的时候，应该结合具体情境以及他在此之前的肢体语言，来进行综合考量，这样才能保证我们对他的态度作出准确的判断。比如，他在做出两手叉腰的动作之前，外衣的扣子是松开的吗？他在叉腰的时候有没有顺势把衣服的下摆带到臀部呢？或者在他做出这个动作时衣服就是紧紧扣着的呢？如果是在衣服紧扣着的状态下做出两手叉腰的动作，那么这个动作所显示的态度主要是一种挫败感；相反，如果衣服是敞开的，他在叉腰的时候还把衣服下摆拉到了臀部，那么这就是明显的挑衅态度，因为他把自己的前胸完全暴露出来，以此显示自己毫不畏惧的心态。如果他把两脚均匀地分开，挺拔地站着，或者叉腰的双手握成拳头，那么肢体语言所传达的攻击性气息就更加浓烈了。职业时装模特在展示服装时经常会使用这种带有攻击意味的"准备就绪"姿态，这是为了给观众们留下这样的西部牛仔的姿态——他的手指所指向的部位。

有时候模特们只用一只手叉腰，另一只手则摆出其他的姿势。一般来说，这样做的目的是想吸引观众的注意力，通过胯部弯曲的姿态强调自己的细腰圆臀。在恋爱中的男女都经常做出两手叉腰的动作，这同样也是为了博得恋人对自己的关注。

西部牛仔的姿态

把拇指塞进皮带或者放在裤子口袋里，很多男人都用这种姿态来表现带攻击性态度。在西部电影中，最厉害的神枪手通常都是用这样的姿势向观众显示自己的男性气概。

这个姿势也被戏称为“拇指过长的男人”的最爱，在这个姿势中，手臂依然是叉在腰上，手掌则像一个中心指示针一样，向其他人强调胯部的存在。

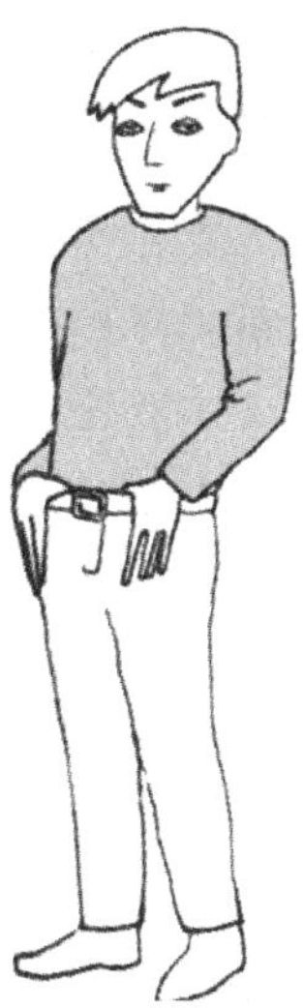

手指指间的地方就是他希望引起别人注意的地方。

男人们使用这个姿势来标识自己的领地，或者向其他男人表现自己的勇敢无畏。黑猩猩们也会做出这样的姿势，不过他们可就没有皮带或是裤子之类的辅助道具了。

这种西部牛仔的姿势是在告诉别人“我是个男子汉，我可以支配一切”，正因如此，男人们在踱步时特别喜欢摆出这个姿势。如果一个男人在跟一个女人说话时，做出这样的姿势，同时瞳孔扩张，一只脚的脚尖指向面前的女人，那么这个女人一定能够一眼洞穿男人的想法。对大部分男人来说，这是一个特别容易泄漏内心的姿势，因为他们总是会在不经意间通过肢体语言把自己的所思所想都告诉给女人。一般来说，做出西部牛仔姿势的人主要都是男人；但是女人在穿着牛仔裤和工装裤时，偶尔也会做出这个姿势。而一些具有女权意识的女性，即使是穿着套装或者短裙，也可能会把一个甚至两个拇指塞进皮带或口袋里。

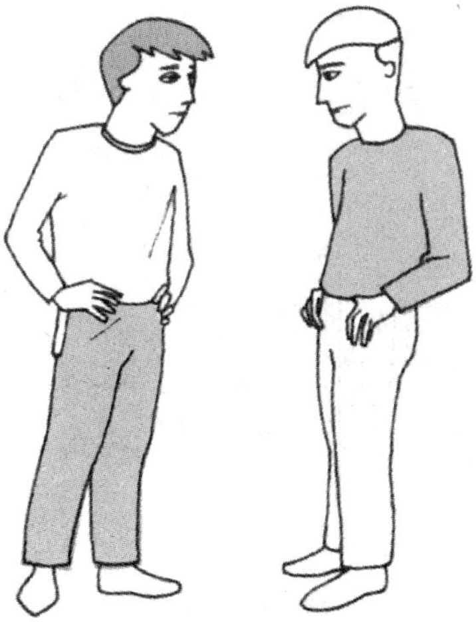

较量彼此的竞争力

较量

左图中的两个男人在暗暗地打量对方，鲜明地摆出了两手叉腰和拇指塞进皮带的姿势。考虑到他们彼此站立的位置存在着比较大的角度，而且双方的下半身都显得很放松，所以我们有理由认定这两个男人只是在不经意地掂量对方的分量，但是不太可能产生面对面的冲突。

他们之间的交谈或许是随意而友好的，但是，双手叉腰的姿势肯定无法营造出完全放松的谈话氛围，除非他们能够放下叉在腰部的手臂，做出头部倾斜之类的动作。

如果这两个男人彼此平行站立，直接地面对面，而且双脚坚实地踩在地面上，双腿分开，那么他们之间很可能会发生一场打斗。

双腿分开

双腿分开的姿势是一个纯属男性专用的姿势，而且，当黑猩猩试图在猩群中间建立自己的权威时，也会做出这个姿势。猩猩们全都把双腿大大地分开，谁占据的面积最大，谁就被视为最有支配权的首领。这样的较量方式可以让猩群免受肉搏的伤痛。同样，男人们在做这个姿势时也是为了争取地位。尽管大部分男人都没有意识到这一点，但是双腿分开的姿势的确传达出了权力与地位的讯息。如果一个男人分开自己的双腿，那么其他男人为了维持自己的原有地位，也会纷纷效仿这一姿势。但是，如果男人在女人面前做这个动作，那将会产生非常不好的影响，在商务场合更是如此，因为女人们不可能模仿这一姿势。

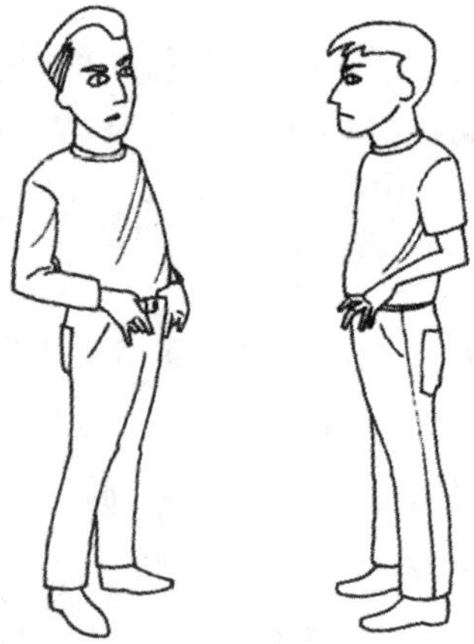

各自的身体语言都传达出攻击性的态度

自相矛盾的信号：他的右手显示出攻击性的态度，但是左手却企图保护自己的身体前部。

> 如果一个男人在商务场合做出双腿分开的姿势，他身旁的女人就会产生遭受胁迫的感觉。

我们所拍摄的会议录像带显示，当男人做出双腿分开的动作时，很多女人随即做出双臂或者双腿交叉的动作。这样的身体姿势立刻让女人们产生了一种防御心理。所以，我们必须非常清楚地告诫男士：在商务会议中一定要保持双腿并拢的姿势。

把腿放在椅子的扶手上

这同样是一个相当男性化的姿势，因为在这个姿势中，双腿也是分开的。这个姿势不仅强调了男人对这把椅子的所有权，而且还传达出一种不拘礼节和挑衅的态度。

不拘礼节、无动于衷和漠不关心的状态。

当两个男性朋友在一起谈笑风生时，把腿放在椅子扶手上可以算是无伤大雅的动作。但是，如果是在其他的场合，这个动作会产生什么不同的影响呢？比如，一位员工因某个私人问题十分苦恼，想去向自己的上司讨教。这位员工坐在椅子上叙述来龙去脉，他身体前倾，双手放在膝盖上，低着头，语调沮丧，声音低沉。他的上司起初是静静地坐着，认真倾听，而后却把后背靠在椅背上，抬起一条腿搁在扶手上。这样的身体姿势变化表现出这位上司的态度明显转向无动于衷或是漠不关心。换句话说，他并不太关心这位员工所面临的难题，他甚至认为自己的时间被这些“陈谷子烂芝麻”给白白浪费了。

那么，为什么这位上司会如此无动于衷呢？或许他也认真考虑了这位员工的问题，但最终他认为这个问题并没有什么大不了的，所以就开始变得漠不关心了。他甚至可能会告诉他的员工干脆不要老想着这个问题，这样的话，所有的困难都将烟消云散。事实上，只要他的腿放在椅子扶手上，他这种无动于衷的态度就会一直持续下去。当这位员工离开他的办公室时，他一定会如释重负地长舒一口气，自言自语道：“谢天谢地，他终于走了！”这个时候，这位上司才会把腿从椅子扶手上放下来。

如果在商务谈判中，遇到这种把腿放在椅子扶手上的人，那可真是一件相当烦人的事情。这个时候首先需要解决的，就是设法让这个人改变自己的坐姿，因为只要他一直保持这种坐姿，他内心中漠不关心或是挑衅的态度就无法驱散。一个简单易行的方法是请他往前面坐一点，拿出一些资料给他看；或者如果你喜欢搞恶作剧的话，不妨告诉他他的裤缝裂开了。

骑跨在椅子上

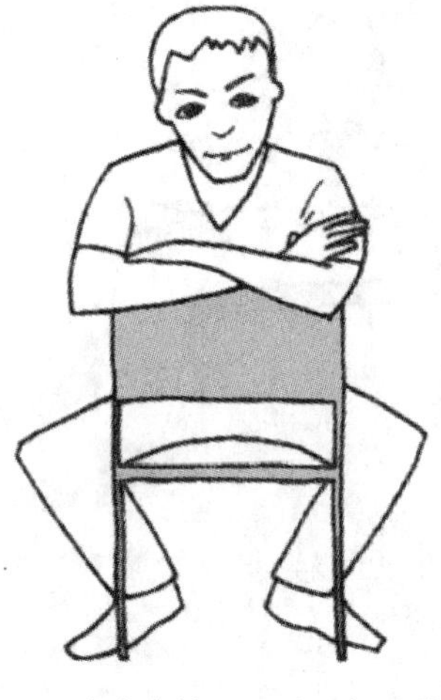

骑跨在椅子上的人想要获取支配与控制的地位，同时，也希望借椅背来保护自己。

几个世纪之前，男人们在战场上用盾牌来保护自己，抵挡敌人的长矛和棍棒。现在，文明社会里的现代人在可能遭受身体上或者口头上的攻击时，也会借用手边任何方便的物体当作象征性的盾牌。这包括站在铁门、户门、栅栏、桌子的后面，或者是站在开启的汽车门后，当然也包括骑跨在椅子上。

椅子的后背可以扮演盾牌的角色，它不仅能保护人的身体，还会让骑跨在椅子上的人产生挑衅与支配的欲望。男人骑跨在椅子上时，两腿能够大角度地分开，做出非常彻底的展示胯部的姿势，从而为骑跨椅子的动作更增几分大男子主义的特征。大部分喜欢骑跨在椅子上的人都属于支配欲望很强的人，当他们开始对谈话内容感到厌烦时，就会试图去控制其他人；而椅子的后背则被他们当作盾牌，可以有效地避免遭受其他人的“攻击”。习惯于骑跨椅子的人一般行为相当谨慎，他们能够在不引起他人注意的情况下，完成从正常坐姿向骑跨坐姿的转换。

有一个最简单的办法能够让骑跨椅子的人改变坐姿，那就是站在或者坐在他的身后，因为这样能够让他感到自己容易遭受攻击，从而不得不改变坐姿。当一群人聚在一起谈话时，这一招非常奏效，因为骑跨椅子的人没法隐藏自己的后背，这一点强迫他必须采取其他坐姿。

如果这个人是骑跨在一把能够旋转的椅子上，那又该怎么办呢？我们得明白，企图跟一个坐在“旋转木马”上，又喜欢展示自己的胯部的人理论，那是毫无意义的，所以最好的防卫方式一定是非语言的策略。

你可以站着发表自己的见解，让自己的目光俯视这个骑跨在椅子上的人，并且逐渐靠近他的私人空间。这些策略能够瓦解他的勇气，你甚至可能发现他因为不自觉地将臀部不断往后挪，而从椅子上滑落下来。

下次如果有这种喜欢骑跨在椅子上的人登门拜访，你一定要安排他坐在带有固定扶手的椅子上，这样他就没法采用自己最钟爱的那种坐姿了。当他不能骑跨在椅子上的时候，他的下一个身体姿势很可能就是两手抱头的“弹弓式”姿势。

“弹弓式”姿势

“弹弓式”姿势是两手叉腰姿势的坐姿版本，和两手叉腰时一样，手肘颇具威胁意味地向外凸出，惟一的不同点在于两只手不是叉在腰上，而是放在后脑勺上。同样，这也基本上属于男性专用的身体姿势。男人们通常用这种姿势给其他人施压，或者故意营造出一种轻松自如的假象，以此麻痹你的感官，让你错误地产生安全感，从而在不知不觉中踏上他预先埋好的地雷。

“弹弓式”姿势是很多职业的象征性姿势，例如会计师、律师、销售经理等；另外，那些自我感觉高人一等，或是对某件事情的态度特别强势、自信的人，也会做出这个姿势。如果我们有读心术的话，我们一定会对这些人头脑中的念头做出这样的解读，“我知道所有的答案”，或是“一切都在我的掌控之中”，甚至是“也许有一天你能变得跟我一样聪明”。管理层的职员经常会做出“弹弓式”姿势；而且新近得到晋升的男性经理也会突然开始习惯于做这个姿势，哪怕他在被提拔之前很少做出这种姿势。还有一些自以为无所不知的人，也经常使用“弹弓式”姿势来给其他人施加压力，换句话说，这个姿势简直就是这种人的标签，他们总是恨不得让所有人都知道他们是多么博学多闻。除此之外，这个姿势还能作为标识个人领地的信号。人们会通过“弹弓式”姿势来占据属于自己的特定空间。

这个姿势往往会和“4字腿”坐姿或者展示胯部的姿势相结合，显示出当事人不仅自我感觉良好，而且还想要获取支配地位。根据不同的情境，你可以采取不同的策略来应对摆出这些姿势的人。比如，你可以身体前倾，摊开手掌，真诚地说：“我知道你在这方面很有自己的见解，能不能请你跟我分享一下你的想法呢？”然后重新靠在椅背上，静候他的回答。

“弹弓式”姿势意味着冷酷、自信，无所不知。

> 如果男人在商务会议上做出“弹弓式”姿势，那么女人立刻就会对这个男人心生厌烦。

你也可以递给他一些资料，但不要伸到他触手可及的范围内，对他说：“你看过这些资料了吗？”这样就能迫使他身体前倾。如果你是一个男人，那么你只需要跟他一起做出“弹弓式”姿势就能有效地应对他的挑衅；因为通过模仿他的动作，你们之间又重新形成了平等的地位。

如果你是一个女人，那么在面对摆出“弹弓式”姿势的男人时，你可以站起来和他说话。这种站立的姿势会强迫这个男人不得不改变自己的坐姿，以便能继续跟你交流。当他停止“弹弓式”姿势后，你可以重新坐下；要是他再度双手抱头，你也就再次站起来。这种方式能够温和地引导他人不要胁迫你。另一方面，如果做出这个姿势的人是你的上司，而且他正在训斥你，那么你要是不识相地跟着模仿的话，一定会让他恼羞成怒。比如，两个职位相同的同事分别做出“弹弓式”姿势，可以显示他们之间的平等地位。可淘气的男学生要是对校长做出这个姿势，那校长不发怒才怪呢。

在一个保险公司，我们发现30位男性经理中，有27位经理经常在他们的销售员或是下属面前做出“弹弓式”姿势；可一旦面对自己的上级，他们就很少做出这个姿势。相反，当和上级相处时，这些经理更可能做出的是温顺和服从的身体姿势。

准备就绪的坐姿

准备就绪的坐姿是谈判代表最该学会辨认的姿势之一。举例来说，假设你为对方提出了一个建议，如果对方在听完你的陈述后做出准备就绪的坐姿，而且交谈的气氛又相当融洽，那么这个时候你可以大胆地询问对方的想法。你多半能够得到肯定的回答。

表示准备就绪的经典坐姿

我们通过录像回放发现，在销售员向目标客户推销商品的时候，如果客户在抚摸下巴的动作（考虑如何作出决定的姿势）之后，紧接着做出准备就绪的坐姿，那么客户给予肯定回答的几率会超过一半。相反，如果在销售员给予购买意见之后，客户先是抚摸下巴，继而双臂交叉的话，这笔生意很可能就谈不成。不过，怒火中烧的人也会采取准备就绪的坐姿，只是他们所准备的是其他一些东西——把你扔到窗外去。所以，为了了解别人的真实意图，我们仍然需要结合当事人之前所传达的肢体语言，进行综合判断。

起跑者的姿势

准备就绪的姿势也传达出结束会谈的愿望。表达这种愿望的肢体语言包括身体前倾，双手分别放在两个膝盖上，或者身体前倾的同时两只手抓住椅子的侧面，就像在赛跑中等待起跑的运动员一样。在你和别人交谈的过程中，只要你看到他们做出了这样的动作，那么你最好重新引导他们对你所推销的商品产生兴趣，或者尝试转换话题的方向，又或者干脆结束你们的会谈。

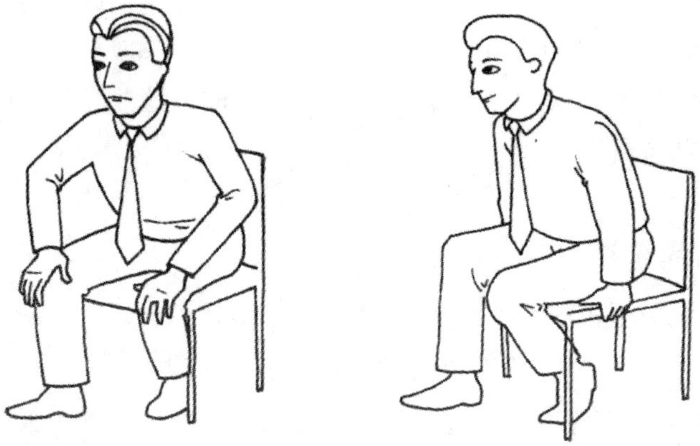

各就各位，预备，开始：脚踩在起跑器上——准备结束会面或谈话。

总　结

这一章所探讨的肢体语言都是很容易辨识的，因为这其中大部分身体姿势的活动范围都比较大。你不仅应该理解这些肢体语言所隐含的意义，更关键的是，你应该努力丢弃以往生活习惯中那些消极的身体姿势，同时练习那些能够引导你获取积极成果的身体姿势，这样你才能更加善于交流与沟通。

第12章

模仿——创建友善关系的工具

营造融洽的氛围 /224
精确到细胞的模仿行为 /225
男人和女人在模仿上的差别 /225
如果你是女人，你该怎么做 /227
男人和女人何时变得相像 /227
我们会跟自己的宠物相像吗 /228
有样学样 /229
声音的模仿 /230
有意识地营造友善氛围 /230
谁模仿谁 /232
总结 /233

我们在跟陌生人第一次打交道时，会快速地推断这些人对待自己到底是真心还是假意。这种心理和很多动物非常相似，动物们出于求生的本能，也会迅速判断自己当下的处境。通常我们会仔细打量对方的身体，观察他们是否会“模仿”自己的身体姿势。因为，对彼此的肢体语言进行模仿，能够成为双方交往的一种黏合剂，代表着彼此的互相接受以及友善关系的建立；不过在现实生活中，我们却很少意识到这种微妙的“模仿”。事实上，从远古时期开始，模仿就是人类的一种社交工具，它能够帮助我们的祖先成功地融入群居生活之中。不仅如此，模仿还是最为原始的学习方法之一。

这些人的外表看起来完全一样，穿着同样的衣服，做着同样的表情和肢体语言，但是他们当中的每一个人都会告诉你：“我们是各唱各的调。”

打哈欠是最显著的模仿行为之一：只要一个人打哈欠，他身边的那些人就会接二连三地打哈欠。罗伯特·布诺温发现，打哈欠的传染性极强，以至于你甚至不需要目睹别人打哈欠只要看到有人张大嘴巴，你都会忍不住打起哈欠来。曾经有人提出，人们打哈欠是为了给身体增加摄氧量，但是现在我们认为，打哈欠是一种模仿行为，它能够让人与人之间建立起友善关系，避免产生冲突。这种理论同样适用于猴子和黑猩猩。

作为女人，如果模仿其他女人的穿着，那可就犯了大忌。但是如果两个男人穿着同样的服装出席一个宴会，他们却很可能会成为莫逆之交。

模仿的行为无声地表达着这样的含义："看着我吧，我跟你一样。我们有着相同的感受，我们的态度也完全一致。"这也就是为什么人们会在摇滚音乐会上一起跺脚，同时喝彩，甚至齐心协力做出"墨西哥人浪"的原因。对于人群中的一员，行为与其他人保持同一步调能够提升内心的安全感。与此类似的是，当愤怒的人们聚众集会时，他们也会互相模仿攻击性的态度；正因如此，很多平时个性沉稳的人，一旦身处这样的环境也会丧失冷静的心态。

年轻的查尔斯王子和菲利普亲王走路的姿态完全一样。

人们对模仿的强烈欲望也是保障排队秩序的基础。不管是在等公车，还是在美术馆、银行，甚至是在战争中，排在队伍中的人们都会自觉地与以前从未见过、将来也很可能不会再见的陌生人合作，彼此心照不宣地遵守不成文的行为规范。美国密歇根大学的约瑟夫·海因里希教授发现，模仿他人的欲望是大脑的一种本能反应，因为与他人合作能够给整个群体带来更多的食物、更好的健康状况以及更快速的经济发展。这同样能够解释为什么那些对于模仿十分训练有素的国家，例如英国、德国和古罗马，都曾经长时期占据世界霸主地位。

模仿的行为能够给其他人带去安心的感觉。在构建友善关系这一方面，模仿堪称是强有力的工具。我们通过慢放调查录像发现，模仿的行为可以延伸到同时眨眼睛、张大鼻孔和抬眉毛，甚至是同时扩张瞳孔。这真是令人感到不可思议，因为这么微小的身体姿势，人们是不可能有意识地去模仿的。

营造融洽的氛围

对肢体语言同步现象的研究显示，如果人们彼此之间有着相似的情绪，或是具有相同的思路，他们就很可能互相产生好感，而且会开始模仿对方的肢体语言以及面部表情。

跟他人保持“同步”是人与人之间的一个纽带。实际上，当我们还是子宫中的胎儿时，就已经开始学习“同步”——我们的身体功能和心跳节奏都会尽量与母亲保持一致。所以，模仿可以说是人类与生俱来的一种倾向。

模仿对方的肢体语言和面部表情显示出团结一致的政治阵线，同时也可以有效地防止其中一方比另一方占上风。

当一个人觉得“氛围真是融洽”，或是对其他人“很有好感”时，他并没有意识到正是模仿的行为和同步的身体动作让他产生了这样的感受。比方说，要是一个人独自到餐厅吃饭，他在吃东西或者喝饮料时，一定会感觉不自在，因为他总是担心自己跟其他人不合拍。当一群人一起去饭店时，大家点单的时候也习惯于先问问别人点了什么东西。“你吃什么呢？”他们会一边询问一边效仿别人，点同样的套餐。

精确到细胞的模仿行为

美国的心脏外科医生麦哈米特·奥兹博士在对心脏移植患者展开系统研究后，公布了一些惊人发现。他指出，和人体的大部分其他器官一样，心脏的细胞似乎也具有记忆功能，而且正因如此，有些病人似乎能够体验到心脏捐赠者曾经有过的情绪。更令人感到不可思议的是，他还发现一些心脏移植患者竟然会做出和捐赠者一模一样的手势和姿态，尽管他们之前从未谋面。他最后总结道，似乎是心脏的细胞向病人的大脑发出指令，从而促使病人做出了捐赠者的肢体语言。与此相对应的是，那些罹患神经系统疾病的人，例如孤独症患者，他们没有模仿他人行为的能力，这也就导致他们无法与其他人进行双向沟通。同样的情况也能在醉酒者身上出现：喝醉的人不能协调自己的身体动作和口头语言，所以在这种情况下他们也就更不可能模仿其他人的动作。

由于肢体语言与内心情绪存在着双向的因果关系，所以，只要你有意识地使用特定的身体姿势，那么你就能感受到与这种身体姿势相伴随的情绪。例如，如果你很自信，那么你可能会无意识地使用尖塔形站姿表现自己的自信，而且其他人也会认为你是一个自信的人。所以，有意识地模仿别人的肢体语言和身体姿态，也就成为构建友善关系的行之有效的方法。

男人和女人在模仿上的差别

曼彻斯特大学的杰弗里·贝蒂发现，女人本能地模仿其他女人的几率，是男人模仿其他男人几率的四倍。他还指出，女人也会模仿男人的肢体语言，但如果让男人去模仿女人的手势或者姿态，男人一定会感到十分勉强——除非他正处在热恋期。

如果一个女人说，她“看到”某些人并不同意大家的观点，那么这种不同意的态度的确是她用眼睛看出来的。她一定是发现有些人的肢体语言与大家的观点并不协调一致；她可能还观察到，这部分人以不模仿其他人肢体语言的方式，来表现自己不同意的态度。女人们为什么能够“看到”其他人的分歧、愤怒、撒谎或者伤痛呢？对大部分男人来说，这种能力都令他们惊叹万分。因为男人的大脑不太擅长观察细节，他们难以解读其他人在肢体语言方面的微小动作，也不会有意识地辨认每个人模仿行为的差异。

正如我们在《为什么男人不倾听，女人不会看地图》这本书中所提到的那样，男人和女人的大脑存在着程式上的巨大差异，他们利用面部表情和肢体语言表达情感的方式也很不一样。最为典型的就是，一个女人在倾听另一个女人说话的时候，她在10秒钟之内平均可以做出6种主要的面部表情。这些面部表情既是说话人情绪的反映，同时也能反过来影响说话人的感受。因为，倾听的女人始终在模仿说话人所表达的情绪。在局外人看来，仿佛说话人所叙述的事情，作为交谈双方的两个女人都曾经亲身经历过一样。

女人在倾听别人说话时，会通过说话人的语调揣摩话语的真正含义，还会依据对方的肢体语言来感受说话人的情绪状况。所以，男人如果希望吸引女人的注意，想让女人对自己的诉说感兴趣并认真倾听的话，就特别应该在语调和肢体语言方面下工夫。大部分男人在倾听女人说话时，都不知道该反馈给女人怎样的面部表情；但是，如果男人能够精于此道的话，就一定可以大大提升自己在女人心目中的形象。

很多男人都说："如果模仿女人的表情，她一定会说我太阴柔了！"但是我们的调查显示，如果男人在倾听女人说话时模仿女人的面部表情，那么女人通常会认为这个男人体贴、聪明、幽默和有吸引力。

我们再来看看男人的面部表情。男人所能做出的面部表情不及女人的三分之一。男人通常习惯于板着脸，在公众场合尤其如此；因为在人类进化过程中，男人已经习惯于抑制自己的情绪，以免遭受陌生人的攻击。另外，男人也希望通过面无表情的脸，显示自己善于驾驭内心情绪的能力。这也就是大部分男人在倾听别人谈话时，都如同一座雕像的原因。

男人在倾听时带上冷漠的面具，能够让他们获得一种操控感，但是这并不意味着男人体会不到情绪变化。实际上，脑部扫描的结果显示，男人所感受到的情绪变化和女人一样强烈，只是男人竭力避免让情绪外露。

如果你是女人，你该怎么做

模仿男性身体姿态的关键在于，你必须明确一点：男人不是用脸部来表达自己的态度，而是用身体。大部分女人都认为，模仿男人那张冷漠的脸是一件很困难的事情。但是，当你和男人在一起的时候，你并不需要这么做。如果你是一个女人，你只需要减少自己的面部表情，让自己不要显得感情过于丰富或是给他人带来胁迫感，这就足够了。最重要的是，如果你觉得自己的刻意模仿可能会被男人察觉，那你应该立刻停止这么做。要是因此而产生误解，那你将要承受的多半是灾难性的后果，男人们也许会认为你是个“蠢货”或者“马大哈”。女人只要在商务场合保持较为严肃的表情，男人们就会倾向于作出这样的判断：这是一个聪明、机敏和理智的女人。

男人和女人何时变得相像

除非同时绽放笑容，否则贝克汉姆夫妇的长相就毫无相似之处。

历经四十年的互相模仿——退休后的贝克汉姆夫妇和他们的宠物狗点点

如果两个人在一起生活了很长时间，而且彼此关系融洽，那么他们就会变得越来越相像。这是因为他们长期模仿彼此的面部表情，于是随着时间的流逝，他们脸上相同部位的肌肉就会形成相似的形状。这样的话，即使夫妇俩五官差异很大，但他们在照片上依然会显得相像，因为他们有着一样的笑容。

在2000年，西雅图华盛顿大学的心理学家约翰·哥特曼博士和他的同事们发现，如果夫妻中的一方不仅不模仿另一方愉悦的表情，还要以轻蔑的神情给对方泼冷水，这样的婚姻就很容易走向失败。因为，与伴侣唱反调的表情会让原本微笑着的伴侣情绪受到影响，尽管这种影响双方都很难意识到。

我们会跟自己的宠物相像吗

在有些人的宠物身上，也能体现这种模仿行为。虽然我们并没有这种意识，但确实很多人都会更加宠爱在外形上跟自己相像的宠物，或者看起来能够反映自己个性的宠物。

为了验证这一观点，我们不妨看看下面几个图例：

我们会选择跟自己相像的宠物吗？

有样学样

下次去参加社交集会或是沙龙时，你可以注意观察一下有多少人会跟自己的交谈对象做出同样的手势与姿态。当一个人对另一个人的想法和态度表示赞同时，通过模仿对方的动作就能传达出这种赞同的讯息。这就仿佛这个人在无声地告诉对方：“正如你所看到的那样，我跟你的想法完全一致。”

在大型聚会中，地位最高的那个人总是迈出第一步的人，而后其他人会逐渐跟进，而且一般也要遵循地位高低的顺序。

以右图为例，图中的两个人正站在吧台前聊天。他们在互相模仿对方的姿势，所以我们有理由认为，他们对正在谈论的话题有着相似的看法和感受。如果其中一个人做出思考的姿势，或者重心挪到另一只脚上，另一个人就会跟着效仿。如果其中一个人把一只手放进口袋里，那么另一个人同样也会这么做。只要他们的观点能够达成一致，这种互相模仿的状态就会一直持续下去。

两个想法相近的人

模仿行为发生在朋友或是地位相同的人们之间，我们也经常会看到夫妇两人有着同样的步态、站姿和坐姿。阿尔伯特·舍夫兰发现，陌生人之间会刻意避免模仿对方的姿势。

尽管布什总统和希拉克总统对所探讨的问题产生了分歧，但他们仍然模仿着对方的姿势，这显示出他们彼此之间的互相尊重。

声音的模仿

为了更进一步建立互相尊重的态度以及友善和睦的关系，模仿的步骤会延伸到声音，包括语气、声调、语速，甚至连重音都完全相同，这就是我们通常所说的“节奏”。两个节奏一致的人在一起谈话时，就如同在唱合声一样。你可能经常看到这样的情境，说话人在用手敲打着节拍，而聆听者则用点头的方式应和着他的节奏。通常情况下，对历经岁月考验的朋友来说，彼此之间对身体姿势的模仿会越来越少，因为他们往往能够预料到对方的态度，这个时候，对声音节奏的模仿就成为他们保持友善关系的主要方式。

决不要让自己的语速比其他人快。研究显示，如果遇到语速比自己快的人，人们通常会有“压迫感”。一个人说话的语速，显示出他的大脑有意识地处理信息的进度。所以，我们应该尽量和其他人保持一样的语速，或者比其他人的语速稍慢一些，同时模仿他们的声调和语气。当我们想要通过电话邀请别人赴约时，“节奏”就变得至关重要，因为在电话当中声音就是你惟一能够用来交流的工具。

有意识地营造友善氛围

理解模仿行为的含义是肢体语言学习中最为重要的课程之一，因为这是其他人向我们传达首肯或好感的最显而易见的方式。同样，我们也可以通过模仿其他人的肢体语言，直接而便捷地让他们感受到我们的善意。

如果一位老板期望与一个拘谨紧张的员工建立亲善关系，并且营造出轻松的谈话氛围，那么他可以通过模仿这个员工的肢体语言来达到这个目的。与此类似，一个活跃上进的员工在听取老板的观点时，为了传达自己

通过模仿别人的肢体语言来得到他的认同

经理会把下属的模仿行为视为高傲自大的表现

表示赞成的意见，也会模仿老板的肢体语言。了解到这些知识以后，你就可以通过模仿其他人表达积极情绪的手势或姿态，来影响其他人对你形成的印象。一般来说，你的模仿行为会带给他人宽容而放松的心态，因为他能够“看到”你非常认同他的观点。

在模仿其他人的肢体语言之前，你还是应该先考虑一下你们之间的关系。我们不妨举这样一个例子：一个职位较高的公司职员提出了加薪的要求，经理随后请这位职员到办公室面谈此事。当这位职员走进经理的办公室后，经理先是请他坐下，然后就做出了“弹弓式”和“4字腿”相结合的坐姿，以此向这位职员显示自己高人一等、占据主导的地位。这个时候，如果这位职员模仿经理的肢体语言，那么加薪的要求还能够得到满足吗？

他们有着相同的身体姿势，而且彼此的身体间距很小。这说明他们之间是朋友关系，大概为了相似的目的正准备一起去参加某个商务会议。

哪怕这位职员说话的态度和语气都相当谦恭，经理仍然会因为他的模仿行为而产生被蔑视的感觉。这位职员的饭碗很可能因此而岌岌可危。这个事例说明，面对那些支配欲望比较强烈的人时，模仿行为能够对这种人产生胁迫感，甚至瓦解他们高人一等的做派。很多会计师、律师和经理都给人以目中无人的感觉，他们总是在地位较低的人面前做出高傲的肢体语言。你只需要模仿他们的姿势，就能够让他们仓皇失措，从而迫使他们改变自己的身体姿势。但是，这一招千万不能用到自己的老板身上。

谁模仿谁

研究显示，当一个团体中的领导做出特定的手势和姿态时，他的下属就会进行模仿，而且模仿行为一般还会按照地位高低顺序而逐步发生。同样，在进入房间时，领导往往也是团体中第一个迈入大门的人，他的座位一般都是沙发、桌子或长椅的顶头部位，而不是处于正中间的位置。当公司管理层人员走进会议室时，通常也是地位最高的那个人最先迈步。而当与会人员就座时，老板一般也是坐在会议桌的顶头，而且与门之间的距离最远。如果老板做出了“弹弓式”坐姿，他的下属为了维护自己在团体中的重要地位，很可能也会跟着模仿。与会人员之间产生互相偏袒的现象时，你最有可能见到这种模仿行为的发生，因为他们是以模仿的方式表达自己的偏袒态度。所以，这也可以让你能够提前预判在会议当中哪些人会对你投赞成票，哪些人则会投反对票。

比尔·克林顿过去可以算是全世界最有权力的男人，但是当身边的希拉里做出某个姿势时，他仍然会不自觉地模仿，而且在他们手拉手同行时，希拉里的手通常处于引领者的位置。

查尔斯领路，卡米拉略微靠后一点，紧紧相随（左）；2003年，当伊拉克战争开始以后，托尼·布莱尔开始模仿乔治·布什的身体姿势，把大拇指塞进皮带里（右）。

对于谈判团的成员们来说，模仿是一个相当不错的策略。成员们可以预先约定，当发言人在陈述的时候做出一个手势或者一种身体姿态时，所有的成员就跟着模仿。这样的做法不仅会让整个团队显得非常团结，而且能够让你们的竞争对手产生非常恐慌的情绪，他们会暗暗猜想气氛似乎有点不对，尽管可能没法准确地指出气氛到底为什么不对。

当你向一对夫妇介绍某种想法、产品或是服务时，注意观察他们之中是谁在模仿谁，因为这可以揭示出家庭权力更大或者能够作出最终决定的人到底是丈夫还是妻子。如果妻子首先做出某些动作，不管这些动作有多么细微，如交叉双腿、手指交缠或是做出思考的姿势，只要这个男人跟着模仿，那么你就可以确定让这个男人作出决定是毫无意义的——因为他根本就没有作决定的权力。

总 结

模仿别人的肢体语言，能够让他们感受到自己被接纳，而且能够为彼此之间的交往建立一种纽带。通常这种现象会在朋友以及地位相同的人之间自然而然地发生。与此相对的是，我们不会模仿自己不喜欢的人或是陌生人的肢体语言，比如在电梯间遇到的人，或是在电影院排队买票时见到的人。

模仿其他人的肢体语言和声音语调，是能够快速建立友善关系的最强有力的方式之一。在第一次见到一个人时，你可以模仿他的坐姿、体态、身体朝向的角度、手势、表情以及声调。用不了多长时间，他就会感觉，在你身上有一些他很喜欢的东西——他将把你描述为一个“随和”的人。这是因为他在你的身上看到了自己的影子。不过我们必须告诫你一句：在与新朋友会面时，不要过早地开始模仿他的肢体语言，因为自从《身体语言》这本书的第一版面世以后，很多人都开始认识到模仿这一策略，甚至还有超过一百万观众收看了与此相关的电视节目。当别人做出某种身体姿势时，你有三种选择：忽略它，做出不同的身体姿势，或是模仿它。模仿能够给你带来丰厚的回报，但是，当一个人做出表达消极情绪的肢体语言时，你决不要盲目模仿。

第13章

香烟、眼镜、彩妆的神秘信号

两种类型的吸烟者 /237

男人和女人的抽烟的差别 /238

如何判断他人的决定 /239

抽雪茄的吸烟者 /240

吸烟者想要结束会谈的信号 /241

如何解读眼镜 /241

拖延时间的策略 /242

从眼镜上方窥视 /243

把眼镜架在头上 /244

公文包发出的信号 /244

总结 /244

抽烟这一行为是内心中混乱或者矛盾情绪的外在反映。对于大部分抽烟者来说，他们抽烟的动机与烟瘾并没有太大关系，更多的是出于对安全感的渴求。在如今这个高压型社会，置身社交场合和商务场合中的现代人总是不自觉地产生紧张感，而抽烟则成为他们释放紧张情绪的法宝之一。比如，大部分人在牙科诊所外等候拔牙的时候，内心都会体验到紧张的感觉。在这种情况下，吸烟者就会悄悄溜出去抽支烟，来掩饰自己的不安；而不抽烟的人就只能用其他一些方式来表达自己对安全感的渴求，例如梳理头发、嚼口香糖、咬手指甲、手指或是脚尖轻叩、调整袖扣、抓挠脑袋、把玩一些小玩意等。也正因如此，珠宝首饰成为十分流行的佩戴物，它们非常具有把玩的价值，所以当它们的主人感到不安、害怕、急躁或是不自信时，通过抚摸它们就能释放这些压力。

好吧！猜猜谁先来到这个世上。

现代的调查研究表明，婴儿是否采用母乳喂养，与成年后染上烟瘾的可能性有着密切关系。研究发现，大部分的成年吸烟者，特别是烟瘾相当严重的那部分人，在婴儿时期主要都是用奶瓶喂养的；而母乳喂养时间越长的婴儿，长大后成为吸烟者的可能性就越小。也许这是因为接受母乳喂养的婴儿能够通过乳头与母亲紧紧相连，从而获得安全感；而接受奶瓶喂养的婴儿则没有这样的体验，于是含着奶嘴长大的孩子在成年后依然会习惯性地通过吮吸别的东西来寻求安全感。所以，吸烟者叼着香烟，就跟小孩子吸吮被子或是大拇指一样，都是为了获得安全感。

用奶瓶喂养的孩子长大后成为吸烟者的几率是母乳喂养的孩子的三倍。

与不吸烟的人相比，吸烟者在幼儿时期吸吮拇指的几率要高三倍，不仅如此，吸烟者还更神经质，而且通常都有“吸吮癖”，如咬眼镜架、咬手指甲、咬钢笔头、咬嘴唇或是咬铅笔，这些吮吸行为都超出正常人的一般水平。由此可见，许多情感上的需求，包括吮吸的欲望和对安全感的渴求，母乳喂养的婴儿无疑会比奶瓶喂养的婴儿得到更多满足。

两种类型的吸烟者

我们可以把吸烟者分为两种基本类型：沉浸烟瘾之中的吸烟者和社交型吸烟者。

调查显示，短促的吸烟方式能够刺激大脑，提升思维的敏捷度；而深长缓慢的吸烟方式则会让吸烟者镇静。烟瘾较深的吸烟者一般都习惯于依赖尼古丁所带来的镇静效果，帮助他们释放压力，所以这部分吸烟者通常采取深长缓慢的吸烟方式，并且喜欢独自一人静静抽烟。社交型吸烟者则只会在别人面前吸烟，或是“喝点小酒”的时候抽抽烟。这意味着，吸烟对这部分人来说只是一种带有社交意味的行为，目的是在他人面前建立某种特定的形象。社交型吸烟者在抽烟时，从香烟点燃的那一刻开始直到最后熄灭，只有20%的时间是在做短促的吸烟动作，剩下80%的时间都会被用来展示一系列的肢体语言和其他手势。

大部分社交型吸烟者将抽烟视为社交行为的一部分。

英国东伦敦大学的安迪·帕罗曾经在吸烟者中展开调查。结果有80%的吸烟者声称，他们在吸烟的时候会感觉到压力的减轻。但是事实上，吸烟者的压力水平只比不吸烟者略高一点点，而且随着吸烟者逐渐形成吸烟的习惯，他的压力水平还会呈现上升状态。帕罗还发现，戒烟能够让压力水平明显降低。科学家们现在也证实，吸烟并不是有助于控制情绪的良方，因为对尼古丁的依赖会直接导致压力水平的提升。所以，所谓的抽烟能够减压的想法，恰恰反映出吸烟者在不断消耗尼古丁的过程中紧张和急躁情绪的不断攀升。换句话说，吸烟者在抽烟时能够让情绪保持正常状态，但是一旦不抽烟时就会感到紧张。这就意味着吸烟者为了保持情绪平稳，只能让自己不停地抽烟。此外，当吸烟者戒烟以后，他们的压力水平会随着时间流逝而逐渐降低。也正是由于对尼古丁产生了依赖，所以当吸烟者的血液中缺乏尼古丁时，他们就会感到紧张不安，抽烟的欲望正是这种身体状态的反映。

研究显示，在人们刚开始戒烟的几周时间里，戒烟者的状态会相当不好；但是一旦身体当中的尼古丁被完全排除干净，戒烟者的情绪就会得到明显的改善，烟瘾会大大降低，而且精神压力也会随之减轻。

> 吸烟就像是自己拿了一把锤子敲自己的头，只有当你停下来时你才会感到好过一点。

尽管现在很多区域和场合都实行了禁烟措施，但是了解抽烟时的肢体语言与吸烟者心态之间的关系，仍然是有助于社会交往的一大优势。

在判断别人的情绪状态时，吸烟的姿势发挥着非常重要的作用，因为这些姿势往往带有可预见性和程式化的特点，能够给我们提供重要线索，让我们了解到他们的心理状态或是企图达到的目的。跟香烟有关的程式化动作包括轻敲、拧、轻弹、摇晃等一系列微小的手势。这些手势往往能够显示出吸烟者的内心比一般人更为紧张。

男人和女人的抽烟的差别

女人抽烟的时候通常会把香烟举得高高的，同时手腕向后弯曲，向他人展示女性纤巧的腕部，同时身体前方呈现完全开放的姿态。而男人抽烟时则会让手腕保持僵直的姿势，避免让自己显得女性化；而且每次吐出烟圈之后，拿着香烟的手都会放在胸线以下的部位，让自己的身体前方始终处在手臂的庇护之中。

大部分女人每天消耗的香烟是男人的两倍；但是女人和男人在抽烟时，吸烟的频率却是相同的。只是男人喜欢让烟在肺部停留更长的时间，所以他们比女人更容易染上肺癌。

男人抽烟时经常用手指捏着烟头，特别是当他们想要表现神秘感的时候，更喜欢把香烟藏在手掌后面。电影演员在扮演坚忍的角色或是鬼鬼祟祟的嫌犯时，经常使用这样的抽烟手势。

如何判断他人的决定

一个人抽烟时往上喷吐烟圈还是往下喷吐烟圈，能够揭示出他对自己所处的环境抱有积极还是消极的态度。当然我们不能排除一种可能，那就是吸烟者为了不冒犯别人，所以不愿意向上方吐烟圈。一般情况下，如果一个人对所见所闻感到乐观、骄傲或者自信，那么他在大部分时候都会向上方喷吐烟圈。相反，如果一个人抱有悲观、隐秘或者猜疑的态度，那么他在大部分时候都会向下方喷吐烟圈。从嘴角往下喷吐烟圈的动作，更能说明吸烟者消极或者隐秘的态度非同一般。

向上方吐烟：自信、骄傲、乐观；向下方吐烟：悲观、隐秘、猜疑。

在电影里，那些飞车党或是犯罪团伙的首领经常都被塑造成慓悍而好斗的男人。他们在抽烟的时候，总是把头用力后仰，向天花板缓慢而有控制地呼出轻烟，以此标榜自己在其他成员面前的权威地位。相反，亨弗莱·鲍嘉经常饰演的歹徒或者硬汉的角色，在筹划越狱或者其他不轨企图时，则会用手指捏住香烟藏在掌心，并且从嘴角把烟向下方呼出。一个人吐烟时的速度也和他内心中乐观或者悲观的程度相关，他往上方吐烟的速度越快，就越能表示他的优越感和自信；反之，他往下方吐烟的速度越快，就越能显示他的悲观情绪。如果一个吸烟者在打牌的时候抓了一手好牌，那么他很可能会向上方吐烟，而如果牌很烂的话，他就会向下方吐烟了。有的人在打牌时会板着面孔，让其他人没法通过他的表情推断他的手气；还有一些人甚至会演戏，利用伪装的肢体语言麻痹其他牌友，让他们产生错误的判断从而放松警惕。例如，有的人明明抓了四个老K，但是他为了麻痹其他人，会装出厌烦的样子，把牌往桌上一扣，嘴里轻声诅咒着，还把两只手臂抱在胸前。他用这一系列肢体语言引导他人作出错误判断：他抓了一手烂牌。可是，他在这之后很可能会静静地靠在椅背上，拿出一根香烟点着，并且往上方吐出轻烟。这个时候如果其他牌友继续跟他下赌注的话，那可是相当不明智的，因为他们很可能会输。通过观察销售场合顾客抽烟的姿势，我们也能发现，当你向顾客询问购买意向时，如果顾客内心中已经作出了肯定的选择，那么他会向上方吐烟；反之，如果他不打算购买，那么他就会向下方吐烟。

1978年，我们曾经针对吸烟者展开过首次调查。结果显示，在商务谈判场合，吸烟者作出决定前的思考时间要显著长于不吸烟者。而且往往就在谈判最紧张的时刻，吸烟者便开始吞云吐雾。以此看来，吸烟者似乎会通过把注意力转移到抽烟上，来拖延自己作决定的时间。所以，如果你希望吸烟者能够快点作出决定的话，那么最好在进行谈判的房间里标上四个大字：禁止吸烟。

抽雪茄的吸烟者

雪茄通常都被人们当作展示优越感的道具，这是因为它的昂贵和尺寸。那些卓越的商界名流，如商会的首脑和公司高层管理者，往往都被塑造成雪茄爱好者。在庆祝某个胜利或是业绩的场合，人们总是会选择雪茄，例如新生儿降临、新婚、签下一笔大单或是彩票中了大奖。所以，抽雪茄的时候，大部分人都会向上方吐烟。这一点确实不足为奇。在一个免费派发雪茄的庆祝晚宴上，我们注意到在400个抽雪茄的来宾里，有320个人都是往上方喷吐轻烟的。

吸烟者想要结束会谈的信号

熄灭香烟时留多长的烟头，大部分吸烟者都有自己特定的习惯。女人喜欢把烟头放在烟灰缸里慢慢地摁熄，而男人则更喜欢干脆地用大拇指摁熄烟头。如果一个吸烟者在点燃香烟后，没有按照平常的习惯抽完整根烟就突然摁熄，那就说明他已经作出了结束会谈的决定。如果你能够把握到这个结束会谈的信号，你就可以有心理准备地掌控局面或者抢先提出结束会谈的要求，让人看起来以为结束会谈是你的主意。

如何解读眼镜

人们几乎可以借助所有人工制造的佩戴物，做出某些能够揭示自己内心想法的手势，这其中当然包括眼镜。而将眼镜架的一端轻轻含在唇间，无疑是最常见的与眼镜有关的姿势之一。正如德斯蒙德·莫里斯所指出的那样，把某件物品放在唇间或嘴里，是人们企图再次体验婴儿时期含住母亲乳头的那种安全感。这也就表示，咬眼镜架的姿势从本质上来说是渴望安全感的一种姿势。

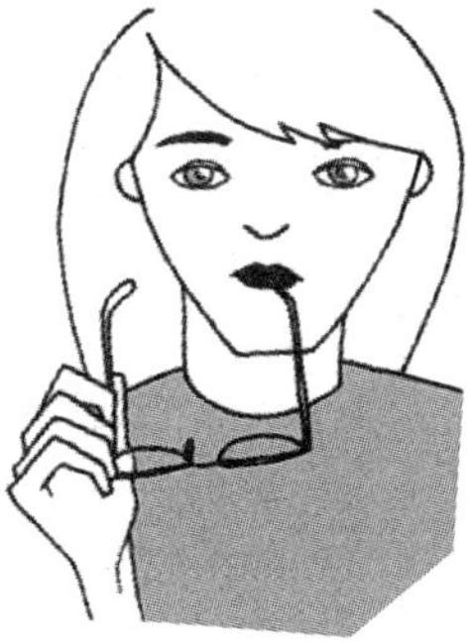

利用眼镜来拖延时间。

如果你是佩戴眼镜的人，你有时候可能会觉得，自己似乎是通过两个卫生纸卷的空心孔来看整个世界。但是在其他人眼里，则会因为这副眼镜而认为你更加勤奋、聪明，特别是在你们的会面之初。在一次调查中，我们发现，人们佩戴眼镜时测验出来的智商（IQ）指数比没佩戴眼镜时要高14点。不过，眼镜所带来的神奇功效只能持续不超过5分钟的时间，所以只有在参加非常简短的会谈中，眼镜才能让你的智慧增色。

我们曾经用一些人的脸部照片做实验，结果显示如果在商务场合，

简洁的镜框能够让你看起来诚挚和聪明；过分夸张的镜框则没有这样的效果

戴眼镜的人往往会给别人带来勤奋、聪明、保守、有教养和诚恳的印象。镜框的材质越厚重，留给他人的这些印象就会越鲜明，而且不管是对男人还是女人，均能得出以上结果。这很可能是因为商界领袖总是选择材质厚重的眼镜框。所以，在商务场合，眼镜就象征着权力。但是，无框眼镜或是镜框纤细的眼镜则不会给人造成威严的印象，它只会告诉别人你对时尚更感兴趣，而不太关心生意上的事情。这些研究结果同样适用于社交场合，不过，在这种场合你是要在他人面前树立起朋友或者伙伴的形象。所以，我们建议那些职位较高的人士在阐述比较严肃的问题时，最好佩戴镜框材质较为厚重的眼镜，例如向众人宣布财政预算时。而当你想要传达“好小伙”或是“好伙伴”的形象时，最好佩戴无框或者细框眼镜。

拖延时间的策略

正如抽烟一样，咬眼镜架的行为也可以拖延作决定的时间。在谈判接近尾声的时候，如果某个人必须作出决定，那么他往往就会做出咬眼镜架的动作。频繁地把眼镜取下来擦拭镜片也是为作决定争取时间的另一种方法。如果你一询问对方的意见，他就做出咬眼镜架或是擦镜片的动作，那么最好的应对方式就是保持沉默。

咬眼镜架的后续姿势能够反映出这个人内心的意图，认真观察这一点就能让机警的谈判者预先做好相应的应对策略。例如，如果这个人重新把眼镜带上，那就说明他想要再看看所有细节；如果他把眼镜折叠起来放到一边，那就表示他想要结束这次会谈；要是他直接把眼镜扔到椅子上，那就意味着他已经否决了你的建议。

从眼镜上方窥视

在20世纪20年代和20世纪30年代的电影里，从眼镜上方窥视的动作经常被用来描绘尖刻或者审慎的人，如英国公立学校的老师。这样做的人往往是戴着老花镜，当他看较远处的人时，他觉得与其把眼镜摘下来，不如直接从眼镜上方看更方便。可是承受这种目光的人却会觉得自己正在被他人评价或是仔细打量。习惯于从眼镜上方窥视的人，会为这样的不当行为付出严重的代价，因为这种目光往往会被对方回敬以消极的姿态，如手臂交叠、双腿交叉或是其他挑衅的动作。如果你是一个戴眼镜的人，那么与别人交谈时，最好在讲话的时候摘下眼镜，聆听的时候则重新戴上。这不仅会让其他人感到自在，而且能够让你很好地掌控谈话局面。因为你的交谈对象很快就会形成一个习惯：当你摘下眼镜时，就该你说话；而当你戴上眼镜时，则轮到他来发言。

从眼镜上方窥视的目光会让他人产生遭受胁迫的感觉

隐形眼镜会让你的瞳孔显得更大、更湿润、更明亮。这能够帮助你塑造温柔而性感的形象，这种形象在社交场合自然是恰到好处，可是在商务场合却是致命的弱点，对女性来说尤其如此。戴着隐形眼镜的女人即使使出浑身解数试图说服商务男士接受她的意见，但最后的结果很可能是男士沉醉于隐形眼镜所营造的温柔与性感中，对她说的话却只字不闻。

有色镜片或是太阳镜在商务场合是不被接受的；即使在社交场合，这样的眼镜也会引起他人的猜疑。如果你想让其他人感觉你看问题非常明了而准确，那么你就必须戴上透明镜片的眼镜，让太阳镜和有色眼镜在户外运动中发挥作用吧。

营造出“四只眼睛”的效果，大大的“瞳孔”格外迷人。

把眼镜架在头上

如果你在会议上戴着黑色的太阳镜，一定会让其他人觉得可疑、神秘或是不靠谱；而把太阳镜架在头顶上则会带给人随和、年轻和“酷”的感觉——仿佛刚从地中海俱乐部回来似的。这是因为头顶上的墨镜就像给你增添了两只瞳孔巨大的眼睛；这种眼睛带来的效果就如同婴儿和毛绒玩具上那种大大的眼镜一样。

公文包发出的信号

一个人公文包的尺寸与他对自己地位的认知有着密切关系。那些提着庞大而鼓鼓囊囊的公文包的人，总是要处理大量的工作，甚至下班后还要把工作带回家，因为他们是没有个人时间的可怜的经理。而小巧的公文包则会告诉你，它的主人只关心最核心的工作内容，因为主人的地位比经理更高。请记住，最好习惯于用左手拿公文包，这样当你与别人握手时，就可以从容地伸出右手，而不至于慌慌张张。如果你是一位女性，请永远不要同时拿着公文包和手提袋——这样别人会认为你不够职业化，而且做事缺乏条理。另外还需要记住一点，不要让公文包成为你和他人之间的一道屏障。

总　结

不管是手上拿的东西、脸上化的彩妆，还是嘴上吸的烟，他们都会在我们无意识的情况下释放出揭露我们内心的信号。我们身上戴的东西越多，就越容易成为内心意图与情绪的信号发射器。而学会解读这些信号，就可以为你提供第二套肢体语言，从而让你更准确地观察他人。

第 14 章

身随心动

各种身体角度的含义 /247

如何利用身体的角度表示排斥之意 /249

就座时的身体方向 /250

脚尖的方向 /251

总结 /251

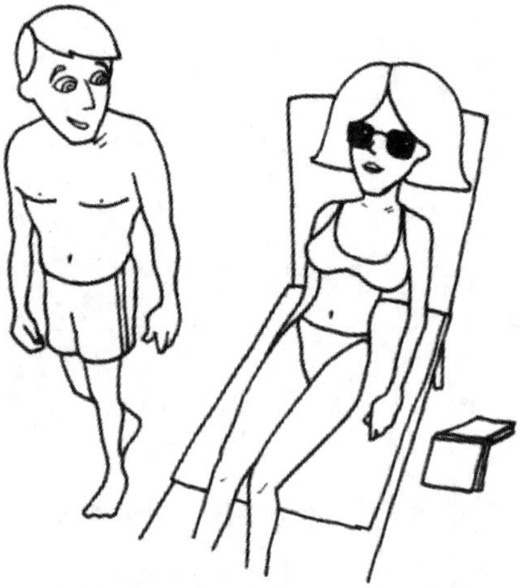

有时候，我们的身体动作并不能真实地反映心中所想，常常是心想向东而身体向西。

右侧的人已经通过行动表达出了他想离开的想法

你是不是也有过这样的经历：当你与人洽谈公务时，虽然对方看起来似乎对你的公司颇感兴趣，然而实际上你却总感觉他有些心不在焉呢。这时，你只要给这一场景拍下一张静态的照片，事情就变得一目了然了：第一，对方的脸是面向你的，而且他脸上像微笑和点头之类的表情也是相当明显的；第二，对方的身体和脚尖却指向了其他方向，譬如说其他人或出口。此人身体或脚尖指向的人或物才是他心里真正感兴趣的对象。

上图中，两名男子正站在门廊处聊天。左侧的男子试图抓住对方的注意力，然而，他的听众却显然希望此次谈话能按照自己身体所指向的方向继续下去，尽管此时此刻他的脸仍然朝向左侧的男子。只有当右侧的男子将他的身体转向左侧男子之后，他们之间的谈话才会变得有趣而生动起来。

在任何一次面对面的谈话当中，当有人打算结束谈话，或是想离开时，他往往会先将自己的身体或脚尖转向距离自己最近的出口。假设你也身处于这次谈话之中，那么，当你看到有人做出这样的动作之后，如果你还想继续这次谈话，那么，你就应该立刻做点什么，重新唤回并吸引住对方的注意力。不然，你就干脆结束此次谈话，如此一来，你就仍然还是此次谈话控制权的所有者。

各种身体角度的含义

1. 开放性姿势

之前，我曾经提到过，人与人之间的距离通常取决于他们之间的亲密度或彼此感兴趣的程度。现在，我想告诉大家的是，其实身体的朝向角度也是一种可以表达个人态度，体现双方关系的无声肢体语言。

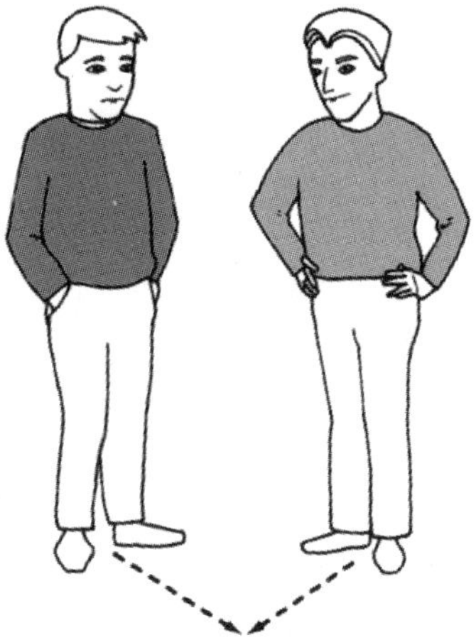

双方互相侧身45度，从而避免因为四目相对而给对方造成咄咄逼人的感觉。

在即将与其他动物开战时，大多数动物都会首先用将头逼近对方的动作作为宣战的信号。如果对方接受了挑战，那它也会回应以相似的动作。其实，这一规律也同样适用于人类。此外，当动物的目的是想近距离探知另一只动物的攻击性或友好程度，而不是攻击对方时，他们往往会直接走到对方身边。譬如说，狗会用接近对方，然后靠在此人脚边的动作向陌生人表示友好。人类也同样如此。当演讲者笔直地站在观众面前，以一种较为强硬的态度发表自己的观点时，与其正面相对的观众往往会觉得此人野心勃勃，咄咄逼人。然而，当演讲的内容保持不变，仅仅改变其演讲时身体的角度，让演讲者稍稍侧身之后，观众们的态度就立刻发生了变化，对演讲者的印象也由原来的咄咄逼人变成了现在的自信且目标明确。

为了避免给对方造成咄咄逼人的印象，在一次气氛融洽的友好谈话中，谈话双方往往会不由自主地侧身45度，在两人之间形成一个90度的夹角。

上图中的两名男子都将身体转向了假想的第三点，无形中就在两人之间形成了一个三角形。这样，两人之间就形成了一个夹角，而以这种位置站立的两人既不会给对方以咄咄逼人的感觉，同时也能通过彼此位置和动作的对称性暗示了双方身份的平等或相似性。此外，他们之间形成的这一夹角也非常便于邀请第三人加入到他们的谈话之中。当谈话的对象发展到四个人时，他们就会站成一个正方形，而当谈话的队伍扩大至五至六个人时，他们要么会围成一个圆圈，要么就会站成两个全新的三角形。

在一个封闭的空间当中，譬如说电梯里，拥挤的大巴上以及地铁里，想继续与陌生人保持45度的身体角度就变得有些困难了，所以这时的我们常常会转而将头稍稍侧向一边。

2. 封闭性姿势

当两个人想表现得很亲密时，他们就会将身体角度由45度改变成0度，即采用正面相向的姿势朝向对方。当男人或女人想让对方将注意力全部集中在自己身上的时候，他们也往往会采用这样的站立姿势。此外，在其他向异性表达好感的情境中，为了让自己的言行发挥最大的功效，人们通常也会选择这样的交流姿势。

在封闭性位置里，面对面的交流姿势可以保证观众的注意力不转移。

两个对彼此都充满了敌意的人，也可以用这样的交流姿势来向对方发出挑战。

研究表明，男性普遍害怕来自前方的攻击，所以他们往往更加提防从前方接近自己的人或物；而另一方面，让女性感到害怕的通常是来自后方的袭击，所以她们常常会十分警惕那些从后方接近自己的人或物。因此，当你与男性同行时，一定不要站在他的前方，因为他会把你的这一动作当成是一种侵略性的行为；而假如对象换成了女性，那她通常会把你的这一动作当成是对她感兴趣的标志。总而言之，如果你是一名男士，那么，你应当从异性的前方接近她，然后缓缓走到她身边，将身体略微转过去，以

45度的侧面来面对她。

如何利用身体的角度表示排斥之意

右图中，最早开始谈话的两人选择了45度的开放性站立姿势，而这样的站立方式其实是向第三人发出了谈话邀请。

选择开放性的三角形位置，是一种鼓励第三人加入的行为

假如有一个人想加入到另外两人的谈话当中，而后者选择的是封闭性的站立姿势，那么，除非那两人都将身体向同一方向转动一定的角度，在两人之间形成一个三角形的对话模式，不然，他就永远都无法融入其中。如果那两个人并不想让第三个人加入到自己的谈话当中，他们就会继续保持封闭性的站立姿势，仅仅将头转过来，以此告诉他自己已经注意到了他的存在，不过仅此而已，他们并不想与他有任何深入的交流；而且通常在这个时候，他们的脸上很有可能会同时浮现出紧闭双唇式的微笑。

大家显然并不愿意接纳这名新加入者

当三个人开始聊天时，他们可能会采取开放性的三角式站立姿势，不过，其中的两个人会慢慢地越走越近，最终在他们之间形成一个封闭式的空间，将第三个人排除在两人的谈话之外。出现这样的情况之后，在场的第三个人应该很快意识到，自己最明智的选择就是迅速离开，以避免导致尴尬

局面的发生。

就座时的身体方向

当一个人将两条腿的膝盖交叠在一起，并同时指向另一个人，是对那个人感兴趣或愿意接受此人的肢体信号。如果对方对你也产生了兴趣，那么他就会做出同样的动作以示回应。随着两人谈话内容的逐渐深入，他们的动作和表情也会渐渐趋于一致，变得对称起来。

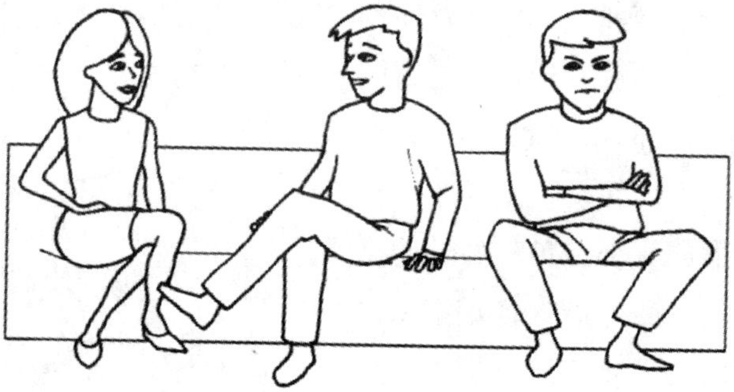

图中左侧的两位异性利用身体指向的角度，在两人之间形成了一个封闭的空间，将右侧的男子排除在外。

在上图中，左侧的男子和女子选择了封闭性的就座方式，将其他所有人都排除在了他们的谈话之外，譬如说图中右侧的男子。假如这名男子想

脚尖所指的方向透露出了我们的内心想法。

加入到他们的谈话中，他惟一的办法就是将凳子搬到另外两人的前方，尝试着在三人之间形成一个三角式的对话框；或者做点什么吸引他们的注意力，打破两人之间的封闭空间。不过，就目前的状况来看，他们似乎更希望他能识趣地走远一点。

脚尖的方向

从脚尖所指的方向，我们不仅可以推断出这个人心中的真正想法，而且还可以通过他们了解到谁才是他最感兴趣的对象。假设此时的你正身处于一次社交活动之中，其间你看到一群人（三名男子与一名女子）正在进行热切的交谈。看起来，这次谈话的主角应当是这三名男子，而那名女子则一直在静静地聆听。这时候，你注意到他们三人都将自己的脚尖指向了对面的女子。

通过这一简单的无声信号，在场的三名男子都已经很明确地表明了自己的心迹：他们都对这名女子很感兴趣。该女子应当已经看到了对面三名男子脚尖的小动作，而她的直觉显然也已经把他们这一动作的含义告诉了她，因此她很有可能会继续留在这一群体当中，继续做一名听众。在站立时，她一开始选择了两脚并拢（中立的态度）的姿势，不过，最终她会将一只脚的脚尖悄悄指向让她最感兴趣的那名男子。

总　结

很少有人会去考虑身体和脚尖所指的方向与个人态度和反应之间的关系。如果你希望每个与你交谈的人都有一种如沐春风的感觉，45度的开放式谈话姿势将会让你如愿以偿；而假如你希望给对方施加压力，造成对方的紧迫感，那就采用正面相对的交谈方式。

45度交谈姿势有助于营造一种轻松的氛围，从而让对方可以在毫无压力的情况下进行独立的思考和行动。此外，如果对象为男性，千万不要从正前方贸然接近他；而如果是女性，则切记不要从后面“偷袭”她。

在接触这些身体方向技巧伊始，你可能会感觉有些别扭，甚至会有一些困难，但是只要稍加练习，不用多久，你就能非常熟练自如地运用他们了。在你每天与他人进行日常交往的时候，脚尖和身体的指向，以及一些带有积极效应的肢体动作，譬如说张开双臂，摊开手掌，身体前倾，头微侧和微笑等，不仅能让其他人对你“一见钟情”，而且，渐渐地你还会发现他们还会让你的见解越来越有影响力。

第15章
所有权、领土和身高

屈身与地位 /256
他是附近的“大人物” /258
为何你在电视上会显得高 /259
一项地板测试 /260
个子高的弊端 /260
利用屈体来提升身份 /261
电视上的政治家如何赢得选票 /261
如何安抚他人的愤怒情绪 /262
身高与爱之间存在某种微妙关系吗 /264
让你显得更高的小技巧 /264
总结 /265

我们用斜靠在某人或某物上的方式宣告自己对此人或此物的所有权。假如该物体原本就靠在另一个人的身上，那么你的这一行为就会被视为强权或威胁的信号。比方说，当你给朋友及其新车、船或其他任何属于他的私人物件拍照时，他通常都会选择斜靠在这件属于自己的物品上的姿势，或用脚踩着它，或用手抱住它。当他与这件物品发生接触时，他的肢体便会很自然地伸展至这件物品旁，以此来宣告自己对它的所有权。在各种公共场所中，情人们通常会以牵手或挽臂的方式告诉其他异性，自己才是这个人的伴侣。在工作地点，行政管理者们往往会将脚搭在自己的办公桌上，或是斜靠在自己办公室的门框上，以此来告诉其他同事，自己才是这件家具或这间办公室所有权的归属人。

我们用自己的身体和行动宣告了对其他物品的所有权。

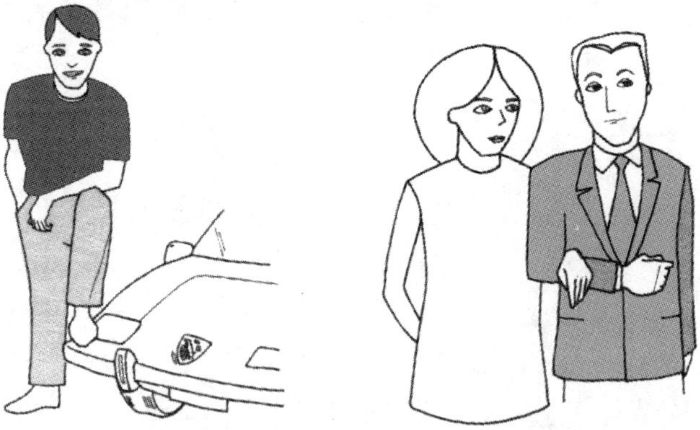

人们通常会以与某件物品发生肢体接触的方式来宣告自己对它的所有权

在未经对方许可的情况下，斜靠向对方，或是随意坐在或使用对方的物品，这些看似简单的动作事实上乃是一种侵犯、要挟对方的行为。除了这些擅自侵犯他人领域或使用他人物品等表意十分明显的行为，例如坐在别人的桌子上，或是未经他人许可擅自借用他人汽车之外，还有许多不易被人察觉的小动作，同样也可以达到威胁他人，迫使他人就范的目的。斜靠在他人办公室的门廊，或坐在他人的座椅上，就是这些小动作中其中的一种。

通过门廊侵犯他人的人

当推销员到顾客家里上门推销时，在就坐前他应该先询问这个家的主人："您的座位在哪儿呢？"因为假如推销员坐错了位置，就会很容易让主人产生一种受到胁迫的感觉。

有些人习惯于将身体靠在他人办公室的门框上，于是，在办公室的主人看来，这些人总是显有些得野心勃勃，侵略性十足，有越权之嫌。我给这种人的建议就是，不断练习直立的站立方式，并且尽量将双手放在对方能够看得见的地方。只有这样做，你才能给对方留下一个好印象。其他人对我们的个人评价有九成在双方见面的最初4分钟里就已经形成了，所以，我们根本没有第二次机会再去为自己营造一个良好的第一印象。

对外人宣告自己对这张桌子的所有权。

在老板的座椅没有扶手的情况下（通常来说，这样的情况较为少见，因为这样的座椅大都会被放置在访客的座位处）他往往会将自己的脚搭在桌子边缘。如果恰好在这时，他的顶头上司走了进来，这位老板（在新来访的客人面前他此时的身份已经变成了下属）通常都不会再继续保持这一明显带有领域所有权标记的姿势。取而代之的，他们大都会转而采用更加隐晦的方式来表示自己对这间办公室及其室内摆设的所有权。譬如说将双脚从桌边放下来，搭在办公桌最下面的抽屉上；而假如他的办公桌没有抽屉，他则会用力地用脚抵住桌脚，以此宣告他对这件物品的所有权。

屈身与地位

长久以来，挺直或弯曲身体的做法一直就是人们用来建立上下级关系的一种方法。当我们在提到皇室成员时，常常会用到“阁下、殿下”等词语；而当我们在谈论那些言行令人不悦的人时，使用的词语往往就变成了“粗俗”、“卑贱”和“下等生活”等。我相信，谁都不希望别人说自己“鼠目寸光”，更不愿意被其他人“看不起”，或是在人前“低人一等”。为了吸引观众的注意，演说者大都会选择站在高人一等的演讲台上发表激情四射的演讲；法庭上，高高在上的法官看起来永远都是那么威严而不可侵犯。在奥运会上，最高的那个领奖台永远都属于这个项目的冠军运动员，而获得银牌和铜牌的选手则永远都只能仰视冠军。在有些国家的文化当中，人类社会常常被分成了“上层社会”和“下层社会”两个阶层。而药店里的药剂师则总是比我们高出18英寸，永远以一种俯视的眼光打量着所有的顾客。

当我们想表现得恭顺而服从时，我们通常会弯曲身体，使自己看起来显得比对方矮小；而当我们想获得更高的身份和地位时，我们则往往会挺直腰背，让自己看起来显得更加高大。

那些位高权重，或表现出色的人时常会摆出一副“傲慢不可一世的样子”，并“从容不迫地应对”所有人或事。他们会以一种“俯视”的眼光打量着周遭的一切，或是用一种“趾高气扬”的态度来评估身边的人或事。神话传说中，没有哪位自命不凡的神灵会住在偏僻的荒野里，更不会屈尊降贵地选择山谷或盐沼为自己的栖息之所。通常，那些神灵们都住在像瓦尔哈拉殿堂，或奥林波斯山上那种远离人间烟火、高高在上的天堂圣地。

而几乎所有的人都知道，站立的发言姿势对获取谈话控制权具有相当重要的作用。

女性在遇到比自己高贵的皇室人员时，通常会行屈膝礼；而男子则会点头示意，或脱帽行礼。他们的这些做法只有一个目的：贬低自己，从而突出对方的高贵身份。时至今日，过去男子常用的脱帽行礼的问候方式在经过不断演变之后，便以一种崭新的形式又再次成为了我们现代常用的问候方式之一。今天，当两人相遇，互相问候时，双方使用的大都是较为现代的问候方式，而过去的脱帽行礼也已经渐渐演变成一种象征性的行为。

我们常常会看见，那些并没有戴帽子的男性在遇到异性时，常常会用一种手指轻敲前额，然后迅速弹开的手势向对方行礼致意，事实上，这一动作就是从前人的脱帽行礼演变而来的。当一个人觉得自己越渺小，感觉自己的身份越卑微时，他身体弯曲的程度就会越大。

有的人认为罗杰就是这一团队的中流砥柱，而有的人则并不这么认为。

现在，有些日本公司又再次将“鞠躬法则”引入到了公司的管理机制当中，利用这一法则来教导员工如何正确地鞠躬。通常而言，对公司员工来说，当他们面对的是仅仅“看看”而已的顾客时，15度的鞠躬就已经足够了；而当他们面对的是公司产品的购买者时，45度的鞠躬才是最合适的。在工作当中，那些不断对上司“点头哈腰”的人往往会被冠以“马屁精”、“软骨头”或“两面派”之类带有贬义色彩的称谓。

他是附近的“大人物”

尽管实践早就告诉我们，从政治的角度出发，身高极有可能会成为决定个人成败的关键因素，但是仍然有许多人对此持怀疑态度。然而，科学研究却以客观真实的数据证实了身高的确与个人成就息息相关。在当今社会中，个子高的人往往会比个子矮的人更加健康、长寿，而且在事业上所取得的成就也更大。

另一方面，你的个子越矮，你发言时会被其他人打断的可能性就越大。我们有一位女性客户，她身高大约1.55米，在一家男性占绝对统治地位的会计事务所里工作，职位是高级经理。她就经常对我们抱怨说，她在管理会议上的发言总是会不断地被同事所打断。因此，她几乎从来没有试过一口气将她的观点陈述完毕，或者，甚至就连痛快地说完一句完整的话都做不到。对此，我们为她提供的策略是，她可以在即将发言之前站起来，走向咖啡桌；当她取完咖啡回到桌边准备发言时，首先并不要急于坐下，而是继续保持站立的姿势，直到她的观点陈述或发言完毕。当她这样做了之后，使用这一策略前后情况的巨大差异让她感到万分惊讶。虽然她不能每次都使用这一“咖啡策略”，但是通过这一策略，我们却让她意识到了一点：仅仅对个人高度所做的一些小小的调整，就已经足够让她获得更多的权威性和可信度了。

> 在大街上，你经常会看见一对对男高女矮的情侣，却很少看见与之相反的搭配。

在我们举办的各种研讨会上，我们已经不止一次注意到大多数最高管理者的身高都比其他人要高出许多。在管理研究院的帮助下，我们对2566名职位相当于公司董事的管理者的身高和收入进行了数据调查和统计。结果发现，若以各间公司员工的平均身高为标准，其管理者无论男女，身高每增加一英寸，他们的收入就会增加近400英镑。我们在美国开展的同类型调查结果也显示个人的经济收入与他们的身高有密切的关系：在华尔街工作的人，他们的身高每增加一英寸，收入也就在其行业收入底线的基础上相应地增长了340英镑。此外，我们在那些从事政府工作和在大学工作的人身上也发现了相同的关联。而在此之前，人们一直认为，在这些地方工作，个人职位的升迁都是建立在工作能力和平等的基础上，而非个人的身高。一项美国研究显示，在美国各个公司当中，个子高的人不仅能够得到最好的工作，而且从一开始他拿到的薪水就高于那些职位相当而个子较矮的人。至于那些身高超过1.9米的人，他们拿到的薪水则比身高低于1.85米的人还要高出12%。

为何你在电视上会显得高

通过电视荧屏，如果一个人“看起来”显得很高，那么他的观点和见解往往也会获得更多人的认可。通过屏幕来看，电视里的人都只有15厘米高，所以我们完全只能凭直觉来判断他们的真实高度了。在这一评估的过程中，他们通过外形给我们所留下的种种印象，其中包括了我们对他的个人权利和威信的评判，都将会直接影响到我们对他们身高的高矮判断，以及我们主观上赋予他们的权利大小。这就是为何许多身材矮小的演员、政治家也能像那些身材魁梧的人一样，在电视上表演得很出色的原因——他们可以借助外力的帮助，让自己“看起来显得很高，很挺拔”。

例如，澳大利亚总理约翰·霍华德就常常因为大众给他起的外号“小家伙”而备感困扰。而导致这一切的根本原因，就是他在电视上温柔而安静的言谈举止。我们通过调查研究发现，在选民心目中，这位总理的身高仅仅只有1.67米。这从男性的标准来评判，偏矮。然而事实上，这位总理的实际身高是1.75米。而他的一名竞争对手，前总理鲍勃·霍克，就因为其“强硬慓悍”的言行在广大人民心中树立了领导人的高大形象——身高1.85米。事实上，他只有1.7米高。

通过电视荧屏，风格强硬的言行会让你看起来显得更高。

由威尔逊（1968年）所倡导的先锋研究发现，当一名学生面向其他同学演讲时，在其他人看来，他的身高大约为1.75米。当这名学生被引荐给教授时，他在其他人眼中的身高就迅速升高至1.9米。

强硬的言行，或者说让人印象深刻的头衔和身份都会让你看起来显得更高。

一项地板测试

假如你想检测一下高度与威信之间的关系，那么你可以找一个朋友来完成以下这个测试。

首先，你躺在地上，让你的朋友笔直地站在你的身旁，此时你们俩之间的高度差就达到了最大值。接着，你让你的朋友用最大的声音、最严厉的表情来申斥你，谴责你。之后，你们俩交换位置，你站着，他躺下；然后再让他以同样的态度重复之前斥责你的话语和动作。这时候，你会发现，他不仅会觉得这样做异常困难，而且就连他的声音也发生了变化，根本无法再像刚才那样理直气壮。这一次，他完全缺乏底气和应有的威信。

个子高的弊端

然而，长得高并不是一种绝对的优势。虽然一方面个子高的人的确能够赢得更多的威信和尊敬；然而另一方面，在面对面的交谈中，高度有时候也会成为一种弊端。例如，当你想与对方“站在同一水平线上”进行交谈，或是想在讨论时能够与对方有很好的“眼神交流”时，或者你不想留给对方一种“虚有其表”的印象时，高度问题往往就会变成一道阻止你的屏障。

在英国，有一名身高2米的推销员，他名叫菲利普·亨尼西，专门推销化学药品和制剂。为了促进和推广高个人士对社会的种种功能，菲利浦成立了一家高个子俱乐部。身为一名推销员，菲利浦发现，他“出众”的高度常常会让客户们对他敬而远之。每当他向客户推销商品时，他们总会有一种被胁迫的感觉，根本无法集中精神聆听他的介绍和陈述。可是，当他坐下后，同样是向客户介绍商品，但是他与客户之间的气氛立刻就变得更加融洽，适宜沟通，而且就连原本因为他的身高而给客户造成的那种威胁感也不翼而飞。因此而带来的最直接的结果就是，他的销售业绩竟然提高了62%！

利用屈体来提升身份

在有些情况下，使自己的身体变小变矮也能成为一种体现优势地位的信号。譬如说，当你在别人家里，主人站着，而你却舒服惬意地窝在一张安乐椅上的时候就体现了优势地位。你在他人领域里所表现出来的那种随意和不顾一切的态度，恰恰体现出了你相对于他的优势地位，或者说是你因为身份尊贵而对他所表现出来的那种不屑一顾的态度。

在自己的领域范围内，尤其是在自己家中，人们的优势总是最明显的，而其所受到的保护往往也是最周全的。所以，在这个时候使用带有恭顺意味的动作和行为，往往是赢得对方支持和帮助的最有效的方法。

电视上的政治家如何赢得选票

早在三十多年前，那些经常出现在大庭广众的公众人物就已经开始向我们咨询如何树立健康形象的意见了。他们希望能通过我们的帮助为自己营造一种权威、可信的公开形象。他们当中既有摇滚明星，也有政治家。有从事天气预报工作的播音员，也不乏总理和首相。

有一次，两名国家领导人竞选者受邀请，要在电视里进行一场辩论，而辩论的中心话题就是他们将会如何来管理自己的国家。其中一方的辩论者，姑且称之为竞选者A，身高1.75米，可由于他在辩论中表现得较为温和平静，投票者们对他身高的评估大都低于其实际身高。与此同时，他的竞争对手（竞选者B）本身就拥有1.9米的魁梧体魄，再加上他在辩论中自信十足的言行和风格强硬的态度，他在观众眼中的形象立刻就变得更加高大了。第一次电视辩论之后，个子稍矮的竞选者似乎已经成为了对方的手下败将，眼看再无回天之力。这时，他找到了我们，希望能够得到我们的帮助。于是，我们针对他的自身特点，为他设计了许多应对策略，这其中包括了将他使用的演讲台的高度降低10厘米。如此一来，从他的下巴到演讲台的距离就与竞选者B一样了。同时，我们还建议竞选者A将他的摄像镜头稍稍下移，从而拉近他与观众之间的距离，让投票者有一种亲临辩论现场的感觉。事实证明我们的策略起作用了。在第二次辩论结束之后，形势发生了大逆转：在投票者心目中，竞选者A已经稳操胜券，成为了这次辩论的大赢家。媒体报道说，他“似乎又重新找回了一名权威人士应有的感觉，夺回了领导权”。在之后进行的选举中，竞选者A成功竞选为这个国家的领导人。

通过这个故事，我希望读者们能明白一个道理：在竞选辩论当中，真正能够引起投票者的兴趣，左右他们的决定，让他们记在脑海里的往往不是政治家们的长篇大论。事实上，投票者们心中认为谁最适合当选为国家领导人的信念才是他们投票时惟一的依据。

如何安抚他人的愤怒情绪

在与他人相处的过程中，你大可以通过某些抬高对方，降低自己身份的刻意行为，尽量避免冒犯他人。可是，现实中的事情有时候却往往会与我们的想法背道而驰。现在，就让我们做一个假设。譬如说你正在驾驶汽车，并且刚好在驾驶时犯了一点小错，红灯亮了而你却没能及时刹车，或是你没有按规定减速让行或加速。于是，在警察的示意下，你靠边停车。这时，就让我们来看看你都会使用哪些肢体语言吧。警察慢慢地向你这边走过来。在他眼中，你是一名交通违规者，所以你与他之间现在是一种对立的关系。在这种情况下，大多数驾驶员的第一反应都是留在车里，将车窗玻璃摇下来，然后探出头向警察解释，或是对他的执法表示反对意见。

“求求你，不要控告我！”

在你做这一系列动作的过程中，你使用的大都是带有否定和消极意味的肢体语言。其表达的含义大致如下：

1. 警察被迫离开属于自己的领域（巡逻车），进入你的领域之内（你的车旁）。

2. 假设事实上你的确违反了交通规则，那么，你的借口和解释实际上就是一种对警察职权的攻击和侵犯。

3. 你留在车里的行为实际上是在你与警察之间建起了一道抵抗的屏障。

请你想一想，在这种情况下，警察的身份和权威都远远超过了你，所以你的这些行为所导致的惟一结果就是让情况变得更糟，让警察给你开罚单的可能性变得更大。所以，如果遇到这种情况，我建议你尝试以下几种做法：

1. 马上下车（离开你的领域），走向警察的巡逻车（他的领域）。这样，警察就不会因为被迫离开自己的地盘而感到不适了。（记住，该方法并不适用于美国。在美国，如果你从车里下来，然后急冲冲地走向一名警察，最有可能的结果就是被人喝止住，甚至有可能被人用枪指着脑袋。）

2. 略微屈体，从而使对方看起来显得更加高大。

3. 对警察说，自己的确有不当之处，实在是有些大意了，以此来降低自己的身份。同时对警察及时指出自己驾驶时的错误举止表示感谢，并且用一种体谅的口吻告诉他，你能了解他此时的心情，并且表示你也知道成天与像自己这样的笨蛋打交道，警察这份工作的确不容易，借此抬高对方的权利和地位。

4. 摊开手掌，然后用一种略微颤抖的声音小心地询问警察这次能不能通融一下，不给你开罚单。在这个时候，如果你是女性，而警察为男性的话，那么你需要做的就是多笑，并且不断地对警察眨眼睛，同时提高音调。如果很不幸，你也是男性，那你能做的就是老老实实地收下罚单，然后交钱。

以上这些行为的目的只有一个，那就是告诉警官你抱着一种恭顺的态度与他进行交流，根本不会对他造成威胁，从而鼓励他站到你这一边。然后促使他以一种恨铁不成钢的父母责备子女的心态，对你的错误行为加以严厉的指责和警告，告诫你今后一定要小心驾驶，而不是以对立者的身份给你开罚单！当你遇到警察勒令你靠边停车的情况时，只要你按照我说的方法一步步去做，就能轻而易举地将自己受控起诉的几率降低50%。

同样的，这样的技巧还可以用来安抚顾客因为商品质量问题而要求退货或投诉时所产生的激动情绪。这时候，商店里的柜台就成为了横亘在顾客与店员之间的一道屏障。如果店员始终站在柜台里，以一种“我VS你”的对抗性方式来接待顾客，那么，事情的结果只会是顾客的愤怒情绪继续高涨，而店员想安抚顾客愤怒情绪的愿望化为泡影。然而，假如工作人员能够主动走出柜台，站到顾客身边，稍稍弯下腰；与此同时，摊开自己的手掌，再加上刚刚提到的对付警察的种种技巧，我相信，即使是再出离愤怒的人也会渐渐平静下来。

请记住，在这种时候，停留在办公桌或柜台后面的行为只会带来一种结果——加剧对方的愤怒情绪。

身高与爱之间存在某种微妙关系吗

波兰人类学家伯格斯拉夫·波洛夫斯基发现，在现实生活里的人际关系当中，信任、金钱和尊重都是次要的，而两人之间的高度差保持在1：1.09的比例才是维系两人关系最重要的因素。伯格斯拉夫通过2004年的一项研究发现，想要维系一段幸福的婚姻，丈夫的身高应当是妻子身高的1.09倍。事实证明，有的不符合这一身高比例的夫妻或情侣的浪漫故事最后大多只能以分手告终。譬如，曾经是夫妻的尼可·基德曼（1.8米）与汤姆·克鲁斯（1.7米）就是如此。

而那些符合这一身高比例的幸福夫妻则包括：

切丽·布莱尔与托尼·布莱尔，他们的身高比例是1：1.10。

詹妮弗·安妮斯顿与布莱德·皮特，其身高比例是1：1.11。

维多利亚·贝克汉姆与大卫·贝克汉姆，其身高比例是1：1.09。

此外，还有一些夫妇虽然从数据上来说并不符合要求，却也依然幸福浪漫。他们是：

卡米拉·帕克-鲍勒斯与查尔斯王子，其身高比例是1：1.01。

潘妮·兰开斯特与罗德·斯图尔特，其身高比例是1：0.97。

让你显得更高的小技巧

如果你生来就身材矮小，也不必因此而烦恼，只要略施小技，你仍然可以成功地压制住高个子试图以身高优势胁迫你的企图。如果你是一名女性，对你而言，熟练掌握这些技巧就显得更加重要了；因为平均而言，女性的身高比男性约矮5厘米。首先，你可以利用改变座椅的高度来达到控制局面的目的。这时，你可以让个子高的人坐在稍矮的座椅上。当一个人坐下时，他的身高自然也就降低了，所以，当一位身材超级魁梧的彪形大汉坐在低矮的沙发上以后，他原来的威慑力自然也就会变小。其次，坐在桌子的另一端同样可以起到均衡双方势力的作用。这正如聊天时别人坐在自己的办公室里，惟独你一人站在门口时所产生的那种力量的均衡关系一样。

此外，在公共场所进行聊天，譬如说在酒吧或人群中，或是在汽车和飞机上，同样也能扼制他人的身高优势。如果有人在你面前表现得极其傲慢，或是当你坐着时，他却直挺挺地站在你身边，你大可以站起来，走向窗边，并且在与他继续谈话的同时将视线投向窗外，并且摆出一副若有所思的样子，仿佛在思考某些重要问题。只要你不看他，高个子们就无法对你使用身高攻势。

最后，不要忘了强硬自信的言行也能帮助你缩小与对方之间的身高差距，并且能让你看起来“显得更加高大”，从而在那些试图以身高压迫你的人当中“脱颖而出”。

总　结

实际生活中，身高差距将会对你与他人的关系产生非常重大的影响。

但是，有时候，决定一个人身高高度和权威的不是我们的眼睛，而是感觉。身材矮小的人完全可以通过穿着深色的服装或细条纹的西服和女性套装，以及更加温和透明的妆容（女性）和大号的手表来增加自己在他人眼中的视觉高度。如此一来，当其他人回忆起自己的时候，脑海里就会浮现出一个“高个”的形象。现实生活当中，许多人常常会忽略手表的作用，可事实上，手表的规格越小，佩戴人在他人眼中的体型也就显得越小。此外，基于因果效应的作用，昂首挺胸的站姿，笔直的坐姿，以及“理直气壮”的行走方式，都是可以帮助你塑造自信外形的好方法。一旦你这样做了，你会发现自信心就会在不知不觉中由内而外包围你。

第16章 座位安排

一个关于桌子的测试 /269
为何有些老板总是不招人喜爱 /272
与说的无关，关键在于你的座位 /274
亚瑟王的方法 /275
保持两人同时介入其中 /276
长方形的会议桌 /277
为何老师总是青睐位于其左侧的学生 /278
家庭里的权力游戏 /278
如何让观众落泪 /279
注意力的分布区域 /280
一项关于学习的实验 /281
在餐桌上作决定 /282
总结 /284

与人并肩而坐，促膝长谈，是取得他人信任，获取对方合作的好方法。可是，你知道吗，从对方们落座的位置中，我们完全能够预先探知他们对自己的态度如何。

“不要紧张，放松点。把所有事情都一五一十地告诉我吧！”

为了弄清楚会议桌上的哪些位置更加有利于沟通和对话的进行，从20世纪70年代开始，我们就针对各种研讨会的代表，开展了一项长达30年的调查研究。为了使调查的数据更加真实可靠，我们都以代表的身份参加了各项研讨会，并向与会代表发放了根据我们数据库所提供的信息而制成的调查问卷表。其实，关于座位位置的研究，早在我们之前就已经有人做过了。加利福尼亚大学的心理学家罗伯特·索莫就曾经针对身处于公共场合中（譬如酒吧和餐馆）的学生和孩子开展过此类调查研究。于是，我们便将索莫之前的研究结果应用到了现代商业谈判之中。考虑到来自不同文化和生活背景的人们在这一问题上可能存在的边缘差异，我们在这一章当中将会对你在大多数情况下最有可能遇到的几种座位位置进行一次小结。

佛蒙特州立大学的马克·奈普在他的《人类交流中的非语言交际》一书中指出，虽然人们对于如何选择座位位置已经找到了一套能够在全世界范围内通行的规则和方法，但是外界的环境有时候也会影响人们对座位位置的选择。针对中产阶级的相关研究表明，人们在公共酒吧里选择位置的标准显然不同于他们在高级餐厅中的择位原则。此外，座位的朝向以及各桌之间的距离也会影响人们对座位的选择。例如，在一间狭窄拥挤的餐厅里，每张桌子之间的间距都很小，因此，来此就餐的两个人就不得不选择面对面的落座方式。而这种坐法通常都被认为是一种防守性的落座方式。

最后，你们应该明白，以下列出的是我们从各种工作和生活环境当中总结出来的几种最常见的落座位置的选择方式。

一个关于桌子的测试

假设你是B，坐在一张长方型的桌边，而与你同坐在桌边的还有人物A。在以下几种情况下，你会选择什么样的位置来与A进行沟通呢？

你在一家规模较小但工作气氛较为融洽的公司里工作，即将对一名应聘者进行面试。

你想和某人一起完成一个填字游戏。

你要与某人下棋。

你在一间公共图书馆里看书，不想受到任何人的打扰。

在你作出选择之前，请先浏览下面这幅图。

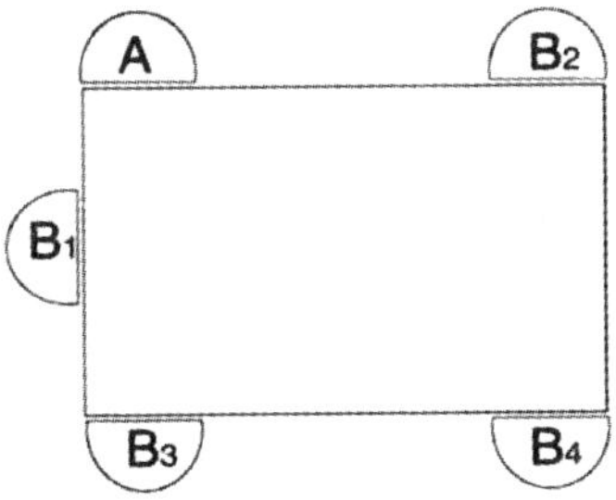

基本的落座位置

我想，你选择的结果很可能是这样的：

你会选择B1的位置（也就是桌子靠角落一侧的位置）来进行这次面试，因为从这个位置上你不仅可以清楚地看到对方的一举一动，而且还不会让他产生负面的对抗心理，也不会让人感觉过于亲近而丧失了本来的威严。

当你想帮助另一个人完成填字游戏的时候，你很有可能会坐在B2的位置，即我们常说的合作性座位。因为这个位置的特点就是亲和力强，当我们想帮助他人或营造和谐友善的气氛时，这个位置最合适。

如果要与人下棋，你会毫不犹豫地选择B3。我们把这个位置称为对抗性/防守性座位。当我们面对的是竞争对手时，通常都会选择这个位置，因为它能让我们将对方的面部表情和动作统统收入眼中。

角落位置（B1）

人们通常会选择这一位置来进行一些轻松而友好的对话。这一位置不但能够使对话双方有很好的眼神交流，而且还能使该位置上的人在自如地使用各种肢体动作来表达自我的同时，清楚地观察到对方的动作和表情。此外，由于这一位置不会引起桌面上双方领域的划分，所以即使有人在谈话中感到有威胁，桌子的角落位置还能充当起部分屏障的作用，增强此人的安全感。假定A为观众，那么，B选择在这一位置上进行自己的陈述的确是明智之举。将座位移到B1的位置，这样一个看似简单的动作不仅能够立刻缓解之前的紧张气氛，而且还能促使事情向好的方向发展。

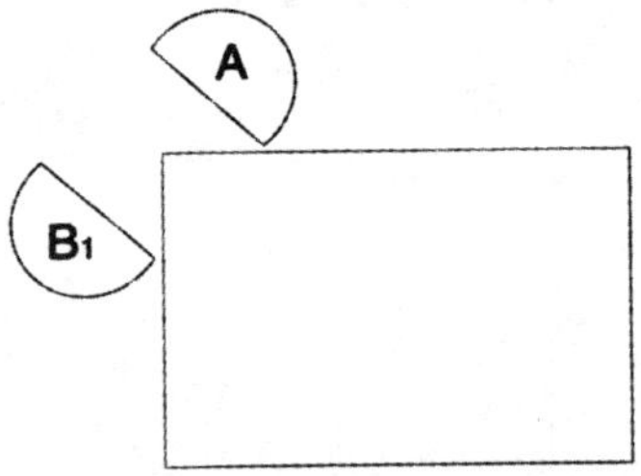

角落位置

合作性位置（B2）

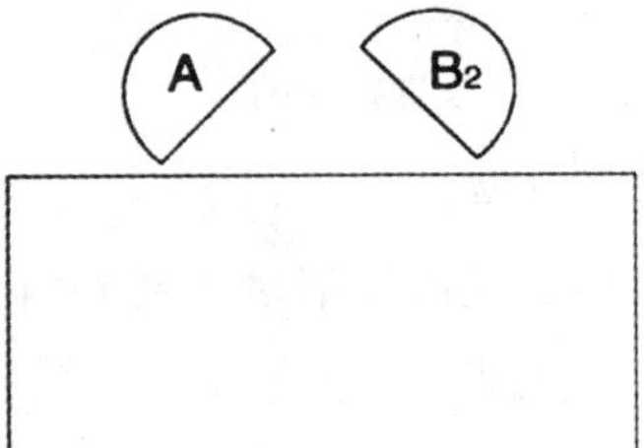

合作性位置

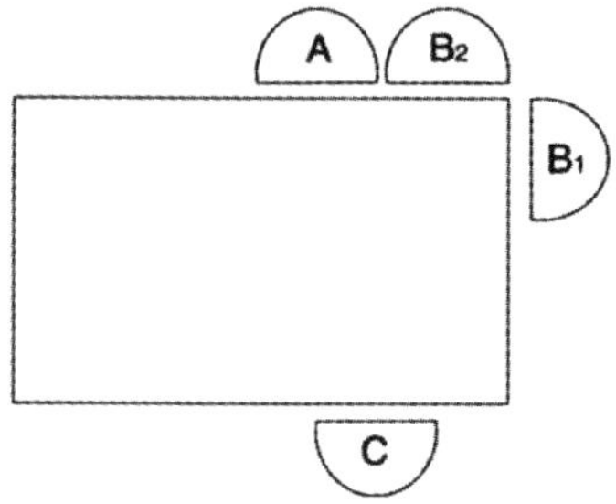

谈话中加入第三人

当两人观点一致，或致力于同一项工作的时候，他们往往会选择这样的落座方式。我们发现，55%的人认为这样的落座方式最能体现双方的合作性，或者，我们可以这样说，当人们与另一个人共同完成某项工作时，他们会下意识地选择这样的落座方式。这也是最有利于陈述者的位置之一。我们在这个位置上陈述的观点或意见通常都比较容易为听众所接受，因为这一位置不仅有利于交流双方的眼神沟通，而且还能让双方清楚地观察到对方的举止和表情。不过，在选择这一位置的时候，有一点是需要我们注意的：B究竟该怎样做才能在转移到这一位置的同时，不让A感到自己的领域受到了侵犯。除此之外，处于这一位置的B可以很方便地将第三方引入到双方的谈话中来。举例来说，一名销售员在第二次见客户的时候，将公司的技术专家引入到了两人的谈话中。我想，假如B能采用右侧这种座位策略，那这次推销的结果应该不会让他失望。

推销员可以安排技术专家坐在客户A对面的位置C，而他自己则可以在B2（合作性位置）和B1（角落位置）中任选其一。如此一来，无形中销售员就成了“顾客的同盟”，而顾客也会觉得他是以自己为出发点，站在自己的立场上向技术专家提问。所以，这样的落座方式也被称为“同盟位置”。

对抗性/防守型位置（B3）

有竞争关系的两人通常会选择这样面对面的落座方式，看起来就好像西方国家里即将对决的枪手一样。与其他人隔桌而坐的落座方式很容易在两人之间形成一种紧张气氛，使双方都产生防御心理。以这种落座方式相对的双方往往会各持己见，僵持不下，因为横亘在他们之间的桌子就是他们捍卫自己立场的最坚实的屏障。

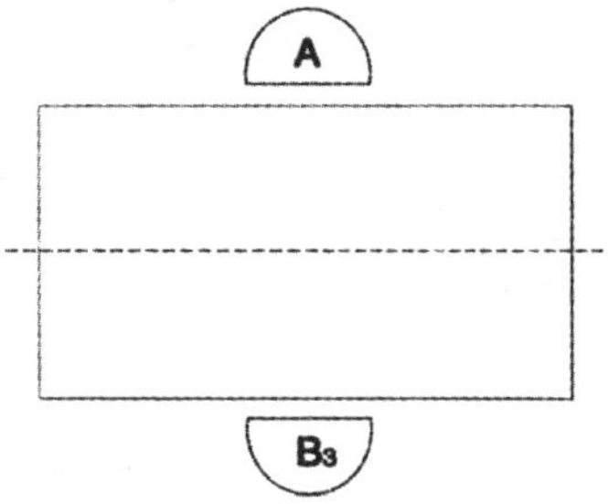

对抗性/防守型位置

在商务交际中，有56%的人认为这样的位置容易导致双方对抗性局面的产生。然而，假如将背景换成了公共场所，譬如说餐馆，35%的人则认为这样的落座方式比较适合二者聊天。在餐馆里，人们常常会选择这样的落座方式，不过这主要都是因为餐馆侍应生的引导作用。对于夫妻而言，在餐厅里采用这样的落座方式倒不失为一种不错的选择，因为这可以使两人的眼神交流更加顺畅，而且通过两人“对立的位置”巧妙地突出了二者之间的性别差异。不过，在工作当中，选择这一位置的人要么会视对方为竞争对手，要么就是抱有想申斥或谴责对方的念头。除此之外，从A的角度出发，这样的位置关系还能提升他的身份和权威，在他与对方之间建立一种上级/下属的角色关系。

独立性座位（B4）

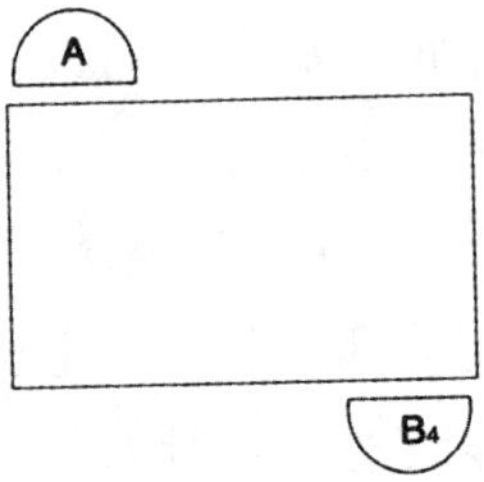

独立性座位传递给他人的信息是你不想与周围的人或事有任何关联

当人们不想与周围的人有任何关联时，他们往往会选择这一位置。在一些公共场所，譬如说图书馆、公园的长凳上或餐厅里，彼此陌生的人们最喜欢选择这样的位置。此外，当我们想对某一个观点表示否定意见而又不便开口直说时，通常也会选择这个位置。关于这一位置，43%的人认为，它传递的是一种当事人对此事缺乏兴趣的信息，而有的人甚至觉得这是一个当事人用来表达其漠不关心的态度或敌意的位置。当你想与他人进行开放性的探讨时，最好应当避免选择这样的位置。

为何有些老板总是不招人喜爱

我们发现，在商业背景下，人如果处在对抗性/防守型的位置上，他说话的语句就会随之变短，能够回忆起来的双方说话的内容也越少，而与对方发生争执的可能性则会越大。

A.G·怀特在医生的办公室里开展了一项实验。其结果显示，医生办公室里办公桌的有无，对就诊病人是否会感到紧张有十分显著的影响。当医生的办公室里摆放着一张办公桌，而医生就坐在那张桌子后面为病人诊病的时候，只有10%的病人看起来显得很放松。可是，如果将桌子撤去，其余的一切均保持不变，感到放松的病人的比例就迅速增加到了55%。

此外，我们又进行了另一项实验：我们调查了244名高级管理者，和127名低一级或中层管理者，请他们为我们勾勒出当他们搬入一栋新写字楼后所期望看到的新办公室里各办公用具的摆设草图。结果，我们发现，76%的高级管理者（即185人）选择将办公桌摆在了自己与下属的座位之间，而低一级的管理者当中作出同样选择的人的比例则只有50%（即64人）；同时，这样做的男性管理者的比例约为女性管理者的两倍。

不过，这其中最有趣的发现还要属其他员工对那些选择将办公桌放在别处而不是横在他与下属之间的上司的看法。在他们看来，这样的上司会显得更加公平公正，而且通常都能够更加客观地听取下层工作人员的意见，同时，他们还觉得这样的上司偏袒其他下属的可能性会更小。

坐在对方的正对面会引起对方的负面心理效应。

如果B打算说服A，对抗性的落座方式将会降低此次谈判成功的可能性，除非说B刻意选择这一位置是他事先部署好的谈判策略中的一部分。再打个比方来说，A是一名经理，他正在斥责办事不力的员工B，那么对抗性的位置将会使得A对B的申斥更有分量。从另一方面来说，如果B想刻意突出A凌驾于自己之上的身份和权威性，那么他也可以通过选则这一位置来达到自己的目的。

无论你从事的是何种职业，只要其中涉及到与人打交道，你就必须清楚地意识到人际交往对工作的重大影响，而且应当学会并经常地换位思考：如何让对方感到自然放松，如何才能让对方没有一种所托非人的感觉。你应当知道对抗性的位置并不能帮助你得到想要的结果，而选择角落或合作性座位则会帮你取得更多的合作资源和力量；而通过对抗性位置所开展的谈话不仅持续的时间更短，而且谈话中暴露出来的问题也会显得更加尖锐。

与说的无关，关键在于你的座位

正如前文中我们所提到的，长方形的桌子容易在两人之间形成一种对抗性或防守性的关系。因为桌子两侧的人各自拥有桌面的一半领域，这很容易给人造成一种势均力敌的心理效应，使双方都有“机会”提出自己的观点；而且，这样的位置使双方的眼神交流也更加直接，毫无隐蔽性可言。假如你想在短时间内与对方进行一次紧扣主题的谈话，或是想在自己与对方之间营造一种上下级的关系，那么，正方形的桌子应该会是你的最佳选择。绝大多数的合作关系都是当你坐在他人身边时产生的，而且右侧一方的合作积极性要明显高于左侧的一方。

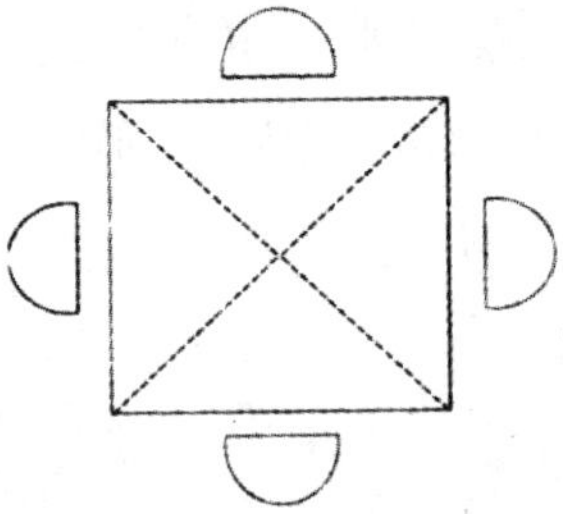

围绕一张正方形的桌子而坐的四个人，每个人的位置都有两重性：既是对抗性的位置，也可以说是角落位置。

就其历史根源来说，和位于左侧可以轻松用右手攻击其右侧的人的相比，位于右侧的人用他的左手去攻击其左侧的人的可能性要小很多。因此，位于右侧一方的人（“right-hand man”，中文意思即得力助手）往往更受青睐。而且，人们也渐渐下意识地认为右侧是高贵身份的象征，坐在这个位置上的人比左侧的人权力更大，身份更高贵。当四人围桌而坐时，总有两人会处于对抗性的位置上，而大多数的争执和反抗也都发生在以“枪手对决”的方式落座的两人之间。

亚瑟王的方法

为了让每一位骑士都享有平等的身份和权力，亚瑟王采取了圆桌策略。圆桌在正式性上略低于方桌，因此桌上的氛围也较方桌显得更加和谐而轻松。假如你想召集一群身份和权力相当的人进行讨论，圆桌实在是最理想的选择了，因为桌边的每一个人对于桌面领域的占有份额都是相等的。现在，圆形已经成为了举世公认的团结和实力的象征，而圆弧形的就座方式在落座人心中也能产生相同的效果。只不过，亚瑟王忽略了一点：假如这一群体当中某一人的身份和权力超过了其他人，那么，团队内各成员之间原本已经达到平衡的力量对比就会发生改变。毫无疑问，国王是这一群人中身份最高，权力最大的人，所以，坐在他两侧的骑士的身份也就因此而产生了细微的变化，成为这群人当中仅次于国王的第二大权力者；而且即使是在这两者之间，其权力也并非完全相等。国王右侧骑士所掌握的权力显然要高于左侧的骑士。于是，依此顺序类推下去，骑士距离国王越远，其身份和权力就越低。

身份和地位均高于其他人的某一人的出现，将会打乱圆桌边每个人的权力分配。

事实上，坐在亚瑟王正对面的那名骑士与国王之间就形成了一种对抗性/防守性的关系，而他也很有可能成为绝大多数矛盾的制造者。68%的人认为，在圆桌上座位与自己相对的那个人最有可能成为自己的竞争对手，或是争执的对象；56%的人则认为，这样的位置表达了该人拒绝介入或对此缺乏兴趣的意愿。比方说在一家公共图书馆里，不愿被对方打扰的人就会选择这样的位置。而71%的人认为，直接坐在对方身旁是一种愿意进行友好对话或合作行动的表示。

今天，绝大多数商务行政人员使用的桌子，无非都是长方形、正方形或圆形这三种形状。长方形的桌子通常被放在办公室里作为办公桌，用来进行一些商务工作、简短的对话等与工作相关的事务。圆桌多用于当咖啡桌，常常与一些矮于桌子的座椅相伴。人们多借助于它来制造非正式的轻松气氛，或说服对方。圆桌还多见于那些想营造民主氛围，或不存在绝对权威的家长的家庭里。正方形的桌子则是小餐厅里最常见的家具之一。

保持两人同时介入其中

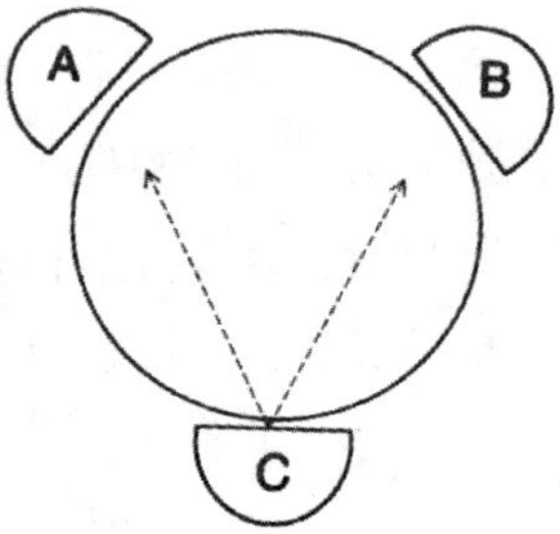

在回答问题时应当“面面俱到”，切记不要忽视任何一方。

假设你是C，很想加入到A同B的谈话中来，而你们三人则是以三角形的形式围坐在一张圆桌旁。此外，A、B两人之中A更加健谈，不断地提出各种问题，而B却由始至终保持缄默的态度。那么，当A向你提问时，你该怎样做才能顺利地介入到他们两人的谈话之中，而又不让B感觉受到了冷落和排斥呢？这的确是个难题。但是，有一个既简单又有效的方法可以帮你轻松解决这一难题：当A向你提问时，你可以在开始回答问题的同时将目光转移到他那一边，接着将头偏向B这一侧，然后再将目光投向A，然后望向B。如此循环，直到你的回答结束。当你的回答结束时，你的目光应该重新落在A身上。

借助于这一技巧，你就可以让B感到自己并未被排斥在外。

而这一技巧最奇妙的地方就在于当你需要B的支持和帮助时，他将会成为你的得力助手。

长方形的会议桌

在一张长方形的桌子上，即使当桌边每个人的身份和权力都相等时，坐在A位置上的人通常都会被视为最高权力者，其言行对其他人的影响力往往也是最大的，而这似乎也已经成为了一条跨文化交际法则。在一次会议当中，如果与会人员的地位都是平等的，而A这一位置恰好是正面朝向大门，那么坐在A位置上的那个人对这次会议的影响力肯定会超过其他人。

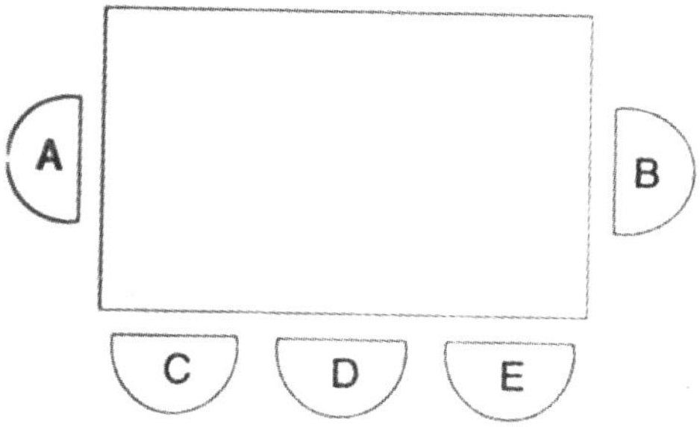

长方形桌子上的权力之位

如果A是背向门口，那么坐在B位置上的人就会取代A，成为众人中最具影响力的人，同时，他也会成为A最强有力的竞争对手。斯托特柏克（Strodtbeck）& 胡克（Hook）针对陪审团进行了一些系列的实验研究。其结果显示，坐在桌边首要位置的那个人被选作领导人的可能性明显高于其他人；而当其他人认为此人是来自于上流社会的时候，这种现象更是显得尤为突出。假设A就坐在权力和影响力都最大的那个位置上，B坐在他身边，成为第二大权力者；以此类推，接下来分别是D和C。于是，在其他人眼中，A和B就是各项工作任务的分配者，而D则是团队情感情绪的控制者。通常情况下，这一角色多由女性来担任，由她来协调团队关系，促进团队成员间的参与。了解到这一信息之后，我们就能够通过设置姓名牌，按照自己的需要来安排他人的座位，从而改变桌上权力值的分配。如此一来，你也就能从一定程度上控制会议的发展了。

为何老师总是青睐位于其左侧的学生

俄勒冈州立大学的研究者们指出，人们通过右侧视野所获得的信息在脑海里逗留的时间和影响效果都是左侧视野中信息的三倍。这项研究告诉我们，就在你向他人传递信息的过程中，你的某一侧脸颊通常会看起来显得更加“顺眼”。而根据此项研究结果，那更“顺眼”的一侧脸颊通常都是左脸，因为它位于对方的右侧视野里。

> 研究表明，个人发言时最好能尽量突出自己的左脸。

安大略教育研究所的约翰·克什纳博士开展了一项针对教师的实验研究：在15分钟内，每隔30秒记录一次各位教师的目光指向。结果，他发现教师们几乎完全忽略了位于其右侧的学生。记录的数据显示，教师们44%的时间里都保持着直视的目光，在剩下的56%的时间里，向左看的时间比例达到了39%，因此老师们留给右侧学生的时间就只占到了总时间的17%。除此之外，约翰博士还发现，坐在老师左侧的学生不仅在拼写测试中取得的成绩要好于右侧的学生，而且就连上课时恶作剧和调皮捣蛋的次数也比右侧的学生要少。

而我们的一项研究则表明，推销员坐在顾客左侧时所取得的订单数量要远远大于他们坐在顾客右边时的成交量。所以，当你送自己的孩子去上学的时候，你应该告诉他们，尽量让自己出现在老师的左侧视线当中，从而获得老师更多的青睐；而当他们长大之后，你则应该提醒他们，经常站在老板的右侧才能让他们获取更多的权力和实惠。

家庭里的权力游戏

假设某个家庭的餐厅足以容纳任何形状的餐桌，而且这家人是在经过深思熟虑后才选择了某一种形状的餐桌，那么，我们往往可以以此为线索探知这个家庭中权利的分配状况。“开放民主”的家庭通常会选择圆形餐桌，“封闭保守”的家庭则会选择正方形餐桌，而那些倡导“家长式作风”的家庭多半会在餐厅里摆一张长方形餐桌。

所以，当你下一次举办宴会的时候，你不妨做做以下这个实验：将最害羞、最内向的那名客人安排坐在距离门最远的首要位置，使他背向墙壁。然后，你就会万分惊奇地发现，安排座位这样一件再简单不过的事情，居然也能够对人们在宴会中的表现产生如此巨大的影响。仅仅因为座位的原因，那个原本内向害羞的人就仿佛受到了某种神奇力量的召唤，不仅话多了起来，而且语气也强硬了许多，就连与会的其他人也开始被他所吸引，将更多的目光投向了他。

如何让观众落泪

根据《目录书》（The Book of Lists）（一部记录了各个年份关于人类行为的书籍合订本）的记载，在我们最害怕的事件目录当中，公开演说排在了第一位，而令大多数人谈之色变的死亡却只排在第七位。那这是不是就意味着如果我们身处于葬礼之中，我们宁愿当那个躺在棺材里的人，也不愿做朗诵悼词的人呢？

不管什么时候，如果有人要你在大众面前发表演说，你都要明白，了解观众们获取和保留信息的渠道和方法对你演讲的成功具有十分重要的作用。

首先，你千万不要告诉观众你感到很紧张或害怕，因为你一旦这样说了，他们就会开始从你身上搜寻能够表现紧张情绪的肢体语言。当然，最后的结果一定不会让他们失望。除非你亲口承认自己感到紧张，不然台下的观众永远都不会怀疑你。

其次，哪怕你真的感到十分慌恐，也一定要在说话的时候配合以看似自信的动作和手势。你可以使用尖塔形手势，摊开或握紧的手掌动作，以及突出拇指的手势。记住，说话时要尽量避免双臂交叉的动作，也不要用手指指向观众，或用手去触摸脸颊，更不要死死地抓住讲台不放。

研究表明，坐在第一排的观众获得和记住的信息都明显多于坐在后面的观众，尤其是当他们出于兴趣而选择前排座位的时候，他们往往会倾注更多的注意力在演讲者的身上而较少提问打岔。

坐在前排的观众获得的信息更多，参与演说的积极性也越高。

坐在观众席中间位置的人对你的注意力虽然不及前排的观众，但是他们对演说的关注程度仍然高于后面的人，同时这一部分观众提出的问题也最多。因为他们被前后左右的观众所包围，处于公认的安全地带，所以敢于大胆提问。观众席两侧以及后排的观众对演说内容的注意力最低，作出的回应也最少。当你站在观众席左侧时，即演讲台的右侧，你所传递的信息将会对观众的右半脑（大部分人的情绪都是由右半脑控制的）产生更强大的作用力。而当你站在观众席右侧时，即演讲台的左侧，你演讲内容的作用对象就变成了观众们的左半脑。这也就解释了为何当你在演讲台的左侧使用幽默技巧时，观众们会笑得更多更久，为何当你站在演讲台的右侧时，你讲述的情感故事或提出的情感请求往往能得到观众们更多更强烈的回应。早在几十年前，喜剧演员就已经掌握了这其中的奥妙：当你想让观众们笑时，你最好是站在舞台的左侧表演；而当你想让观众们哭时，则可以换到舞台的右侧。

注意力的分布区域

借助于罗伯特·索莫、亚当以及比德尔等研究学者所提供的参数，我们针对观众进行了一次专项研究，以他们在研究室里落座的位置为着眼点，评估与会代表对研讨会的参与力度，以及他们对演讲内容的记忆强度。尽管我们的研究对象都是成年人，而索莫的研究则针对的是在校的中小学生，但是这一前一后两次研究的结果竟然惊人的相似。同时，我们还发现，在这一问题上，原本存在文化差异的澳大利亚人、新加坡人、南非人、英国人、法国人以及芬兰人的态度也几乎完全一致。在大多数国家和地区，身份显赫的人通常都就座于前排的座位（这一情况在日本最为显著），而这种人对演讲的参与力度通常也是最低的。所以，为了让研究结果更具有普遍性，我们所记录的数据全都来自于那些身份和地位都相同的观众。我们将此项研究的最终结果称之为“漏斗效应”。

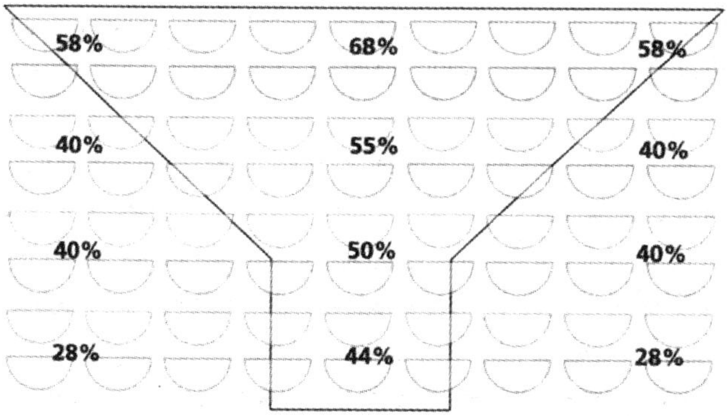

注意力分布区域

观众们对座位位置的选择决定了演讲内容在他们脑海中的保留程度以及他们对演讲的参与力度。

正如上图所示，当参与者以教室的格局落座时，在他们之中就会形成一个漏斗状的“学习区域”。这片区域包含了整个前排座位，以逐排递减的方式一直向后延伸到观众席中间的某一位观众处。这些坐在“漏斗形”区域中的观众不仅听得最认真，而且与演讲者进行互动的积极性也最高，会后能记住的演讲内容也最多。那些对演讲内容并无太大兴趣，不愿参与其中的人大都坐在观众席的后排或两侧。他们对演讲的态度显得更为消极，有的人甚至会质疑演讲的内容，所以他们能够记住的演讲内容也最少。同时，后排的位置也最容易让人开小差和打瞌睡，方便提前开溜。

一项关于学习的实验

我们都知道一个事实：学习积极性高的人通常会选择前排的座位，而那些对学习不感兴趣的人则会选择坐在后排或两侧的位置。为了验证人们对座位位置的选择是否会导致漏斗效应的产生，人们的座位是否会影响他们参与演讲的力度及对演讲内容的记忆程度，我们又从观众对探讨话题的兴趣入手，开展了一项更为深入的实验研究。我们在观众席上放置了姓名牌，如此一来，与会观众就无法根据自己的愿望选择自己以前常坐的座位了。在此期间，我们故意将那些学习积极性很高的人安排在了观众席的后排和两侧，而将那些喜欢隐躲于后排的人们换到了前排座位。结果，我们发现，这一做法不仅增加了那些坐在前排的，原本态度很消极的观众的参与积极性和对会议内容的记忆程度，而且更有意思的是，它使那些被安排坐在后排、原本态度很积极的观众反而变得消极起来，而他们对会议内容的记忆程度也发生了大幅度下降。这项研究结果再一次强调一条教育策略：假如你希望某人能够最大程度地获取你演讲的信息，那么，你就应该将他安排在观众席的前排位置。面对较小范围内的观众或培训团体时，许多演说者和训练人员都已经放弃了“教室风格”的教育模式，取而代之以“马蹄形”，或“开放的四方形”的座位布置方式。因为有证据显示，这样的做法能够增加与会者与演讲者之间的眼神交流，从而达到增强与会观众的参与力度和他们对演说内容的记忆程度的最终目的。

在餐桌上作决定

我们之前已经讨论过了关于人们对各自领域的态度，以及如何利用正方形、长方形和圆形的桌子来帮助我们达到自己的目的。请你们将这些内容全都清楚地记在自己的脑海里。现在，就让我们一起来思考，当我们向对方提出某种意向之后，我们究竟该如何利用餐桌上的时间来获取我们最想得到的那个结果。

假如你打算在餐桌上谈公务，那么，最明智的做法就是在菜全部上齐之前结束谈话。一旦人们开始吃东西，一切对话都会戛然而止，而酒精则会让所有人的大脑变得迟钝。就餐完毕之后，为了促进食物的消化，血液开始从身体的各部位向胃部转移，而这其中也包括了大脑中的血液，于是人们的大脑就会变得愈发迟钝起来，清醒地思考也随之变得更加困难。当男人约自己心仪的异性外出就餐时，这样的结果也许正是他所期待的。然而，对想在餐桌上洽谈业务的人来说，这无疑是一个灾难性的结果。所以，你最好能在所有人的大脑都保持清醒的状态下提出自己的请求。

> 没有谁会在嘴里塞满了食物的情况下作决定。

几千年前，我们的祖先在结束了一天的狩猎之后，会带着自己的猎物回到众人共同居住的山洞里，与其他同伴一起分享自己的狩猎所得。这时候，他们通常都会在居住的山洞洞口点一堆篝火。这样做一来是为了驱赶那些食肉动物，二来也是为了取暖。在他们吃东西的时候，山顶洞人常常会靠着山洞壁而坐，以免自己遭受到来自后方的意外攻击。这时，整个山洞里除了他们用牙齿撕咬和咀嚼食物的声音之外，就只有木柴燃烧时所发出的噼噼啪啪声了。事实上，山洞人这种在黄昏时围绕篝火而坐分享食物的古老过程，就是现代人在野外吃烧烤，举办篝火晚会这一类社会活动的前身。当我们在野外烤肉时，那情形就好像我们又回到了几千年以前，模仿着祖先，重复做着那些他们早在数千年前就已经做过了的事情。

现在，让我们再次回到餐厅或宴会的餐桌上来：当其他人放松戒备，有所懈怠之时，要想获得对我们有利的答案就会变成一件简单的事情。为了达到这一目的，你应该牢记上文中关于我们祖先摄取食物的那一段话，并将其演变为适用于现代社会的规则和方法，并在此基础上循序渐进。如此一来，梦想成真也就并非难事了。

首先，无论你是在家中还是在餐厅里就餐，你都应该安排对方坐在一个背靠墙壁或屏风的座位上。研究表明，当人背向一片开放性区域的时候，他的呼吸速度、心脏和脉搏的跳动频率都会立刻加快，就连血压也会迅速升高；而这样的情况在他周围不断有人来回走动的时候则显得愈发明显。如果此人的背后是一扇门，或落地窗，那他则会变得更加紧张。所以，假如你想打击对方的士气，或者说让对方闭嘴，这样的位置无疑是你的最佳选择。其次，就餐时应当配以柔和的灯光和舒缓的背景音乐，从而使就餐者的情绪得到最大程度的放松。许多高级餐厅都会在餐厅入口附近设置一个开放式的壁炉，或悬挂一幅与火有关的临摹画，以此模仿远古时的山洞人，营造出他们当时的那种轻松愉快的就餐氛围。此外，在餐桌方面，圆桌应该是你的首选。而如果你希望对方不受外界的干扰，安心做一名听话的听众，那么，你最好选择坐在一面不透明的屏风或一棵高大的绿色植物旁，以此遮挡对方的视线，使他不会因为其他人而分散注意力。

正是借助于这些技巧，那些高级餐厅才能给普通的食物标上不菲的价格，并且让顾客心甘情愿地掏钱付账。而几千年来，男人们也正是凭借着这些技巧营造出种种浪漫的氛围，最终赢得女子芳心。与那些灯光明亮，桌椅全都摆放在开放式区域中，而且刀叉和杯盘碰撞声不绝于耳的餐厅相比，高级餐厅里朦胧轻松的氛围显然更能够帮助人们轻易地促使对方作出有利于自身的决定。

总 结

我们不应当忽视座位的位置，刻意安排某人坐在一个特殊的位置上将会直接影响会议的最终结果。因此，当你下一次参加会议的时候，首先问一下自己最希望影响的人是谁；为了达到这一目的，哪儿才是最适合你的位置，会议中，谁最有可能提出异议，或引发争执；如果会议并没有指定领导人，又是谁率先提出了座位的安排方案，使自己成为会议的实际主宰者；如果你想让自己成为会议的主宰者，应该坐在哪里。当你知道了所有这些问题的答案之后，你不仅能找到一个最有利于自己的位置，而且还能成功地阻止其他人成为这次会议的主宰者。

第17章 面试、强权与办公室政治

为何詹姆士·邦德总是一副沉着冷静的面孔 /287

9条营建良好第一印象的黄金法则 /287

假如有人让你等待 /290

假装，直到你真能做到为止 /292

7条简单策略帮你轻松赢得优势 /293

小结 /294

办公室的强权政治 /294

如何改变办公桌上的区域划分 /296

就座后身体的朝向 /297

如何重新布置办公室 /299

总结 /302

研究表明，面试官对面试者的好感程度与前者是否会录用后者之间存在相当密切的关联。正是因为人们往往忽视了这一点，所以大多数的求职面试最后都以失败告终。在面试的最后，简历上的那些能够体现个人能力的资料（最能证明此人是否适合该职位的信息）大都被丢进了遗忘的角落。面试官的记忆里最后留下的只有应聘者在面试时的种种表现和自己对他的印象。

亚当从面试室里出来，心想：完了，这次的面试肯定砸了。可为什么会这样呢？是因为我的措辞不当，还是因为这套深棕色的西服不适合今天的场合？是我的山羊胡子让对方反感？还是我的耳环给他们留下了坏印象呢？我拿的公文包是不是太厚太大了？或者，这一切都是因为我坐错了位置……

> 在商业世界里，良好的第一印象往往会让对方对你“一见钟情”。

托莱多大学的弗兰克·伯尼瑞教授针对应聘者在面试时的种种表现开展过专题研究。在长达20分钟的面试过程中，一群来自不同背景，年龄各异的应聘者被要求向面试官陈述自身的特点，譬如说事业心、智力水平以及工作能力。然后，研究人员将他们面试录像的前15秒钟的片段播放给另一组之前毫不知情的观察员看。研究结果显示，应聘者通过这15秒钟的录像给观察员们留下的第一印象与面试官对他的总体印象十分接近。该项研究结果进一步证实了一个事实：我们绝对没有机会去颠覆自己留给他人的第一印象。因此，在大多数时候，我们走路的姿势，握手的方式以及其他所有肢体语言就成为了决定我们面试结果成败的关键因素。

为何詹姆士·邦德总是一副沉着冷静的面孔

语言学领域的研究显示，人的身份、权力或声望将会直接影响到他说话时所使用的语言词汇。

一个人的社会地位或工作职务越高，他的语言沟通能力很有可能就会越好。身体语言研究显示，当人在表达情感或传递信息的时候，其语言词汇量的大小与他使用的肢体语言的数量之间有着必然的联系。一位身份地位颇高的名士完全可以利用他丰富的词汇来表情达意。然而，那些受教育程度不高、技术较低、身份低微的人则更多地会依赖动作而非语言来与他人沟通。他想表达自己，可是词汇量却不够，所以就只能退而求其次，用肢体动作来代替语言了。总体而言，人的社会、经济地位越高，其可能使用的手势和肢体动作就越少。

《007》中的特别情报员詹姆士·邦德就将这一规律演绎到了极致：他的肢体动作可谓是少之又少，尤其是当他承受巨大压力之时。即使是在邦德受到坏人胁迫，遭受凌辱或中弹受伤的时候，他也能够一如既往地保持其泰山压顶我自岿然不动的英雄本色，继续用他那不带任何感情色彩的单调的口吻和简短的句子与对手周旋。

位高权重的人们通常都会尽量让自己看起来显得“镇定自若，稳如泰山”，这就说明他们希望自己的内心情绪外露得越少越好。不过，像金·凯瑞之类的演员却恰好相反，他们经常在影视作品中饰演一些滑稽幽默的角色，而这些角色通常都是些无权无势，在生活中屡遭排挤的小人物。所以，他们会用夸张的肢体动作来突出这些小人物无权无地位的角色特征。

9条营建良好第一印象的黄金法则

假设你要去参加一个面试，而你希望自己能够给面试官留下一个良好的第一印象。那么，请你记住一点，其他人对你印象的90%都来自于你们见面的那最初4分钟，而这其中有60%～80%的评价都取决于无声的肢体语言。

以下就是9条能够帮助你营建良好的第一印象的黄金法则，你可要记好了哦：

1. 在接待处

如果可以的话，你应当在接待处脱下外套，并将它交给接待员。千万不要在双手都塞满了东西的情况下进入面试办公室，因为那样会让你看起来显得狼狈而慌乱，给人一种不称职的印象。在接待处，你最好能始终保持站立的姿势，绝对不要坐下。接待员很可能会坚持让你“落座”，因为你一旦坐下之后，就会从他们的视野里消失，而他们也就无须再费时费力接待你了。在接待处站立等待时，你应当保持双手紧握背在身后的姿势（这会让你看起来显得自信），并且以你的脚跟为轴心，慢慢地前后摆动（这不仅能够增添你的信心，而且还会让你看起来显得克制而自制）；或者，你还可以在等待时使用尖塔形的手势。这样的肢体语言能够不断地提醒你身边的人你还在这里等待着。不过，如果你在纳税办公室里，那这样的动作可是千万不要做哦。

2. 进入

你进入办公室的方式，其实就等于告诉了其他人你所希望的他们对待你的方式。当接待员将“可以进入”的消息告诉你之后，不要有任何的犹豫，立刻走进办公室。切忌像个等待面见校长的学生一样，站在门口，犹豫着要不要进去。当你走进面试官的办公室的时候，一定要保持与之前相同的行走速度和步伐大小。那些缺乏信心的人往往会在这一刻改变步伐，迈着小步进入办公室，看起来显得慌乱而不自然。

3. 走进办公室

当你进入办公室的时候，面试官有可能正在做其他的事情，如打电话，翻抽屉，甚至是系鞋带。可是，不管他在做什么，你都应该信心十足地以平稳的步伐，大大方方地走进去。然后，放下公文包、文件夹或任何其他手中的物品，坦然地与他握手，接着迅速地坐下，以此让对方知道你一向都是如此自信地面对任何人或事，而且你不喜欢等待的滋味。那些行走速度缓慢，或喜欢踱方步的人用行动告诉周围的人：他们时间充裕，或者说他们对手头的事情并无太大兴趣，又或是他们还有其他事情要做。对于那些退了休的百万富翁，或是在弗罗里达和昆士兰州疗养度假的人而言，这样的动作也许是再合适不过了。可是，对于想凸显自身权利、威信和能力的人，或是想证明自己健康、有潜力、是最合适的职位人选的人来说，这样的动作很可能会使他们之前的努力全都功亏一篑。那些有影响力，能够支配众人目光的风云人物随时随地看上去都是一副精神饱满的样子，而他们在行走时大都会保持一种中速的正常步伐。

4. 握手

笔直地伸出手。握手的力度最好能与对方保持一致，并且将结束握手的主动权交给对方。

接近对方的办公桌的同时，尽量靠近桌子的左侧，从而避免在握手时使用手掌向下的强势握手方式。切记不要隔着办公桌直接与对方握手。在与对方见面的最初15秒钟以内，最好能在谈话中呼唤对方的姓名两次。不过，请记住，你每次说话的时间不要超过30秒。

5. 坐下时

如果现场的实际情况使你不得不坐在一把较低的椅子上直面对方，那么，你应该将椅子向左或向右转过45度，从而避免以一种对抗性的姿势与对方“四目相对”而形成剑拔弩张的紧张气氛。假如椅子是固定的，无法转动，那就将你的身体转过去。

6. 就座区域

假如对方邀请你在他办公室里的非办公区域里就座，譬如说办公室里的咖啡桌旁，那么你应该马上意识到这是一个十分有利的信号，因为职场中95%的拒绝情况都发生在办公桌前后。切记不要坐在低矮的沙发上，任由你整个人都陷在柔软的沙发里面，只留一个小脑袋和两条大长腿在沙发外。如果条件允许的话，你应当挺直腰背，坐在椅子边缘。如此一来，你就能自如地控制自身的肢体动作，并且轻松地将身体转动45度，侧面朝向面试官。

7. 你的动作

沉着冷静、感情内敛的人行动时动作简单明了，举手投足间皆能体现出其深思熟虑的特点。与身份低微的普通人相比，那些位高权重的人们使用的肢体动作更少且更加简练。有这么一条古老的谈判法则：真正有决定权的人在谈判中甚少开口。你一定要记住，与西欧人相比，东欧人的肢体动作更多来自于肘部以下，而南欧人的活动范围则是整只手臂和肩膀。在适当的时候，你可以相应地做一些与对方一样的动作或表情。

8. 距离

尊重他人的私人空间。而且你应该知道，在两人见面之初，双方对私人空间的要求通常都会更大。如果你靠得太近，对方则会回应以向后靠，侧身，或做某些重复性的动作，譬如击打手指。在人与人的交往中，有一条相当普遍的交际法则：你往往会与较为熟悉的人贴得更近，而与刚刚认识的人保持一定距离。当男女共事时，男性通常会更加倾向于靠近女性。在工作中，人们则会与那些和自己年龄相近的人走得更近，而与比自己年长或年幼的人保持一定距离。

9. 离开

冷静沉着地收拾好自己的随身物品，千万不要匆忙而慌乱；如果条件允许的话，在离开前最好能与对方握手道别，然后转身走出房间。假如当你进来时房间的门是锁上的，那么，你在离开之后应当随手将门关上。就在你离开的时候，面试官往往会从你的身后观察你，所以，假如你是位先生，你应当确保自己的鞋后跟与鞋面一样光洁如新。事实上，大多数男性往往会忽视自己的鞋后跟，而许多女性却十分看重这一部位的清洁问题。当一名女子决定离开时，她往往会先将脚尖移向门口那一边，并且开始整理身后的衣服，梳理头发，从而使得自己能够在离开的时候给其他人留下一个整洁的背影。正如我们之前提到过的，隐藏起来的摄像机的拍摄画面告诉我们，当某一女子离开时，其他人会长时间地打量她的背影，无论当事人愿意与否，也无论她知情与否。因此，当你走到门边时，最好能慢慢地转过身去，同时面带微笑。当对方回想起你的时候，如果记起的是你的笑脸，我想，总比一个孤零零的背影要好多了吧。

假如有人让你等待

假如某人让你等待的时间超过了20分钟，那只能说明他们工作秩序紊乱，组织性不强；或者说明对方根本就是想借此故意抬高自己，向你施压。

让他人等待是一种压低对方身份，抬高自己地位的有效方法。当人们排起长队等候在餐厅或影院之外时，这一方法的效果便不言而喻了：队伍中的每个人都认为，等候在此是一件十分有意义的事情，不然，我们这么多人干吗都在这儿排队等候呢？

因此，你应当随身携带书、掌上电脑、笔记本或公务，如此一来，在等待时你便不会百无聊赖，而且还能借此告诉对方你也同样很忙，这样长时间的等待给你造成了诸多不便。当你等待的人终于出现时，你应当默不出声，让对方先开口，同时慢慢地从你的工作中抬起头来，向对方问好，然后再从容不迫地收拾好自己的物品。另一条应付长时间等待的对策就是拿出一些金融报表和计算器，做一些计算工作。当他们通知你进入的时候，你可以这样说："我马上就到。这组数据马上就算完了。"或者，你可以不停地接打电话，而你借此所传递的信息则再清楚不过了：你很忙，而对方紊乱无章的组织工作给你带来了许多不便之处。而且，假如你怀疑对方故意借此大玩权利游戏，你完全可以安排一个加急电话在你们会面时打进来。届时，你可以毫不犹豫地接听这一电话，大声地说出电话内容里所涉及的大额资金的数目，并且丢出一两个耳熟能详的知名人名，明确地告诉电话里的人你从来不满足只当第二，命令对方尽快汇报更改后的结果。挂断电话后，你可以先为打断双方的谈话向对方致歉，然后就像什么都没发生过一样，继续你们之前的话题。别忘了，詹姆士·邦德正是靠这一点赢得了数千万007迷们的……你同样也能做到啊！

假如对方在你们会谈时接听电话，或有第三人闯入并打断了你们的谈话，而且看起来他们的谈话似乎会持续很长时间，那么，你可以再次拿出书或工作，重新开始。这样的做法不仅保护了他们的隐私，而且也告诉了他们你是一个惜时如金的人。如果你认为这一切都是对方的刻意安排，你完全可以拿出电话，致电其他人，商讨之前所讨论的那笔重要的投资。

假装，直到你真能做到为止

你是不是以为只要你尽量避免使用手脸相接触的评价式的姿势，并且在说话时保持手掌摊开的姿势，你就真的可以肆无忌惮地撒一个弥天大谎，然后成功地骗过所有人呢？至于这一点嘛……其实也不尽然。因为假如你一边摆出的是开放式的姿势，而一边又在说谎，那么，你的手掌很有可能会出汗，你的面部肌肉很可能会抽搐，而你的瞳孔也会缩小。真正的职业说谎者说起谎来就像演员演戏，完全进入角色，表现得就好像他说的是一件完全真实的事情，根本找不出任和谎言的痕迹。职业演员如果能够表现得比他们还好，那他（她）一定能拿奥斯卡大奖。虽然我们并不鼓励大家撒谎，但是，已经有充分的证据显示，如果你能够对本书中的各种肢体语言勤加锻炼，他们就会渐渐地成为你的一种习性，为你将来的生活服务。

科学家们通过对鸟类的实验证实了“假装，直到你真能做到为止”这一概念的可行性。在许多鸟类当中，哪只鸟的控制权越大，它的羽毛颜色就越深。无论是在享用食物时，还是在挑选配偶时，这些深色羽毛的鸟都占有优先权。研究者们挑选了一些羽毛颜色较浅，势力较弱的小鸟，将他们的羽毛染成深色，让他们以“虚假”的统治者的身份去欺骗同类。结果，这些“撒谎”的鸟儿却遭到了来自真正的种群统治者的攻击。因为，尽管他们羽毛的颜色发生了改变，可是他们的行为和态度却没有任何变化，仍旧像以前一样逆来顺受，屈服顺从于其他同类。接下来，研究者们又进行了第二项实验。他们不仅将这些弱势小鸟（不分雌雄）的羽毛染成深色，而且还给他们注射了雄性荷尔蒙，增强了他们的控制欲望，使他们变得善战好斗。这一次，这群“撒谎者”凭借其昂首阔步的英姿和自信霸道的优势心理成功地骗过了鸟群中所有同类，包括真正的统治者的眼睛。这就说明如果你希望得到他人的重视，你就需要首先从心理上改变自己，使自己在面试时表现得自信十足，让对方觉得你将会是一名十分称职的员工。

7条简单策略帮你轻松赢得优势

1. 在会面时保持站立的姿势

尽量让所有需要作决定的短时间会谈都以站立的姿势进行。研究表明，以站立姿势进行的对话，其持续时间明显短于坐着进行的谈话；而且相比较而言，率先起立的一方的身份看起来要高于坐着谈话的另一方。无论何时，当其他人进入属于你的工作区域之后，立刻起立相迎会为你节省不少时间，所以，不要在你的办公区域内设置访客座椅。站着作决定不仅迅速，而且往往更加中肯扼要，同时，你也不会因为与他人的闲聊如“你家最近还好吧”之类的话题，而耽误时间。

2. 让你的竞争者背对门口

正如之前曾经讨论过的，研究表明，当我们背对着一片开放性的区域时，我们心中的压迫感会显著增加，于是，我们的身体便会不由自主地紧张起来以应付任何可能发生的来自后方的攻击。如此一来，我们的血压会升高，心跳会加速，脑电波输出会加快，就连呼吸也会随之变得急促起来。所以，对你的竞争对手而言，这实在是一个再合适不过的位置了。

3. 保持五指并拢的手部姿势

一个人在说话时如果能配以手势的说明，而其手的位置始终保持在下巴以下，同时五指并拢，那么，他一定能够成功地将绝大多数人的注意力吸引到自己的身上。使用手势时，手指分开，或是手势的位置高于下巴，都会削弱手势使用者的权威性。

4. 露出手肘

当你坐在椅子上时，应当使你的手肘暴露在对方视线之内，或是平稳地放在座椅的扶手之上。性格柔顺，胆小怕事的人往往会把自己的手肘藏起来以达到保护自己的目的。不过，这样的做法会让他们看起来显得有些慌恐不安。

5. 使用有说服力的词语

加利福尼亚大学的一项研究显示，口语中最有说服力的词语分别是：发现、保证、爱、证实、结果、节省、挽救、容易、健康、金钱、新、安全以及你。练习使用这些词语，通过使用这些效力已经得到证实了的词语，你会有一些新的发现：它们能够保证你得到更多的爱，拥有更加健康的体魄，并且节省更多的金钱；而且重要的是，这些词语使用起来很容易且十分安全。

6. 带一个轻便的公文包

配有号码锁的轻便公文包的携带者通常都是些只关注最后结果和细节的重要人物，而硕大的公文包往往都属于那些什么都做的底层员工，而且这样庞大厚重的公文包还会让人觉得此包的主人组织能力不佳，不能按时完成任务。

7. 关注对方的上衣钮扣

通过对谈判录像（譬如说某联合会与某公司之间的洽谈实录）的细致分析，我们发现，当谈判双方解开钮扣，敞开衣襟的时候，双方就谈判事宜达成一致意见的可能性就会增大。人们在将双臂交叉抱于胸前的同时，往往也会紧扣上衣，而他们的态度也会随之变得消极或否定起来。在一次会议当中，如果有人突然解开了上衣的钮扣，那么，你可以由此推断对方已经敞开了心扉。

小　结

在你参加非常重要的面试或会议之前，不妨先安静地坐5分钟。在此期间，你可以将上述所有需要注意的事项在脑海里回忆一遍，并想象自己在接下来的面试或会议中将它们逐一照做的情景。当你脑海里想象的景象逐渐变得清晰起来的时候，要想记住并做到这一切就会变得很容易，而对方也会像你所期待的那样作出回应。

办公室的强权政治

你是不是有过在参加面试时备感绝望和无助的经历呢？当你坐在面试官的对面时，你是不是有那么一种感觉：他看起来显得是那么的高大，气势如虹，而相反自己就显得既渺小又卑微。你知道吗，你之所以会产生这样的感觉，很可能是因为面试官在其房间的装饰上使用了一些特殊的技巧。如此一来，他不仅可以在不知不觉中提高自己的地位，而且还能连带地压低你的身份。在办公室里，利用座椅和就座安排就能轻松地营造出这样的气氛。

利用座椅来提升自己的身份和权力的要素有三点：座椅的尺寸及其配件，座椅距离地面的高度，以及座椅相对于另一人的位置。

1. 座椅的尺寸及其配件

座椅靠背的高度决定了坐在椅子上的这个人身份的高低。椅背越高，此人的身份地位就越高，权力也越大。国王、王后、教皇以及其他那些身份地位颇高的人的宝座或座椅的高度全都大于或等于2.5米，以此凸显出其高高在上的不俗身份。高级行政管理人员的座椅大都是有高靠背的大皮椅，而他对面的来访者的座椅的靠背就明显要矮很多。假如王后或教皇经常坐在一张又矮又没有靠背的钢琴凳之类的椅子上，那么在众人眼中，他们又有多少权威性可言呢？

与固定的座椅相比，转椅的级别更高，因为它可以使坐者在面对压力时能够自由地活动身躯。不过，虽然固定的座椅缺乏活动的自由，但是坐者可以利用丰富的肢体语言来表达其内心的想法和态度，从而弥补了固定座椅在这一方面的缺陷。此外，那些带有扶手，靠背可以向后倾斜，镶有滑轮的座椅则能够体现更高一级的身份和权力。

2. 座椅的高度

如何借助高度来获取权力，我们已经在第16章当中讨论过了。不过，如果你座椅的高度超过了其他人的座椅，那么，你的身份和地位高于其他人自然也就是不争的事实了。众所周知的，从事广告行业的行政人员在面对摆出防御姿势的来访者时，通常都会把他那张带有高椅背的座椅调整至最高位置。如此一来，坐在沙发或其他座椅上的来访者的目光就只能达到他办公桌的高度，看起来，来访者的身份和权力自然也就低他一等了。

3. 座椅的位置

在之前探讨如何安排座位的章节中，我们曾经提到过，当来访者的座椅位于接见人的正前方时，来访者所感受到的对方的权利值达到最大。

尽量拉开来访者与自己办公桌之间的距离，是行政管理者经常使用的一种凸显自身地位和权力，给对方造成压力的职场交际方法。他们常常会将来访者的座椅放到公共区域中去，从而借距离压低对方的身份和地位。

如何改变办公桌上的区域划分

当两个人在一张桌子的两侧面对面地坐下之后，他们便会下意识地将桌面划分为两块大小完全相等的区域，每人各一半；任何侵犯另一方领土的行为都会受到被侵犯一方的排斥。

放在边界线上的文件。

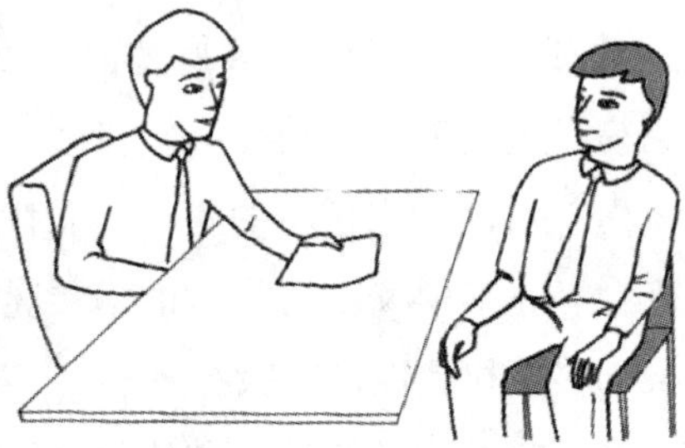

将你展示的文件拿到他的领域之中，是一种无声的接受信号。

然而，有的时候，桌子上个人区域的划分却会给你陈述观点或推荐产品造成困难，或让你的陈述和推荐显得不自然。譬如说，当你需要向坐在长方形桌子对面的那个人展示文件夹、书、报价单或者样品等资料时，你的目的就是争取最有利的位置来陈述你的观点或演示产品。那么，首先，你应当将这些资料在桌上依次摆开。如此一来，对方要么会将身体前倾来看这些资料，或是将他们拿到属于自己的地盘之中；要么他就会很干脆地将他们推回到你的地盘。假如他探过身来看你展示的资料却并没有将他们拿起来，那么这就表示你将不得不在自己的座位上陈述观点和演示产品了。因为他的行为已经很清楚地说明他不希望你进入到他的地盘里来。如果事

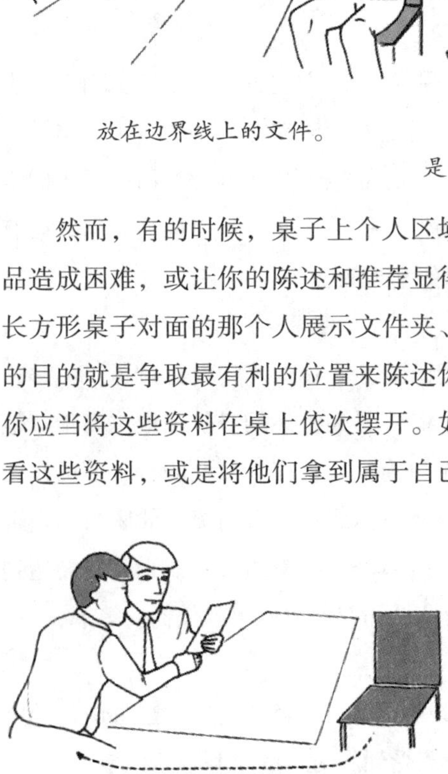

默许你进入属于他的领土。

情果真如此，你可以将身体转过45度，侧身，然后再进行陈述或演示。不过，即使他将这些资料拿了过去，这也并不就意味着你可以直接进入他的地盘；因为他的行为只不过是给了你一个请求被允许进入的机会。只有在得到对方认可之后，你才可以走到桌子的另一侧。但是，你还不可以直接就走到对方身边，此时的你只能站在对方一侧的桌角，或以合作性的姿势进行陈述或演示。

然而，假如他将你所展示的资料推回到了你这一侧，你最好是保持原地不动。

切记不要侵犯对方的地盘，除非你已经用语言或动作向对方提出了进入的要求，不然，你的行为就会被视为越界。

就座后身体的朝向

试想一下以下的场景：你是一名主管，正打算找一名工作不称职的下属谈话。你觉得，你应当用直来直去的对话方式来进行这次谈话，因为只有这样才能给那名下属造成压力感。不过，与此同时，你也觉得有必要对他表现出一定的同情和理解，并且应当在适当的时候对他的观点和做法表示赞同。

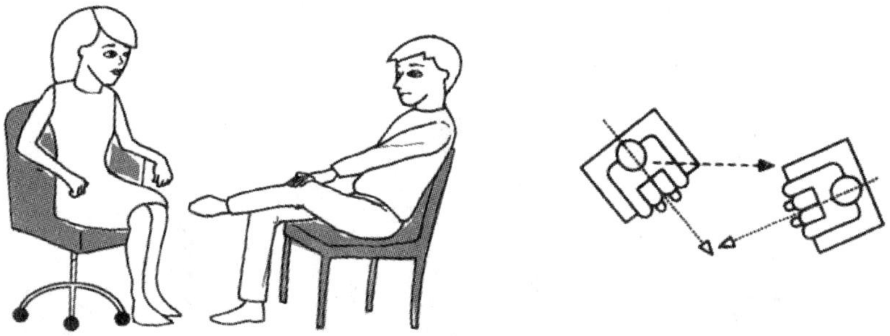

以侧身45度的坐姿开始谈话，会让谈话双方都有一种放松的感觉。

对此，我们暂时不考虑这其中所涉及到的面试与质问的技巧。首先来思考以下几点：（1）这次谈话的地点将会设在你的办公室里；（2）那名下属将会坐在一张椅腿固定且没有扶手的座椅上与你进行谈话，如此一来他就不得不借助于肢体语言和各种姿势来阐明自己的观点；（3）你自己则将坐在一张可以旋转且有扶手的椅子上，这样你就可以通过自由转动座椅来减少自身肢体动作的发生。

你能选择的身体角度主要有三种。将座椅转过45度，侧身的坐姿体现出来的是自然而放松的心态，所以在谈话伊始使用这种角度的坐姿会让你的谈话有一个不错的开始。

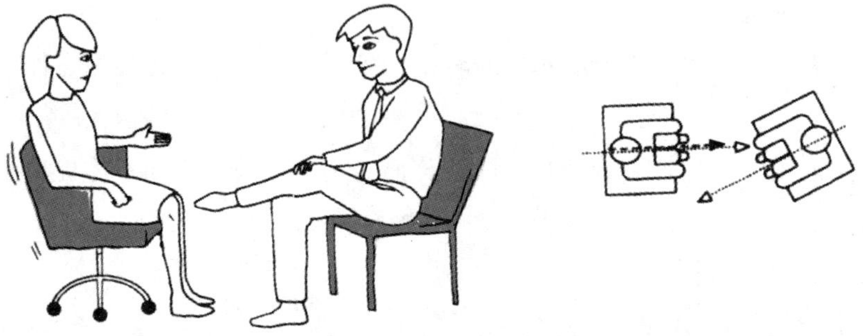

正面朝向对方的坐姿会让谈话气氛变得严肃起来。

有时候，想表示赞成并不一定非要开口说"Yes"，你完全可以通过反衬下属的动作和姿势来表达你对其观点的认可。与开放式的站姿一样，当两人的身体动作同时指向第三点，形成一个三角形的框架时，这就表示两人就某一点达成了共识。

而当你将座椅转过来，将身体正面朝向对方时，即使你不表明态度，对方也会明白你希望他能直接、正面地回答你提出的每一个问题。

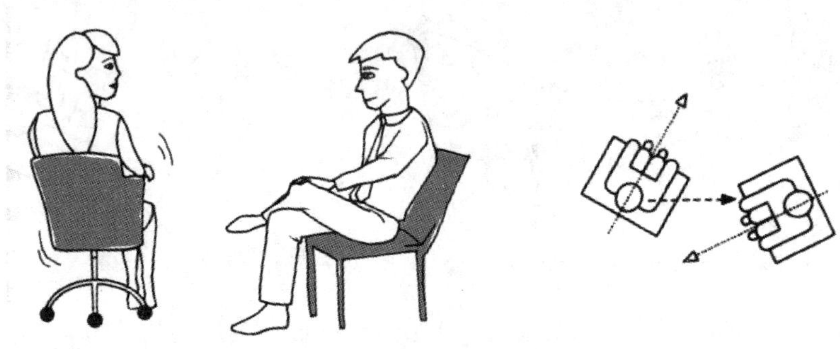

就座时，45度的身体角度是最合适的。

当你将身体向侧面转过45度之后，原本笼罩在谈话双方周围的严肃气氛也随之烟消云散。在询问对方那些敏感或尴尬的问题时，如果能采用这样的姿势实在是再合适不过了，因为你这样做能够鼓励对方坦然而坦白地回答你所提出的问题，而且没有任何压迫感。

如何重新布置办公室

读到这里，我想，你应该已经能够按照自己的需要来布置办公室，让它投你所好：在你需要凸显自身影响力和控制权时为你营造严肃的办公室气氛，而当你想表现得放松而友好时又能立刻将其变成轻松的私人空间。下文中的案例向我们清楚地展示出了办公室布置的重要性。就让我们一起来看一看究竟该如何重新布置办公室，才能从根本上改善管理者与雇员之间的个人关系问题。

约翰在一家大型的信贷公司工作，刚刚被擢升为部门经理，有了属于自己的办公室。在新岗位工作了一段时间之后，约翰发现部门的其他员工似乎不大喜欢与他共事；而且他与他们的关系常常会弄得很紧张，尤其是当他们进入他的办公室的时候。他发觉，要让他们按照自己的指示工作实在是一件很困难的事情，更糟的是他甚至听到了他们在背后议论他。通过对约翰这种进退两难的工作局面进行观察，我们发现，他与下属的沟通障碍在他的办公室里表现得最为明显。

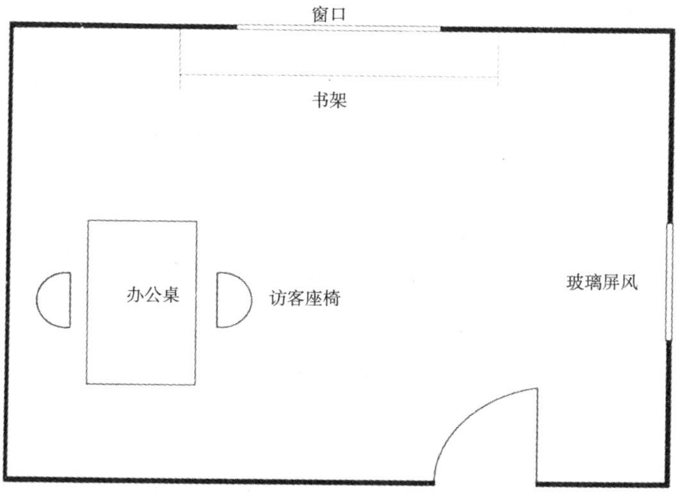

约翰办公室最初的布局窗户

为了体现此次工作的目的，我们暂且将约翰的管理技巧忽略不计，仅仅着眼于造成该问题的非语言性因素。以下就是我们观察后对约翰办公室布局所得出的结论：

1. 访客的座椅被安排在了约翰的正对面，这样的位置容易在二者之间产生对抗性的心理作用。

2. 办公室的四壁全都是由厚镶板构成，除了门之外，约翰能够用来观察大办公室里的员工及其工作情况的就只有窗户与一扇透明的玻璃屏风了。这一可视性不仅使约翰的身份和地位有所下降，而且还在无形中增加了坐在访客位置上的其下属的权利；因为无论是谁，只要他坐在了这个位置上，也就等于将办公室里其他的员工抛在了身后，谁也看不到他的表情和动作，而这实际上就相当于将他推到了凌驾于其他人之上的位置上。

3. 约翰办公桌的前方是实心的，所以，他胸部以下的身体部位完全被桌子挡住了。如此一来，坐在桌子另一侧的下属也就无法通过观察他的肢体动作来揣摩他的想法了。

4. 访客座椅的位置正好背对办公室大门。

5. 每当与下属在办公室里谈话时，约翰就会使用双手抱住后脑勺的弹弓形姿势，或是将腿置于座椅的扶手之上，或同时做出这两种动作。

6. 约翰的座椅靠背很高，可以旋转，而且还镶有扶手、滑轮等配件。访客的座椅相形之下就显得很简陋了：靠背很低，椅腿固定且没有扶手。

从营造友好气氛和非语言因素这两方面来看，我们认为，约翰的办公室布局就是他人际关系灾难的根源。任何进入其中的人都会受到不友好的氛围的影响而变得紧张起来。以下就是我们对约翰办公室布局做出的一些调整方案，目的就是要让约翰的管理风格变得更加友好。

1. 将约翰的办公桌移至玻璃屏风前。这样做不仅可以让办公室看起来显得更加开阔，而且也可以让其他人一走进来就能看见办公室的主人。如此一来，任何走进这间办公室的人首先看见的是约翰，听见的是他友好的问候，而不再是一张冷冰冰的办公桌。

2. 将那张原本会让来访者感到紧张的座椅移至办公桌的一角，使双方能够以更加坦诚开放的方式来进行沟通。与此同时，角落的位置还能发挥隐形屏障的作用，让那些缺乏安全感的下属感觉更加放松自如。

3. 对原本透明的玻璃屏风做一些镜面加工。透过加工后的屏风，约翰可以看到外面的工作情况，而外面的人却无法看见屋内的情景。这样做保证了约翰的私人空间不受侵犯，在提升其身份和地位的同时，也在他的办公室内营造出了一种更加亲密友好的氛围。

4. 在办公室的另一侧摆放一张较矮的小圆桌，同时配以三把独立的转椅。这样，约翰就可以在原本较为严肃的办公室里开展一些私人的，或关于轻松话题的聊天。

5. 在原来的布局中，当有人来访时，约翰的办公桌有一半会成为属于访客的领域，而经过调整之后，现在的办公桌归约翰一人独有。

6. 约翰可以尝试着在与人谈话时使用一些更具开放性的姿势，依据情况配以尖塔形的手势，并且有意识地在谈话当中运用手掌来帮助自己。

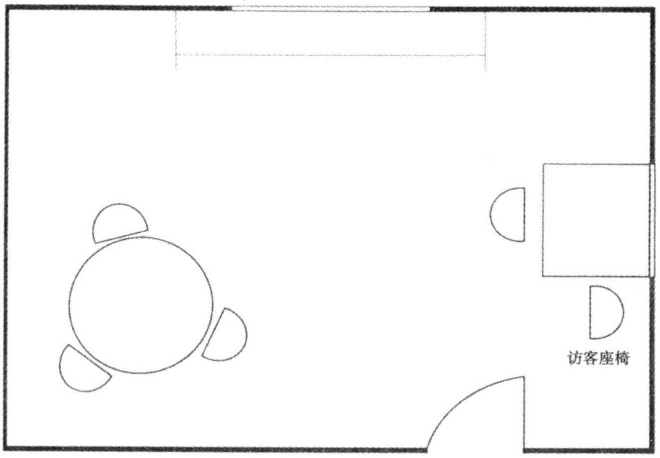

经过重新调整过的办公室布局

改变之后的结果怎样呢？管理者与下属之间的关系得到了极大的改善，有些员工甚至开始认为约翰是“一个平易近人的上司”，和他共事是一件轻松愉快的事情。

其实，这一切都很简单。

你需要做的就是抬高自己的身份和地位，增加自己的权利以及与他人沟通的效力，记住工作和生活中的那些非语言因素。然而，不幸的是，绝大多数行政管理者办公室的布局都与约翰之前的办公室布局大同小异，因为决定这些办公室布局的大都是室内设计师，而不是那些懂得人际关系的人。那些只懂得房屋构造的设计师们很少会关注非语言因素等细节的重大影响力，更不知道这些还会对其他人产生负面的消极作用。

仔细研究一下你办公场所的布局，然后根据我们上文中提供的信息对它做出适当的改变，化消极为积极，为自己创造出宜人的办公环境。

总　结

所谓的高压攻势和办公室政治，其实都很简单，我们完全可以将他们全都预测出来，甚至还可以通过事先安排，向他人施压。亚当也许永远都不会知道，在西方文化中，身着巧克力色西装的男人常常会遭到异性的拒绝。他也不会知道，被年轻人视为时髦标志的山羊胡子为何会让老人感到厌恶，而这只是因为那会让人联想到魔鬼撒旦。当然了，生活在伊甸园里的亚当更不知道耳环和臃肿肥硕的公文包代表什么。不过，在你面试的时候，这些无声的信号却会在你毫不知情的情况下将你出卖，使你的梦想毁于一旦。

第18章 测试你的身体语言洞察力

你能答对吗 /305
你得了多少分 /314
总结 /315
6条让你更有魅力的小秘诀 /316

对于身体语言更是如此。人类通过身体语言进行交流已经有一百万年的历史，但是真正意义上的关于身体语言的科学研究却始于20世纪末。直到这时，生活于这个世界上的人们才终于“发现”了身体语言的存在。而现在，身体语言已经成为了各种正规教育以及商业培训当中一门极其普遍的课程。

当你快速打量眼前这幅图画时，你看见的是一头大象。可是，只有当你仔细观察过之后，你才会发现，原来事情并不像你初看时那么简单。同样的道理，大多数人在与他人相遇时，他们的确看见了对方，可是却忽略了许多十分明显的小细节，直到有人从旁指点，这才恍然大悟。

在本书的最后一章里，我将会将目光投向各种社交以及商务场景，剖析身体语言的含义和使用方法。同时，我还会提供一些小测试，给你一个机会了解自己对各种身体语言的掌握程度。不过，我希望你们能在阅读答案之前，认真地分析每一张图片，看看通过本书的学习之后，你到底能够从中识别出多少个肢体信号。每找出一个主要的信号，就给自己加一分，最后统计得分。届时，你就能对自己的身体语言识别能力有一个综合的认识。到那时，你会很惊讶地发现自己进步神速，对身体语言的“敏感度”已经有了极大的提高。最后，我想提醒大家的是，在分析下图中这些静止的身体语言时，我们除了要结合整体背景和其他肢体动作之外，还必须考虑到文化差异的影响。

你能答对吗

1. 你能从下图中发现哪3种主要的肢体信号

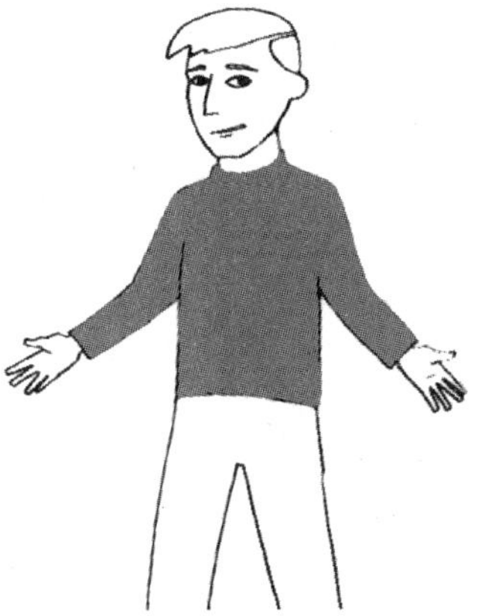

答案：该人物很好地诠释了如何通过肢体语言来向他人暗示自己开放性的心理。图中人物的手掌以一种十分坦然的方式完全展开，而那一根根伸直了的手指更是表明了此人毫无隐藏的坦白心理，进一步加强了这一动作的心理影响力。此外，他还将自己的整个身体完全袒露在对方的视线当中，从而表明自己并未隐藏任何事物。通过这一系列的动作，我们可以得知，图中的男子所秉持的是一种开放式的心理，他想借此告诉周围的人：请放心，我不会给你带来任何危险。

2. 你能从下图中发现哪5种主要的肢体信号

答案：图中所展现的是一幅十分典型的欺骗画面。男子在用手揉右眼的同时，左眼却瞟向了另一侧。这一动作使他看起来显得目光闪烁。而另一方面，他上扬的眉毛则告诉我们，此人心存怀疑。此外，男子在将脸稍稍侧过去的同时，还将头微微低垂。所有这些行为全都清楚地表明了他内心的否定态度；而他那不真诚的笑容以及紧闭的双唇，则让他的一切掩饰都显得欲盖弥彰。

3. 你能从此图中发现哪3种主要的肢体信号

答案：显然，右图中人物的各种动作有些自相矛盾。在穿越房间的过程中，该名男子刻意地露出了一个自信式的微笑；可是与此同时，他却又不由自主地伸出一只手去调整手表，在身体前形成了一个经过乔装的保护屏障。而他的笑脸也留下了太多内心害怕和担忧的痕迹。这所有的一切都表明，其实他对自己和他周围的环境都缺乏信心。

4. 你能从下图中发现哪5种主要的肢体信号

答案：图中的女子应当正注视着某人，而她显然并不认同此人的观点。因为，在凝视对方的同时，女子既没有将头部微微前倾，也没有将身体的任何一个部位向对方靠近，反而低下头，用眼睛斜瞅着对方（此举代表了她的否定态度）；同时，她的眉头也略微下沉（愤怒的标志），并且交叉双臂，牢牢地抱于胸前（防御性的姿态），而且还稍稍露出了撇嘴的表情。

5. 你能从下图中发现哪4种主要的肢体信号

答案：图中所体现出来的控制权、优越感以及对自我地盘的保护欲都相当明显。双手相握，抱住后脑勺的弹弓形姿势，则显示出了此人自认为“博学多才，无所不知，无所不晓”的内在心理；而他架在桌子上的双腿，则已经对其身边这一片领域的归属做出再清楚不过的标示。然而，此人并不满足于此，他还利用椅背、手臂以及座椅的配件，摆出了一个领袖式的高人一等的姿式，体现出了其争强好胜，或者说是防患于未然的防备心理。

6. 你能从此图中发现哪3种主要的肢体信号

答案：孩子们通常都喜欢摆出双手叉腰的姿势，从而使自己看起来显得更加高大，更具威慑力。向前突出的下巴则充满了挑衅的意味，而他那龇牙咧嘴的表情与动物在发动攻击之前的面部动作更是如出一辙。

7. 你能从下图中发现哪5种主要的肢体信号

答案：图中人物的动作含义可以用一个词来形容：消极。文件夹就好比一道屏障，

将外界的人或事统统阻隔在外。与此同时，由于紧张或防备心理的作用，他的手臂和双腿也都摆出了交叉重叠的姿势。其外套上的扣子全都端端正正地扣着。在墨镜的掩盖下，我们根本无法探知镜片下的那双眼睛究竟有何动作。通常而言，我们对某个陌生人的大部分印象都形成于见面之初的那短短几分钟之内。考虑到这一点，我们自然也就很清楚，对这个男人而言，要想在见面之初就与其他人建立那些最基本的人际关系，几乎就是不可能完成的任务。

8. 你能从此图中发现哪6种主要的肢体信号

答案：图中的两名男子都不约而同地使用了充满侵略性意味的肢体语言，双方都摆出了一种蓄势待发的备战姿态。左侧的男子双手叉腰，身体稍稍后仰，似乎想与右侧的男子保持一定距离；而右侧的男子则用拇指紧紧扣住皮带，没有半点退让的意思。两相比较之下，右侧男子所体现出来的攻击性似乎更加强烈。此外，右侧男子昂首挺胸，并且将身体微微前倾，逼近对方，颇有

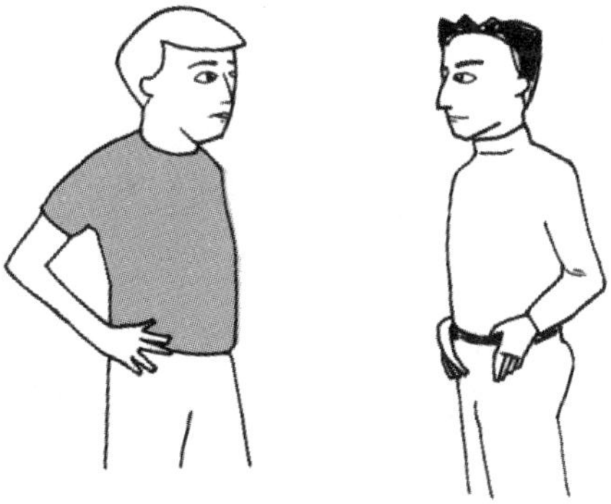

些胁迫对方就范的意味；同时，他那一脸严肃的表情和紧闭的双唇，不仅与他的肢体动作遥相呼应，而且也将他内心想进攻的想法展露无遗。

9. 你能从下图中发现哪13种主要的肢体信号

答案：左侧的男子将座椅背过来，双腿叉开，跨坐在椅子之上。他试图借此动作成为这次讨论的控制者，或者说，他想以此来获得对右侧男子的支配权。同时，他还将身体直挺挺地逼向右侧男子，企图在声势上压倒对方。然而，紧握成拳的双手与椅子下交叉的双脚却暴露出了他内心的挫败感——也许，他在阐述自己的观点时遇到了些麻烦，正在绞尽脑汁地思考对策。此时此刻，出于自身的优越感，中间的男子将双手抱于脑后，摆出了一副弹弓式的放松姿态；同时，他还使用了4号腿部动作，以此体现自身的善辩或强大的工作能力。值得我们注意的是，他的椅子与另外两个人略有不同：椅座能够自由旋转，且镶有扶手和滑轮。而这一切都显示出了椅子上这个人高人一等的特殊身份。相比较而言，右侧男子落座的椅子等级就明显低于前者：椅子腿是固定的，而且没有任何配件，而凳子上的他不仅将双臂交叉紧紧抱于胸前，而且连双腿也交叉在了一起（很明显地体现出了他此时的防御心理极重）；同时，他低下了头（不友好的象征），身体后仰（不感兴趣的标志）。我们可以从所有这些动作判断出他对听到的一切都毫无兴趣。

10. 你能从下一页的图中发现哪14种主要的肢体信号

答案：图中女子的示好意向表达得十分明显。她将一只脚前移，并且将脚尖指向了最左边的那名男子（感兴趣的对象），同时，她将双手背在身后，只留拇指在外，扣住皮带（代表其自信的心理和一切准备就绪的良好状态）。女子有意无意地露出了左手手腕（感官暗示），同时抬起头，向上喷吐烟雾（自信、积极的象征）。另一方面，她还用眼角的余光打量着最左边的那名男子，而他则用调整领带（装扮自己的仪容仪表）的动作来回应对方的示好，同时将脚尖也指向了她，并且将头高高扬起（感兴趣的表现）。中间的那名男子显然对其右侧的这名男子并无半点好感，因为他不仅有意地将身体远

离他，而且还给了他一个充满挑衅意味的斜视目光。中间的男子刻意地隐藏了自己的手掌，而且还在抽烟的时候向下喷吐烟雾（表明了其否定的态度）。最后，我们还应当注意到，他利用手肘将整个身体斜靠在了墙壁之上（显示出了他对领土和空间的野心）。

11．你能从下图中发现哪12种主要的肢体信号

答案：左侧男子使用的都是能够彰显其身份优越性的手势和动作，并且对坐在他对面的男子表示出了明显的不屑之意。他双眼紧闭，一方面使对方无法观察到自己的眼神，另一方面也避免了与对方有眼神的交流；同时，他将头后仰，用一种“向下”的目光打量对面的那名男子。此外，该男子的防备心理也是显而易见的，因为他不仅将双腿的膝盖紧紧并拢，而且采用了双手端杯的姿势，从而在自己的身体前形成了一道隐形的屏障。中间的那名男子显然不在此次谈话

之列，因为另外两名男子似乎并没有在三人之间构建谈话三角的意思。然而，只要仔细观察，我们就能发现，这名男子看似受排斥，其实则不然。他插在上衣口袋里的双手，留在外面的拇指（权威的象征），向后靠且双腿叉开的坐姿（体现男子气概）都已经很清楚地说明了他身份的特殊性。而右侧的男子显然已经不愿再听下去了，于是干脆摆出了欲起身离开的姿势（蠢蠢欲动想离开），并且同时将脚与身体转向了距离自己最近的出口。他利用这一动作将自己想离开的想法明确地告知在场的每一个人。他的眉头和嘴角都略微下沉，就连头也开始低了下去，所有的这些动作和表情都在传递同一个信息：他对这次谈话持否定态度。

12. 你能从下图中发现哪11种主要的肢体信号

答案：左右两侧的男子都使用了封闭式的肢体动作，而中间的男子则通过肢体语言表示出了针对他们两人的优越感和嘲讽之意。他在抬起右手拉扯上衣翻领的同时竖起了拇指（彰显自身的权威性），并且还用左手的大拇指指向了其左侧的男子（奚落之意）。对此，画面右侧的男子立刻将双腿交叉起来以示抵抗，并且在背后用一只手抓住了另一只手的上臂（自控），借此表达了对中间这名男子的不满之意。同样的，左侧男子和他一样，也没有将中间这名男子放在眼里，对他轻蔑的态度更是不屑一顾，因此他也使用了双腿交叉的站立姿势（抵抗心理）。此外，他插在口袋里的手（不愿参与其中之意）与望向地面的目光，以及用手揉捏脖子的动作也都很明显地表达了该名男子的内心想法。

13. 你能从下一页的图中发现哪3种主要的肢体信号

答案：通过图中人物的动作，我们能够很清楚地感受到笼罩在他们之间的紧张气氛。图中的三名男子都采取了向后靠的坐姿，尽量拉开与其他人的距离。右侧那名男子的一系列充满消极意味的肢体动作，很可能就是这次紧张气氛的根源所在。该男子一边说话，一边不停地用手触摸鼻子（欺骗的标志），同时弯曲右臂，在体前形成了一个隐形的肢体屏障（防御性的心理）。此外，他还将一条腿搭在了椅子的扶手之上，并且叉开双腿，身体后仰。所有这些动作全都显示出了他对另外两人的发言漠不关心的态度。对此，另外两人也毫不示弱。左侧的男子就用摘线头的动作（反对态度）表示出了对他的不满，并且在他说话的时候摆出了双腿交叉的姿势（抵抗心理），并将脚尖指向了其他地方（不感兴趣的象征）。中间的男子看起来似乎有话想说，可又显得有些犹豫。关于这一点，只要看一看他双手紧紧握住椅子扶手的姿势以及交叉的双脚这一系列体现自制情绪的动作，我们就全都明白了。最后，我们还应该注意到，他略微向右倾斜的身体就是一种无声的挑战信号，而其挑战的对象就是右侧的那名男子。

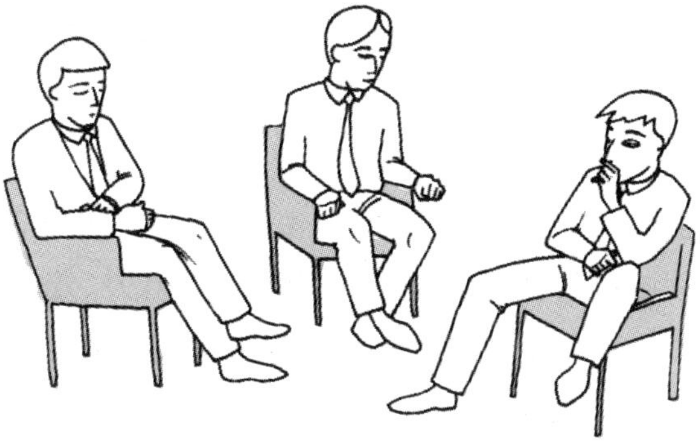

14. 你能从下图中发现哪8种主要的肢体信号

答案：在本图中，左侧男子与图中的女子都摆出一个用手支撑下巴的姿势，而且两人动作完全对称，就好像在照镜子一样。显然，这两人对彼此都非常感兴

趣，所以才会摆出这样的姿势，从而将自己的手腕暴露在外，与此同时，他们也都不约而同地将跷起的那条腿指向了对方。位于他俩之间的那名男子面带微笑却双唇紧闭。他大概是想用笑容来掩饰自己意兴阑珊的事实，但是，这一与其他表情和肢体动作都自相矛盾的笑容却意外地出卖了他。他低下头（反对的态度），嘴角下沉，眉头压低（愤怒的表情），并且斜着眼睛打量着身边的男子。此外，他的双臂和双腿也紧紧交叉在了一起（抵抗心理）。所有的这一切都表明了他消极否定的态度。

15. 你能从下图中发现哪15种主要的肢体信号

答案：左侧的男子使用了一系列的肢体动作来展示自己开放、诚实的态度：摊开的手掌，指向前方的脚尖，抬头，敞开的衣襟，分开的双臂及双腿，略微前倾的上身以及真诚的微笑。然而，不幸的是，他的观点并没能如其所愿地被其他人所接受。图中的女子坐在椅子上，身体向后靠，双腿交叉（抵抗心理），单手握拳（紧张）；同时，微微低头，摆出了一个评价式的姿势（用手托住脸庞），并借此在身体前方利用手臂形成了一个隐形的屏障（抵抗心理）。中间的男子则做出了一个举起的尖塔形手势，展现出了他自信或得意的心理，而做4号腿的姿势则使他的立场和观点显得更加具有说服力。综合他向后靠的坐姿和低垂的头而言，我们应该可以断定此时他的态度应当是否定而消极的。

16. a 你能从下一页的图中发现哪9种主要肢体信号

下面的三幅图当中的肢体动作十分清楚地为我们展示了那些能够充分反映出防御抵抗、进攻侵略，以及求爱示好这三种心理的肢体动作和表情。

答案：在第一幅图中，三个人全都摆出了双臂交叉抱于胸前的姿势，其中有两人还选择了双腿交叉的站立姿势（防御性心理），而且他们全都不约而同地将身体微微后谈话刚刚开始仰，刻意与他人保持一定距离。这一切都说明他们三人很有可能是第一次见面。看起来，右侧的男子似乎对图中女子有意，因为他下意识地将他的右脚转向了她的那一边，并且给了她一个侧面的目光，同时还微笑着扬了扬眉毛（感兴趣的标志）；此外，他还将上半身有意地向女子这一方倾斜。此时，图中的女子仍然紧锁心扉，丝毫没有流露出任何对其他两名男子开放的意思。

16. b 你能从下图中发现哪11种主要肢体信号

答案：5分钟之后，女子松开了原本交叉的双腿，改用了立正式的站立姿势，而左侧的男子也同样松开了原本交叉的双腿，并且将脚尖指向了身旁的女子（感兴趣的标志）；同时，他还将身体向女子一侧倾斜。这名男子用双手的拇指扣住皮带。较之于第一幅图当中的他，这名男子此时已经挺直了腰背，希望能让自己显得更加高大。此时此刻，右侧的男子似乎已经感受到了对面男子的敌意，因此他也选择更加挺拔的站立姿势，并且将双臂交叉紧紧抱于胸前，用一种斜视的目光打量着对面的男子。这时，我们应当注意到，他脸上的笑容早已没了踪影，而且眉头也开始下沉，紧锁（否定的态度）。

16. c 你能从下一页的图中发现哪15种主要肢体信号

答案：这时，图中三人都已经通过肢体语言清楚地表达出了各自的态度和情绪。左侧的男子继续保持上图中用拇指扣住皮带、脚尖向前的姿势，不同的是，他身体侧向女子的幅度更大了，这一举措已经很清楚地表达了他对该女子的示好之意。这时，他那一直紧扣皮带的拇指也似乎扣得更紧了，使得他的这一动作显得更加突出，而原本就已经站得笔直的他此时则显得更加挺拔了。对于他的示爱，女子也作出了回应：原本交叉的双臂松开了，身体也向他这一侧倾斜，就连脚尖也下意识地指向了他——暗示他自己并不排斥与他有进一步的交往。女子抚摸头发，露出手腕，以及挺胸的动作，加上其赞许的面部表情，这一切全都说明她有鼓励这名男子开展下一步行动的意图。图中的她正在向上喷吐烟雾（信心十足）。右侧的男子则因为受到另外两人的排斥而感到很不高兴，所以他用双手叉腰（蓄势待发的进攻型动作），而双腿分立的姿势则表达了心中的不悦之情。

总而言之，左侧的男子已经成功地吸引住了女子的注意力，而剩下的那名男子此时最明智的选择就是识相地走开，而且走得越远越好。

你得了多少分

130～150分

为你神圣的直觉高唱赞歌吧！你高超且卓有成效的沟通技巧实在让人叹服。绝大多数时候，你都能够准确地感知对方的内心想法和情绪。在这个肢体语言学习班里，你是当之无愧的佼佼者！

100～130分

你与他人相处得十分愉快，而且通常都能够根据自己的"直觉"，对周围的人或事作出较为准确的判断。只要能够持之以恒地学习和锻炼，你就一定能成为顶尖的沟通能手。

70～100分

有时候，你还尚能及时看透人们对其他事物或他人的观点和想法，可有的时候你却常常后知后觉。因此，你还需要勤加练习。假以时日，你应当能够熟练地掌握肢体语言。

70分及以下

你在读完这本书之后，得分居然仍旧低于70？如果真是这样的话，我们建议你最好能找一份与电脑或数字打交道的工作。譬如说去做程序员、会计，或者去当一名医务接线生，因为这些工作都对交流能力没有太高的要求。现在，你应该做的就是重新打开这本书，认认真真地从头至尾再看一遍。记住，在此期间，你最好不要离开家，也不要轻易地接电话。

总　结

科学研究已经证实，一旦你的肢体语言发生了变化，你的生活方式也会随之而改变。

你完全可以利用肢体语言在出门之前调整好自己的情绪，让工作中的自己变得更加自信，使自己的言行变得更加可爱，更具说服力。当你的肢体语言发生了变化，你对身边人们的态度也会随之改变，而他们自然也就会用不再一样的方式来回应你的改变。

一开始，你可能会因为对肢体语言感知力的迅速提高而感到不适，觉得自己的表情和动作极其不自然。不过，渐渐地，当你能够对自己做出的几乎所有面部表情或肢体动作都有清楚的认识时，你会很惊讶地发现原来你的肢体动作是如此的丰富，原来你竟然也会"手舞足蹈"地用身体来表达内心的想法。发现这一点之后，你可能会产生这样一种感觉，觉得身边的每个人好像都和此时的你一样，眼看着自己"手舞足蹈"，而你则只能尴尬地躲在一旁。亲爱的读者们，请你们记住，其实绝大多数的人都和之前的你一样，从来不会去关注自己的肢体动作。而且从另一方面来说，他们也实在是太忙了，根本无暇顾及自己的肢体动作和外形，更不用说去留意你了。如果你之前在说话时一直都习惯于将手插在口袋里，或是保持双手紧握的姿势，并且总是东张西望。突然之间让你改变这一切，而有意识地摊开手掌，并且与对方保持稳定的目光交流，那感觉似乎的确会有些奇怪。

说到这，你也许忍不住会问：“我怎样才能在关注对方肢体语言的同时，不仅控制好自己的肢体动作，而且还能集中精神思考与对方的对话呢？”请你不要忘了，我们大脑的结构和功能决定了它完全有能力独立处理多种肢体语言信号。所以，我们需要做的就是有意识地去观察和解读那些肢体信号。这就好比我们第一次骑自行车，刚骑上去的时候总觉得心有惴惴，双手死死地抓住车把；可即使这样也避免不了偶尔发生的小事故。不过，用不了多久，我们就能像英雄一样，风驰电掣般地骑着自行车满世界乱窜了。

有些人可能会觉得，学习肢体语言就好像造假，是利用虚假的肢体动作来迷惑他人。对此，我想说的是，熟练掌握并利用肢体语言，从本质上来说，其实就好比我们给自己穿上了一件质地和功能都相当特殊的衣服。这件衣服最大的特点就是它能够使我们以最佳的状态出现在他人面前。而与穿着普通衣服不同的是，这完全都是我们意识作用的结果；而且穿上这件特殊的衣服之后，我们一定能够给他人留下更加美好的印象。假如你是一名男士，那么，请记住，无论你是否意识得到，你身边的女性都在观察并解读你发出的各种肢体语言信号。因此，学习肢体语言能够使你获得与异性平等交流的机会。没有肢体语言的帮助，你很可能会变成一部由意大利人所拍摄的美国西部电影——人物说话时嘴形与发音永远相差十万八千里。面对这样一部电影，观众们的反应只有两种：要么会一脸疑惑地看完它；要么就果断地换台，或者离开。

最后，我总结了一些肢体语言使用要点，希望能够对你们有所帮助。

6条让你更有魅力的小秘诀

脸：保持一张容光焕发的面容，让微笑成为你生活和工作中的好伴侣。保持清新的口气和洁白的牙齿。

手势：善于利用手势来表达自我，但是切记不要过度。做手势时，手的位置不能超过下巴的高度，而且手指应当并拢。尽量减少双臂或双脚的交叉动作。

头部动作：说话时，点头的次数应当是3的倍数；在聆听他人说话时，最好让头部稍稍倾斜。始终保持抬头的姿势。

眼神交流：应当与身边的每一个人都保持适当的眼神交流，从而让他们感到舒适自在。说话时凝视对方能为你赢得更高的信誉度，除非这样的动作属于当地的文化禁忌的范畴。

体态：聆听他人说话时，身体微微前倾；轮到自己说话时，昂首挺胸。

私人空间：根据自己的舒适程度来调整与他人之间的距离。不过，假如对方在你靠近他的同时向后退，你就应该停下前进的脚步了。

镜子法则：善于发现他人的肢体动作，然后像照镜子一样，做出与他相对称的动作。